MANUEL COMPLET

DU

TREILLAGEUR.

CHEZ LE MÊME LIBRAIRE.

ART DE COMPOSER ET DÉCORER LES JARDINS, ouvrage entièrement neuf; par M. Boitard, accompagné d'un Atlas contenant 128 planches, gravées par l'auteur. Deux vol. oblongs. 15 fr.

ART DE CULTIVER LES JARDINS, ou Annuaire du bon Jardinier, renfermant un calendrier indiquant mois par mois tous les travaux à faire en jardinage; les principes généraux d'horticulture, tels que connaissances et compositions des terres, multiplication des plantes par semis, marcottes, boutures, greffes, etc.; la culture et la description de toutes les espèces et variétés d'arbres fruitiers et de plantes potagères, ainsi que toutes les espèces et variétés de plantes utiles ou d'agrément; par un jardinier agronome. Un gros vol. in-18. 5 f. 50.

MANUEL DU JARDINIER, ou l'Art de cultiver et de composer toutes sortes de jardins; ouvrage divisé en deux parties: la première contenant la culture des jardins potagers et fruitiers; la seconde, la culture des fleurs, et tout ce qui a rapport aux jardins d'agrément; dédié à M. Thouin, par M. Bailly, son élève. 6ᵉ édition, revue, corrigée et considérablement augmentée. Deux gros vol. ornés de pl. 5 f.

—DU JARDINIER des Primeurs, ou l'Art de forcer la nature à donner ses productions en tout temps; par MM. Noisette et Boitard. Un vol. orné de planches. 3 f.

— DU DESTRUCTEUR des animaux nuisibles, ou l'Art de prendre et de détruire tous les animaux nuisibles à l'agriculture, au jardinage, à l'économie domestique, à la conservation des chasses, des étangs, etc., etc.; par M. Vérardi. Un volume orné de planches; 2ᵉ édition. 3 f.

— DES CONSTRUCTIONS RUSTIQUES, ou Guide pour les habitans des campagnes et les ouvriers dans les constructions rurales, par M. Defontenay; ouvrage couronné par la Société royale et centrale d'agriculture du département de la Seine. Un vol. orné de planches. 5f.

MANUEL COMPLET

DU

TREILLAGEUR,

ET DU

MENUISIER DES JARDINS,

RENFERMANT

Toutes les connaissances accessoires utiles aux jardiniers ainsi qu'aux amateurs de jardins : le grillage, la conduite des eaux d'arrosement, la construction des serres, baches, caisses, etc.

Par M. PAULIN DESORMEAUX.

Ouvrage orné de figures

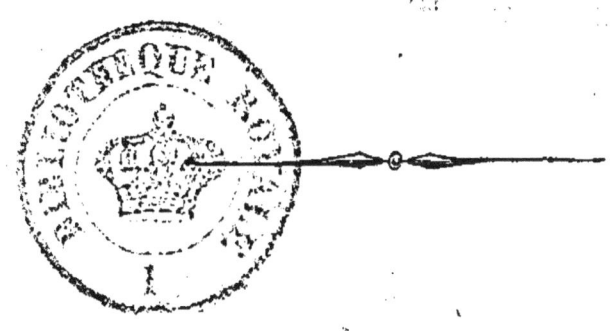

PARIS,

A LA LIBRAIRIE ENCYCLOPÉDIQUE DE RORET,

RUE HAUTEFEUILLE, N° 10 BIS.

1836.

MANUEL

DU

TREILLAGEUR.

Voici un état bien simple, bien modeste, presque ignoré dans la foule des professions industrielles, qui ne demande pas un long apprentissage si on veut se borner au matériel du métier. On croirait au premier abord que quelques leçons orales seraient bien suffisantes pour faire un bon treillageur, et qu'un livre sur ce sujet serait une chose inutile. Si nous avions pensé de même, nous n'aurions pas entrepris ce petit traité; mais nous sommes bien loin d'attacher aussi peu d'importance à cette utile et agréable profession. Témoins tous les jours des efforts de l'amateur des jardins pour construire ses palissades, ses barrières, ses berceaux, efforts qui n'aboutissent souvent qu'à des résultats bien en arrière de ses désirs; témoins de ses plaintes fondées de ne trouver autour de lui, dans ses aides, ni conseils, ni savoir faire; ayant éprouvé nous-mêmes les désappointemens qui attendent celui qui se fie sur une main étrangère pour réaliser les plans de son imagination, nous avons pensé que quelques conseils généraux exposés clairement, que des modèles choisis dans le centre du goût seraient une bonne fortune pour l'homme isolé, qu'ils iraient trouver loin du tumulte des villes, dans sa maison des champs. Souvent il ne faut qu'un mot pour lever une grande difficulté, et tel qui, sans y faire attention, fait très bien après avoir lu, qui n'aurait pas même eu l'idée d'entreprendre, si l'auteur n'était pas venu lui dire : « Faites cela! rien de plus facile; il faut s'y prendre de cette manière, en employant telle matière, en se se servant de tel outil. »

D'un autre côté, bien qu'au premier aspect l'art du treillageur semble très circonscrit, il ne laisse pas pourtant de devenir assez compliqué si l'on ne veut pas se borner à faire des palissades; il y a de l'imagination, du dessin, dans la forme de ces kiosques, de ces boulingrins, de ces ponts chinois, de ces berceaux et de toutes ces jolies constructions qui ornent les jardins, qui donnent du charme, de la vie, à leur paysage artificiel. C'est une chose assez triste qu'un grand jardin symétriquement divisé par bandes et carrés, et encore, quelle que soit sa simplicité, toujours faut-il encore que le treillageur y entre, ne fut-ce que pour en palissader les murs. Nous prendrons d'ailleurs l'occasion de notre titre pour renfermer dans ce petit ouvrage beaucoup de choses qui s'y rattachent et qui, vu leur peu d'importance ne pourraient former de traités spéciaux et ne se trouveraient point ailleurs : la construction des volières, la conduite dans des canaux en bois des eaux d'arrosement, le grillage et autres accessoires dont un bon treillageur doit avoir une teinture; la table de nos matières fera comprendre de suite que l'ensemble de notre plan embrasse un cadre assez étendu, et que l'art du treillageur, ainsi considéré, est digne de fixer l'attention.

—

Nous allons d'abord décrire les outils et instrumens en petit nombre, il est vrai, mais cependant indispensables, dont le treillageur doit être pouvu : ces outils sont à quelques exceptions près les mêmes que ceux employés dans d'autres professions; mais comme ce sont eux qui font en grande partie la besogne, et que d'ailleurs nous ne parlons pas toujours à un lecteur menuisier, tonnelier, etc., ils sont importans à connaître pour celui qui ne voulant être que treillageur, ne les a jamais employés pour d'autres besoins.

Laboratoire.

1. Le treillageur travaille presque toujours en plein air, mais il doit cependant avoir un atelier couvert où il dresse, rogne, coupe, fait les assemblages, etc. Cet atelier peut être un hangard; nous disons peut être, car s'il peut disposer d'une salle basse, close, cela sera préférable, ses bois, ses outils se conserveront mieux. C'est dans ce lieu qu'il prépare ses matières qu'il n'aura plus ensuite qu'à mettre en œuvre sur le terrain. Ce lieu sera pavé, carrelé ou au moins salpétré, l'aire étant dressé. Car ce sera sur cette aire qu'il tracera ses plans, qu'il fera ses bâtis provisoires, qu'il prendra ses mesures lorsqu'il s'agira de construire des ouvrages plus compliqués que le simple treillage, qui n'exige pas tant de préparation.

Outils.

2. Nous comprendrons sous ce titre non seulement les outils propres au treillageur, mais encore ceux qui, sans être spécialement affectés à son genre de travaux, lui sont cependant nécessaires dans certaines circonstances.

Un établi de menuisier garni de sa griffe, de son valet, de sa presse.

Un maillet.

Une varlope et une demi-varloppe.

Un ou plusieurs rabots.

Une paire de bouvets, un bouvet à joue mobile, un bouvet à approfondir.

Des scies à tenons, à araser, une scie allemande.

Un ciseau, un bédane.

Un compas, une équerre, des pointes à tracer.

Un vilbrequin et des mèches de grosseurs assorties.

Une meule pour affûter ses outils.

Des râpes, des limes pour affûter les scies, et enfin,

les principaux outils dont le menuisier fait usage et qu'on trouvera au besoin décrits et figurés dans le Manuel du Menuisier (1).

Indépendamment de ces outils, il doit particulièrement avoir pour son usage journalier :

3. Un établi de treillageur, dit ordinairement *dressoir*. C'est une espèce de banc qui n'a des pieds que par un bout, et dont l'autre bout est appuyé sur la terre; il doit avoir environ huit pieds de longueur; c'est sur ce banc que les échalas et les lattes sont redressés, il doit donc être lui même parfaitement dressé en dessus. On le fait avec une quenouille de hêtre ou d'orme, et même, à défaut, avec un chevron en chêne; mais il faut qu'il ait toujours quatre à cinq pouces de largeur sur deux environ d'épaisseur, plutôt plus que moins. Quant aux pieds, on conçoit qu'ils ne peuvent avoir de hauteur déterminée, cette hauteur varie selon la taille de celui qui doit se servir du dressoir : elle est ordinairement de deux pieds et demi à trois pieds ; mais comme le banc n'est appuyé par l'autre bout que sur une largeur de quatre à cinq pouces, il convient d'assembler ces pieds de manière à ce qu'ils soient très écartés par le bas. Une forte traverse maintiendra cet écartement. Il faut considérer encore que ces pieds ne doivent point être assemblés d'équerre avec la longueur du banc, mais qu'ils doivent être inclinés de manière à ce que le bas de ces pieds se trouve à l'aplomb du bout du banc qui doit saillir de deux décimètres environ en dehors de l'assemblage ; cette seconde disposition est nécessaire, pour que l'ouvrier en appuyant l'échalas sur le bout du banc, lorsqu'il veut redresser, ne fasse pas basculer ce banc sous une forte pression, ce qui aurait infailliblement lieu si le bas des pieds ne se trouvait pas à l'aplomb du

---

MANUEL DU MENUISIER, quatrième édition, 2 vol. in-18 avec des planches supplémentaires; à Paris, chez Roret, libraire, rue Hautefeuille, n° 10 bis, au coin de la rue du Battoir. Prix 6 fr.

bout. Ainsi donc, ces pieds auront une double inclinaison et ne seront d'équerre ni relativement à la largeur, ni relativement à la longueur du banc. On consolide d'ailleurs cet assemblage par une entretoise assemblée à queue dans le bout du banc qui pose à terre et dans la traverse des pieds où elle s'engage à tenon et mortaise.

Dans cet état, il n'y a plus qu'à placer la *mâchoire*; on nomme ainsi une équerre en bois ou en fer, dont le long bras est fixé sur le pied dans une position à peu près verticale, et dont le bras le plus court et qui est horizontal revient sur le dessus du dressoir au-dessus duquel il est élevé de six à neuf centimètres : c'est dessous ce bras qu'on passe l'échalas dont on veut détruire la courbure pour le ramener à la ligne droite. Les fig. 1 et 2 sont consacrées à la représentation de cet établi. Fig. 1re, profil. Fig. 2, vue de face.

a, la table.

b, les pieds. On remarquera que dans la fig. 1re ils tombent à l'aplomb du bout de la table ainsi que cela est indiqué par les deux ponctuées verticales, et que dans la fig. 2 ils vont en s'écartant pour assurer l'assiette de l'ensemble.

c, la traverse du bas qui consolide les pieds.

d, l'entretoise.

e, la mâchoire. Les mêmes lettres indiquent les mêmes objets dans les deux figures.

4. Un autre banc ou établi qu'on nomme *chevalet*, parce que l'ouvrier se tient à cheval dessus pour travailler, est encore un des principaux ustensiles du treillageur; nous devons en donner une description exacte, parce que ce chevalet est d'un usage très commode non seulement pour l'espèce de travail dont il est ici question, mais encore dans une infinité d'autres circonstances. Cet établi dont la longueur est indéterminée, mais qui, d'ordinaire, n'a pas plus de quatre pieds, est composé d'une table en bois de hêtre ou tout autre bois ferme, large d'environ quinze pouces, épaisse de deux

pouces, deux pouces et demi ou trois pouces. Cette table est supportée par quatre pieds placés comme les pieds de tréteaux, c'est-à-dire un peu en dehors, afin de lui donner de l'assiette; ces pieds sont consolidés par des traverses et par une ou deux entretoises solides. Vers l'une de ses extrémités, à un pied ou neuf pouces du bout se trouve un trou carré par lequel passe un morceau de bois affectant à peu près la forme d'un J dont la queue serait retournée à droite. Cette pièce doit être faite avec un bois dur et liant, tel que frêne, orme, ou même avec un morceau de chêne cœur sain et vert. Sur son sommet cette pièce de bois reçoit, au moyen d'un assemblage à chapeau fortement chevillé en fer, un autre morceau de bois dur, cormier, alisier ou autre, ayant une largeur presque égale à celui de la table de l'établi, et une hauteur de quatre à cinq pouces. La forme de cette tête est laissée à l'arbitraire de l'ouvrier; mais seulement, par devant elle doit offrir un côté plat. On entoure cette tête par devant d'une espèce de frette formée de deux brins de gros fil de fer tordus et cordonnés ensemble. Le but qu'on se propose en mettant cette frette, est d'avoir dans la partie antérieure de la tête une espèce de mâchoire formée par la saillie du fil de fer, laquelle mâchoire correspondant à celle du support dont il va être parlé, forme une pince à dents obtuses susceptible de retenir fortement le bois pris entre ces mâchoires pour être ouvré.

Vers le haut, au-dessous de la tête, cette pièce en J, à l'endroit où elle passe à travers la table, est percée d'un trou par lequel passe une forte broche de fer bien arrondie, enfoncée dans l'épaisseur de la table; cette broche est un pivot qui tient la pièce en J suspendue, et sur lequel elle se balance librement. Enfin dans le bas, à l'endroit où elle s'arrondit en volute, elle est encore percée d'un trou par lequel passe un palonnier en bois ou en fer, saillant de chaque côté d'une longueur suffisante pour que la plante d'un pied puisse s'y poser aisément.

Le support dont nous avons parlé est une planche en bois dur, large comme le banc, épaisse d'un pouce ou quinze lignes, posée inclinée à quarante degrés environ avec la table de l'établi. Cette planche, fixée par le bout avec de fortes vis à bois, est percée dans le milieu d'un trou carré long, correspondant à celui de la table; elle est soutenue par devant dans son inclinaison, par deux pieds en bois debout, formant étais, enfoncés dans la table et dans cette même planche, vers la partie antérieure de ce support : en arrière des étais, cette planchée est frettée par un fil de fer cordonné, semblable à celui qui ceint la tête de la bascule, et posé en regard, de manière à ce que la tête étant abaissée sur le support, les deux cordons se trouvent à peu près l'un sur l'autre.

Ce chevalet est représenté figure 3, dont l'explication suit.

a, table du chevalet.

bb, élégis, qu'on pratique de chaque côté pour placer les cuisses de l'ouvrier et lui donner plus de facilités.

cc, les pieds, les traverses et les entretoises. On doit placer l'entretoise ou les entretoises de manière à ce qu'elles ne puissent rencontrer les bouts du palonnier et gêner le mouvement de bascule de la pièce mobile.

d, extrémité de la broche en fer qui traverse toute la table, ou à peu près, et est apparente sur ses champs; c'est cette broche qui forme le pivot de la bascule.

e, bascule balançant sur le pivot *d*.

f, tête de la bascule.

g, cordon de fils de fer roulés.

hh, les deux bras du palonnier sur lequel l'ouvrier pose ses pieds.

i, support incliné.

j, le fil de fer cordonné.

k, les étais du support.

5. *Usage du chevalet et manière de s'en servir.*

Après que les échalas ont été redressés grossièrement sur le chevalet, l'ouvrier qui veut faire un treillage régulier les replanit sur le chevalet à l'aide de la plane à deux poignées dont il sera parlé plus bas. De même lorsqu'il veut arrondir, apointir, tailler suivant certaines courbes des bois destinés à ses constructions diverses, c'est encore au chevalet qu'il a recours. Voici comment il se sert de cet instrument : il se met à cheval sur le chevalet, les cuisses placées en *bb*, la figure tournée vers la tête de la bascule. Il pose ses pieds sur les deux bouts *hh* du palonnier. Dans cette position, il plie les genoux, et par ce mouvement attire à lui le palonnier qui fait basculer la pièce *e* sur le pivot *d* et la ramène vers la verticale. Ce mouvement fait relever en arrière la tête *f* de la bascule. Il prend alors la pièce qu'il veut travailler, la pose sur le support *i* : si cette pièce est une planche large, il la met au milieu du support, et alors, arrêtée par la pièce *c*, elle ne peut être pincée que par le bout. Si cette pièce est longue et étroite, il la place à côté et près de la bascule, la tête *f* faisant une saillie tout autour ne pourra manquer de la saisir. Dans ce moment il raidit ses jambes en poussant devant lui le palonnier. Ce mouvement rabaisse la tête *f* en avant et la fait appuyer sur la pièce placée sur le support. Comme ce support est incliné, il dirige cette pièce vers l'estomac de l'ouvrier, qui s'arme alors de la plane et coupe le bois en ramenant à lui. A cet effet il doit avoir l'estomac garanti par un fort tablier de peau, afin de ne point être dans le cas de se blesser. Cet instrument est très bien combiné, car l'ouvrier n'ayant point d'autre point d'appui que le palonnier, il arrive que plus il met de force à tirer sur le bois pincé, plus il pince fortement, et alors les fils de fer tordus s'imprimant dans le bois, il devient impossible de l'arracher. Si ce bois lâchait sous l'effort de la plane, il pourrait en résulter des inconvéniens, l'ouvrier serait renversé et pourrait se faire mal; mais cet accident n'est point à craindre lorsqu'on est habitué à travailler sur le chevalet. Cet établi est encore utile dans une infinité d'autres circonstances.

6. Un billot à *dégrossir*. C'est tout simplement une grosse bûche d'orme posée debout, sur laquelle, à l'aide de la *hache à dresser*, nommée aussi *hachon*, *hacheron*, etc., on dégrossit les bois. On doit choisir un bois noueux et lourd afin qu'il soit moins sujet à se fendre, et qu'il offre plus de répulsion aux coups de hache. On a quelquefois deux billots, l'un pour travailler assis, l'autre plus haut pour travailler debout. Nous avons représenté, fig. 4, le billot à travailler assis, avec la hache à dégrossir.

7. Il y a une chose à observer en emmanchant cette hache, c'est de donner du *gauche* au manche, afin qu'il soit impossible que les doigts soient frottés et blessés lorsqu'on veut, dans certaines circonstances, applanir une surface droite. On voit aussi beaucoup de ces hachons emmanchés, comme on le fait pour les pics ou piémontaises, c'est-à-dire que l'ouverture de la douille dont l'orifice est le plus évasé, se trouve en avant et le plus étroit du côté de l'ouvrier. Une fois le manche entré et calé dans ces sortes d'outils, il devient impossible qu'il quitte le fer : inconvénient grave et qui souvent répété, expose l'ouvrier à beaucoup de perte de tems, et quelquefois à se faire de profondes blessures. Les figures 5, 6 et 7 feront de suite comprendre, savoir : la fig. 7, le gauche à donner au manche, et les fig. 5 et 6 la manière d'emmancher à demeure. Dans la fig. 5, on réserve une crosse au manche qu'on fait entrer à force; la crosse l'empêche de passer outre. Mais cette construction a cela de désavantageux, qu'elle présente bien une garantie que la hache ne quittera pas le manche; mais que rien ne s'oppose à ce qu'après un certain tems le bois s'étant séché et ayant fait retrait, le fer ne remonte sur le manche en se rapprochant de la main. Pour parer à tout inconvénient on adopte la méthode plus compliquée, mais plus sûre, représentée par la figure collective numérotée 6. Soit *a* l'extrémité du manche, *b* la douille de la tête de la hache, *c* un coin en bois ou en fer dont il va être parlé. On pratique en *d*

un épaulement circulaire de l'épaisseur du fer de la douille, et devant produire un tenon arrondi e, plus long, ou au moins aussi long que cette douille. Ce tenon forme déjà un cône tronqué renversé, de calibre avec la capacité de la douille. Pour pouvoir l'entrer dans cette douille par l'orifice le plus petit, on en enlève, avec une scie fine, une partie f en forme de coin et au milieu ; ensuite mettant à profit l'élasticité du bois, on fait entrer avec force ce tenon enduit de graisse dans la douille. La force de l'impulsion fait fléchir les deux parties de ce tenon ; la fourchette se ferme et ne se r'ouvre que lorsque l'étroit de la douille est passé. On chasse alors avec force le coin c qui force la fourchette à s'ouvrir encore davantage, et à remplir exactement la capacité du grand orifice. De cette manière la hache est à toute épreuve.

On se contente quelquefois de faire le tenon cylindrique, s'en rapportant à la force du coin pour en écarter les parties ; mais cette méthode plus simple a aussi des résultats moins assurés en ce que le bois du tenon étant beaucoup plus tourmenté par une plus grande flexion a aussi moins de force, et qu'ensuite le coin étant plus ouvert, tient moins bien dans le bout du manche. Les haches qui n'ont qu'un seul biseau planent mieux ; celles qui en ont deux débitent plus vite, et ont l'avantage de servir à droite et à gauche, tandis que les premières ne servent qu'à droite ; cependant, depuis quelque tems on a plus généralement adopté les haches à un seul biseau, surtout pour les petits ouvrages tels que ceux du treillageur.

8. LA PLANE ou couteau à deux manches, est un outil très commode qui sert à façonner grossièrement les bois ; c'est surtout lorsqu'ils sont pris dans la mâchoire du chevalet qu'il devient facile de les planer, de les arrondir, de les équarrir, appointir, et en général de les contourner selon le besoin. Quand on achète une plane, il faut surtout faire attention à la partie aciérée, la bornoyer pour s'assurer si elle est bien droite sur sa lar-

geur, faire attention si elle n'a point de pailles ou de criques qui se seraient faites lors de la trempe. La plane s'affûte sur la meule; on lui donne le fil à l'aide d'une pierre à grain fin, dite *pierre à faux*; c'est un outil qui débite vite et avance la besogne. Il y en a de toutes dimensions et même qui forment des courbes par le tranchant pour des ouvrages particuliers, en dehors de ceux dont s'occupe le treillageur. Il y a aussi des petites planes enfûtées qu'on nomme *bastringues* qui servent à polir et à finir. Nous n'en donnons pas la description parce que ces sortes d'outils ne sont pas nécessaires dans le cas qui nous occupe.

9. UN COUTRE OU *fendoir*. On nomme ainsi un instrument qui sert à fendre le bois qui doit être réduit en bottes ou échalas. Il est composé d'une lame aciérée ayant le dos très large, ce qui lui fait remplir l'office d'un coin. Au bout de cette lame est une douille du genre de celle dont nous avons parlé en décrivant la hache; mais tout-à-fait arrondie; l'orifice le plus grand est en dessous. On emmanche cet outil comme une hache, en inclinant le bois en arrière. Pour s'en servir on le pose sur l'objet à fendre et l'on frappe dessus avec un maillet.

10. DES SCIES de différentes formes pour chantourner et découper les planches à jour, et indépendamment des scies dont nous avons parlé page 3, une scie de marqueterie que nous décrirons plus tard, en parlant des ouvrages gothiques et découpés, et enfin une scie à main dont les charpentiers en bateaux font un fréquent usage, et qui est représentée fig. 10. Elle est utile dans une infinité de cas.

11. LA SERPE. On nomme ainsi l'outil représenté figure 11. C'est l'outil de fatigue, affûté court, il sert à pratiquer des entailles dans les échalas, soit qu'on veuille les courber, soit qu'on veuille les redresser; car, ainsi qu'on le verra plus bas, c'est en faisant des élégissemens qu'on parvient à courber des bois, que leur peu de flexibilité ne permettrait pas de soumettre

à cette opération. Lorsque ces courbes doivent être très régulières, on se sert d'une scie; mais lorsqu'il s'agit seulement de faire une courbe ployée, en échalas, sans régularité, c'est la serpe qui remplit cette fonction. Cet outil sert en outre de moyen expéditif pour rogner les échalas, et dans beaucoup de circonstances, il est l'auxiliaire du hachereau.

12. LE MARTEAU. Indépendamment des marteaux ordinaires dont le treillageur peut faire usage, il en est un qui est spécial à cette profession. La tête en est ronde comme celle du marteau de tapissier, mais dont le diamètre est de $0,^m 02$ à $0,^m 025$ de diamètre, la panne en est aplatie, et peut avoir $0^m 02$ de largeur, sur 6 ou 7 millimètres d'épaisseur. Ce marteau est droit, la panne et la tête doivent être chargées d'acier. Le manche qui est rond, a, à peu près 3 décimètres de longueur. La hauteur du marteau est de $0^m 08$ environ; cette hauteur est nécessaire pour que le marteau puisse atteindre dans des endroits creux.

13. LES TENAILLES DU TREILLAGEUR sont connues sous ce nom dans le commerce; elles sont courtes et robustes, les mords sont garnis d'acier afin qu'ils puissent conserver leur tranchant et couper facilement le fil de fer. Le nœud doit en être solide, et les branches assez fortes pour ne point fléchir sous la pression de la main. Les bouts sont arrondis, afin de pouvoir dans certains cas servir à frapper sur des fils tordus, lors de la couture, et faire rentrer des parties saillantes qui pourraient accrocher. (*V.* fig. 12).

14. LES PERÇOIRS sont des espèces d'aleines droites, ayant trois ou quatre côtés, affûtés vifs, qui servent à faire des avant-trous, et même à percer des trous dans les bois de peu d'épaisseur; ils sont en acier. On en fait de fort bons avec des bouts de lame d'épée ou de fleuret. Pour percer avec cet instrument, on pousse en tournant; les trous qui doivent avoir un grand diamètre, se font en enfonçant toute la lame qui est plus large

par le haut que vers la pointe; la fig. 13 représente un de ces perçoirs.

Mais lorsque les bois ont de l'épaisseur, il serait impossible de les percer avec ces instrumens qui deviendraient trop durs à tourner. Si les trous doivent être grands, on se sert du vilebrequin et des mèches ordinaires; mais si on a un grand nombre de trous à percer, comme cela arrive souvent, ce moyen serait trop long à employer; et on a recours, dans ce cas, au touret représenté fig. 14. C'est une boîte à forets a, avec une vis de pression b, destinée à maintenir le foret c dont on a un assortiment. La queue de cette boîte à forets se prolonge, et sur un carré qui y est réservé avec épaulement, elle reçoit la bobine d en fer, en cuivre, ou en bois dur. Au-delà de ce carré, la queue se prolonge encore; mais alors, ronde et polie: elle est indiquée dans la figure par des lignes ponctuées; on fait entrer sur cette partie arrondie, une douille de fer ou de cuivre, et l'on rive le bout de la tige de manière à ce qu'il ne puisse rentrer dans la douille. On fait alors au manche e, non encore entièrement façonné, un trou de la grosseur de la douille, et l'on y fait entrer avec force la tige et la douille qui l'enveloppe. De cette manière, le bois pressant sur la douille, la retient, tandis que la tige peut tourner librement. La boîte à forets retenue par la rivure, ne peut plus quitter le manche. Dans cet état, on place sur la bobine d, la corde d'un archet, et tenant le manche e de la main gauche, on fait tourner la bobine avec l'archet tenu de la main droite. Souvent le champignon qui couronne le manche, est une pièce ajoutée à vis, on l'ôte lorsqu'il s'agit de graisser la tige pour faciliter son virement dans la douille. Lorsqu'on s'est décidé à faire le manche de deux morceaux, rien n'est alors plus facile que le placement de la douille qui est retenue par le bas par un épaulement, et par le haut par la rivure de la queue: dans ce cas, on ne fait pas entrer la douille de force, on lui réserve la faculté de tourner avec la tige, qui conserve aussi la faculté de tourner dans la douille. Les mouvemens sont alors beaucoup plus doux et l'outil marche bien plus long-tems sans se détériorer.

15. Les autres outils du treillageur sont des étaux, des bigornes, des limes, qui ne diffèrent en rien des mêmes objets employés dans d'autres professions : il lui faut aussi divers marteaux, une masse en fer, une autre en bois pour enfoncer les pieux ; mais tous ces instrumens n'étant pas d'une nécessité absolue, nous ne faisons que les nommer. Dans le cours de cet ouvrage, si quelque construction particulière que nous aurions à décrire, nécessitait un appareil ou un outil spécial, nous aurions soin de le faire connaître.

BOIS ET AUTRES MATIÈRES.

16. Les bois, sont la matière principale employée par le treillageur; après, vient le fil de fer, les pointes. Quant au fer, dont les bâtis sont quelquefois formés, ce n'est pas lui qui le manipule; mais ce doit être sur ses dessins et d'après ses indications, qu'il doit être façonné et posé. Il en est de même des dés en pierre et autres appuis et fondemens. Tous les arts se tiennent ; mais on conçoit que nous n'avons pas à nous occuper des bâtis en fer, nous renvoyons à cet égard au manuel du serrurier. Il en est de même des bâtis en bois, posés sur dalle, bâtis réguliers, composés de pièces assemblées à tenons et mortaises, rainées, bouvetées, et souvent ornées de moulures. Dans ces sortes d'ouvrages, le treillageur ne fait que les remplissages; nous n'aurons à parler que de ces remplissages, en renvoyant pour le surplus, au Manuel du menuisier que nous avons déjà indiqué. Mais, indépendamment de ces travaux achevés, il reste encore dans les attributions du treillageur des travaux assez compliqués, des bâtis assez considérables à construire, et pour lesquels il est de toute nécessité qu'il ne soit pas absolument étranger aux premiers et plus simples assemblages du menuisier : il faut qu'il sache

faire une feuillure, et tout au moins dresser et équarrir des pieux, il a donc besoin aussi de plusieurs espèces de bois.

Les bois employés pour la construction des bâtis, sont le chêne, le châtaignier, quelquefois le hêtre. Le châtaignier, quelquefois le chêne jeune et vert et le frêne, sont les bois dont sont faits les échalas et les lattes. Les bois pour bâtis, nommés bois d'échantillon, s'achètent dans les chantiers, ou sont débités sur commande en forêt. Les bois pour treillages se vendent à la botte. A défaut des bois ci-dessus mentionnés, on emploie pour les remplissages, l'aune, le bouleau, le pin, le marsaule, le saule, le cyprès, le mûrier blanc, l'érable et autres bois lians, souples et de fil. Nous allons examiner ces diverses espèces de bois.

Bois pour les bâtis.

17. LE CHÊNE est le bois qu'il faut préférer lorsqu'on est maître du choix, car, pour l'exposition à l'air, il est de tous les bois celui qui a le plus de durée : le chêne est vendu dans les chantiers, en chevrons et quenouilles ; c'est ce bois qu'il faut acheter de préférence, en choisissant celui qui a été extrait de gros arbres, et qui ne renferme pas d'aubier, ou au moins celui dans lequel ce bois imparfait se rencontre en moins grande quantité. Quelques treillageurs emploient des bûches qu'ils choisissent droites et de grosseur : ce moyen est bon lorsqu'on fait des clôtures et barrières rustiques ; mais cependant, on doit compter que le bâtis durera moins que s'il était fait en bois équarri, et pris dans le cœur de chêne. On doit choisir encore parmi ce bois celui qui n'est point échauffé, c'est-à-dire, celui qui après avoir été souvent mouillé et séché alternativement, commence à pourrir. Le bois échauffé se reconnaît par sa couleur qui lui est particulière, et est toujours moins foncée que la couleur naturelle : ce commencement de décomposition se dénote encore par une moins grande pesanteur relative, et quelquefois, en y regardant

de très près, par un commencement de piqûre. Le bois échauffé lorsqu'il est recouvert de peinture, et enfoncé en terre par un bout, se décompose très promptement, et comme ce sont les pieux qui supportent l'ensemble, tout le travail, fût-il d'ailleurs très bien exécuté, et n'eût-on employé que des matières de choix, sera fait en pure perte, car l'édifice pêchant par sa base ne sera pas de longue durée. D'un autre côté, on tomberait dans un excès contraire et tout aussi dangereux, si, pour éviter le bois échauffé, on prenait un bois vert. Le bois nouvellement abattu, encore bien qu'il paraisse sec à la vue et au toucher, renferme dans ses pores une grande quantité de sève fermentescible. Si on l'emploie avant que cette partie extractive se soit évaporée par un long séjour à l'air libre, il arrive qu'à mesure qu'on enlève le bois de dessus qui est sec, on atteint les couches inférieures qui sont encore saturées de sève, et alors le dessèchement ayant lieu trop promptement, la pièce travaillée se contourne ou se fend profondément. Si, pour prévenir cet effet, on couvre promptement le bois de peinture en sortant de dessous l'outil, on se trouve avoir enfermé dans l'intérieur une cause active de détérioration, le bois ne se tourmente pas alors, il ne se fend pas; mais il pourrit promptement, parce que la sève qui devait s'évaporer, ne trouvant plus d'issue, fermente, change de nature, et devient pour ainsi dire corrosive.

Il est donc absolument nécessaire de savoir se garantir des deux cas contraires, et choisir son chêne dans les morceaux provenant de gros arbres abattus dans leur âge, et débités depuis trois ou quatre ans au moins, ayant été exposés pour sécher dans les lieux abrités contre la pluie, et contre les rayons du soleil, ou même d'un hâle trop ardent qui aurait pu saisir l'extérieur du bois, et former une croûte de bois dur qui se serait opposée à la libre évaporation de la sève.

18. LE CHATAIGNIER fournira aussi un bon bois pour les bâtis : il ne se tourmente jamais, il est peu sujet à

se fendre ; mais il est moins dur que le chêne : il est chanvreux, beaucoup plus difficile à travailler et à polir. Sous la peinture, il ne présente pas un aspect aussi agréable, et puis il dure moins. On ne devra donc y avoir recours qu'à défaut de chêne, et alors il faudra choisir des membrures provenant d'arbres faits et prises vers le cœur. Une partie des prescriptions que nous venons de donner, en parlant du chêne, sont applicables au choix de ce bois.

19. LE HÊTRE vient très gros. C'est dans les quenouilles provenant des plus gros arbres, que le treillageur doit chercher les bois propres à ses bâtis. C'est un bois plein et égal, se travaillant facilement, et très propre à recevoir la couleur, car il se polit bien. Il est assez dur pour conserver ses arêtes vives et coupantes ; comme ce bois n'a point ou presque point d'aubier, il est assez indifférent de quel endroit du tronc les quenouilles proviennent. Il faut toujours, autant que possible, les prendre de fil, parce que ce bois est peu liant, et qu'il est très sujet à se rompre par le bois tranché. Il faut l'employer bien sec, car il est surtout sujet à s'échauffer lorsqu'on enferme l'humidité dont il peut être pénétré sous la peinture.

20. LE FRÊNE fait encore de bons bâtis, surtout si le bois est choisi dans un arbre fort ; car, dans les branches, la couche médullaire est spongieuse et lâche, et le bois s'empare promptement de l'humidité de la terre dans laquelle il est enfoncé : alors, il se détruit facilement. Comme on est peu dans l'usage de faire des bâtis en frêne, nous n'en dirons pas davantage sur ce qui le concerne.

21. L'ACCACIA, L'ÉRABLE et d'autres bois denses, peuvent aussi servir ; mais leur durée est toujours de moins en moins longue : quant aux bois fruitiers, ils sont d'ordinaire trop chers, et d'ailleurs trop sujets à la vermoulure pour être employés avec avantage.

Bois pour les remplissages.

22. Les bois refendus, propres aux remplissages, sont nommés différemment selon la manière dont ils sont débités. On distingue les *échalas*, les *lattes* et les *baguettes*.

23. Les échalas sont des tringles dont la longueur est indéterminée ; on en trouve de très longues, d'autres n'ayant pas plus de trois pieds de longueur. On les vend à la botte ; leur force est à peu près constante, elle a 0,027 (un pouce) pour la largeur, et 0,020 (neuf lignes) pour l'épaisseur. En choisissant les échalas, on doit faire attention, 1° s'ils sont bien carrés ; 2° s'ils sont bien droits ; 3° si leur couleur vive indique qu'ils sont nouveaux. Les échalas long-tems emmagasinés finissent par devenir trop secs, ils sont alors cassans, difficiles à redresser. On ne risque rien de prendre ce bois un peu vert, ainsi débité en petites parties, il sèche assez promptement, et l'on n'a pas à craindre les inconvéniens que nous avons signalés, en parlant des bois propres à faire les bâtis.

Pour cet emploi, le chêne et le châtaignier marchent de front, et se disputent la préférence qui, dans certains cas, doit pencher pour le châtaignier, qui est moins lourd, moins cassant, et qui surtout possède une qualité qui lui est spéciale, c'est de ne point faire de retrait sensible en séchant. Le lien de fil de fer qui a serré le châtaignier encore neuf, le serre encore après un long tems. Il n'en est pas ainsi pour certains bois ; un certain laps de tems écoulé, le bois ayant diminué de volume, la couture se trouve lâche, et le treillage perd de sa solidité ; il faudrait donner un tour à toutes ces coutures pour réparer ce retrait. Certaines espèces de chêne se rapprochent beaucoup du bois de châtaignier relativement au peu de retrait, sans cependant posséder cette qualité au même degré. Quel que soit le bois employé, il faut le choisir sans nœuds autant que possible. Le nœud déforme l'échalas, il a encore le désavantage d'occasioner une prompte détérioration ; car il est souvent formé par une branche, par un bois plus nouveau, implanté dans le bois principal, ce bois nouveau qui se trouve présenter le bout, aspire facilement l'humidité et pourrit promptement; d'ailleurs, la discontinuité de fil que le nœud occasione est une cause de rupture : il faut donc préférer les échalas sans nœuds, à part la peine qu'ils donnent en outre pour le redressage.

Il y a des échalas en jeune chêne blanc qui sont d'un bon usage, on les nomme *paisseau* dans certaines provinces; on doit les employer de préférence pour la partie du treillage qui est posée verticalement, et dont le pied entre en terre, ou descend jusques près de terre; car le chêne résiste mieux à l'eau que le châtaignier. Dans ce cas, on réservera les échalas de châtaignier pour être placés horizontalement. On comprend bien que nous parlons dans la supposition où l'on aurait moitié d'une espèce, moitié de l'autre : ce sont sans doute de petites considérations; mais elles ne sont cependant pas à dédaigner.

Si l'on ne peut se procurer ni châtaignier, ni chêne, le jeune frêne fournira une très bonne matière, en le choisissant bien de fil. A défaut, on se servira d'aune, de pin, de saule, de mûrier blanc, de cyprès, de bouleau, et même de peuplier; mais ces bois faisant beaucoup de retrait, il faudra bien serrer les coutures.

Quand on ne trouve pas de châtaignier débité en échalas, ou que l'on veut le débiter soi-même, on achète le bois en pièces. On nomme ainsi des rondins d'un mètre à un mètre et un tiers environ de longueur, et ayant de 0,160 à 0,180 de diamètre que l'on trouve dans le commerce en grume, c'est-à-dire encore recouverts de de leur écorce. Si on les a choisis nouvellement abattus et bien de fil, il est facile de les fendre au coutre. On commence par les fendre en deux par le cœur, afin de mettre ce cœur à découvert, puis on lève sur chacun de ces demi-rondins une planche ayant l'épaisseur de la largeur de l'échalas, c'est-à-dire, 0,027 (un pouce) environ; puis une autre planche de même épaisseur;

mais qui a nécessairement moins de largeur, puis enfin une troisième planche encore moins large, mais toujours aussi épaisse : il ne reste plus qu'une *dosse* ou *levure* dans laquelle on peut encore trouver un échalas, pris à plat.

Quand on a fendu de la sorte les demi-rondins, on fend chacune des planches séparément en autant d'échalas qu'elle en peut contenir, en leur donnant, comme il a été dit plus haut, 0,020 (9 lignes) d'épaisseur. Cette méthode est préférable à celle employée quelquefois, qui consiste à faire des planchettes de 20 centimètres d'épaisseur qu'on débite ensuite de pouce en pouce ; parce que dans la première méthode la maille du bois, dans la majeure partie des échalas, se trouve dans le sens de la largeur, et comme la gerce ne se fait jamais que dans le sens de cette maille, le bois se trouvant avoir un pouce dans ce sens, il est moins facilement traversé par la fente que lorsqu'elle a lieu sur l'autre sens, où il n'a que 20 centimètres (9 lignes) d'épaisseur, une figure fera comprendre cette démonstration.

Soit la figure 15, un demi-rondin tracé sur sa coupe pour être fendu en échalas, on voit de suite en suivant de l'œil les rayons divergens de la maille, que fort peu d'échalas, si on en excepte quatre ou six de la plus grande rangée, se trouveront traversés par cette maille dans le sens de leur épaisseur ; bon nombre sera traversé dans le sens de la diagonale, ce qui n'est pas un désavantage, les autres seront traversés dans le sens de leur largeur, ou à peu près.

Si, au contraire, on les débite en suivant le tracé fait sur la fig. 15, A, représentant un autre rondin, on obtiendra un effet diamétralement opposé. Les échalas débités d'après ce second modèle, seront beaucoup plus *fendans* que les premiers. Il y aura donc, à part les autres avantages, plus de profit à suivre le tracé n° 15.

24. LES LATTES sont presque toutes faites en chêne, on les vend également à la botte, il faudra choisir les bottes renfermant le plus de lattes droites, assez ordinairement celles qui sont tortues sont cachées dans le

centre, il faut faire attention à cela, et regarder attentivement. La latte est rarement en cœur de chêne; il faudra la choisir autant que possible de cette dernière espèce; mais encore ici il y a un écueil à éviter, quand la latte a vieilli, sa couleur est plus foncée; mais il ne faut pas confondre cette couleur jaune enfumée avec sa couleur propre au cœur de l'arbre. La bonne latte est liante, flexible, son poids relatif est considérable, une latte jaune, légère, piquée, est d'une qualité inférieure.

26. LES BAGUETTES servent à faire les clôtures élégantes, parce que leur bois jeune, souple et spongieux peut prendre des courbes que le bois carré ne suivrait pas avec autant de facilité. J'ai vu faire des essais en ce genre, ils n'ont pas été heureux, le bois éclatait sur les angles. Les baguettes s'emploient le plus souvent avec leur écorce; néanmoins, j'ai vu dans une province, un amateur qui arrondissait les échalas par un procédé expéditif et sûr, et qui les recouvrait ensuite de peinture comme les treillages carrés, l'effet en était très agréable. Les pousses longues et sveltes du noisetier, sont assurément les meilleures baguettes, l'écorce polie, luisante, adhérente qui les environne, est un agrément en même tems qu'un moyen de conservation. Ces baguettes sont légères, ployantes, solides, régulières, et c'est bien certainement le bois par excellence pour cet usage; mais malheureusement il est rare, et par conséquent recherché, ce qui fait que le prix en est toujours élevé.

Après le noisetier, qu'on ne peut jamais se procurer en quantité suffisante, viennent les branches du bouleau, et repousses des aunes, dont sont formées la majeure partie des treillages. On doit attendre qu'elles soient un peu sèches, et dès leur abattage, les réunir en bottes serrées : par ce moyen, on redresse les courbes, et la dessiccation lente, qui est la suite de cette opération, est favorable en ce sens qu'elle empêche l'écorce de s'éclater : ce qui n'a que trop souvent lieu lorsque le bois sèche trop promptement, le retrait est si considérable, qu'il se fait dans les baguettes des gerces profondes, et que l'écorce se fend. L'aune n'est point le meilleur des bois employés pour faire les baguettes : mais on est contraint d'y avoir recours, parce que seul il est assez abondant pour fournir à la consommation; le cornouillier, le troêne et d'autres scions filés et flexibles devraient lui être préférés; mais, ainsi que le noisetier, leur rareté, l'emploi qu'on en fait dans d'autres circonstances en font hausser le prix, et il est difficile de s'en procurer assez pour l'employer à la construction des treillages. On se sert aussi utilement de baguettes de bouleau.

26. Nous venons de dire que nous avons vu un amateur faire des treillages de barrières d'appui, et des constructions rustiques en baguettes blanches, rondes et polies, il convient, pour n'avoir à revenir sur cet article, de dire comment il parvenait à se procurer ces baguettes. Comme nous n'avions pas alors l'idée, qu'un jour nous aurions besoin de recueillir les divers procédés qui pouvaient servir au treillageur, nous n'avons point fait de dessin de son appareil : nous aurons donc recours à nos souvenirs, et ayant dans le tems examiné très attentivement la machine, nous croyons pouvoir la reproduire assez fidèlement.

Au moyen de son procédé, il faisait des baguettes rondes, et en lui faisant subir une modification, des baguettes de coupe ellipsoïde, plates sur les deux longs côtés, rondes par les bouts. Cette dernière forme était très avantageuse dans certaines circonstances, et produisait des effets agréables : nous allons commencer par décrire le procédé le plus simple, au moyen duquel il se procurait des baguettes très rondes, très droites et polies.

27. L'instrument principal était un bout de canon de fusil de gros calibre, à l'orifice duquel se trouvait fixée soit par une brasure, soit à l'aide de vis dont la tête faisait saillie en dehors, et dont le bout ne faisait aucune saillie à l'intérieur, un rouleau fait avec une planche mince d'acier. La longueur de ce rouleau pouvait avoir de quatre à cinq centimètres ; la longueur du canon de fusil était de quatre à cinq décimètres. Ce ca-

non était serré dans une espèce de mâchoire en bois, composée de deux pièces ou montans et de deux vis en fer : l'une, celle du haut, opérant pression au moyen d'un écrou à oreilles ; celle du bas, destinée seulement à maintenir l'écartement parallèle recevait un écrou libre, semblable à celui qui dans les presses d'établi, est chargée de remplir la même fonction. Cette mâchoire était prise elle-même dans un étau à pied, solidement fixée après un établi inébranlable. La partie antérieure du rouleau d'acier était affûtée en dehors en forme de gouge de tourneur.

On peut déjà, d'après cet aperçu, se faire une idée de l'appareil ; mais comme il serait difficile de l'exécuter d'après ce peu de mots, nous allons lever toute incertitude en en donnant une figure d'ensemble et de détails. Nous nous livrons d'autant plus volontiers à ce travail, qu'il nous a semblé qu'il était possible de faire application de ce procédé dans beaucoup d'autres circonstances, et que le tems seul nous a manqué pour réaliser le désir ardent qui nous anime d'en construire un pour notre usage, désir qui, bien certainement, sera sous peu de tems satisfait.

La fig. 16 représente l'appareil vu de profil ; la fig. 17 le représente vu de face. Dans ces deux figures les lettres de renvoi indiquent les mêmes objets.

a b, deux morceaux de bois de chêne d'une longueur et d'une grosseur déterminée par la force que l'on veut donner à l'appareil.

c, boulon réunissant par le haut les deux pièces *a b*.

d, écrou servant à serrer plus ou moins les deux pièces *a b*.

e, lignes ponctuées indiquant la partie inférieure des pièces *a b*.

f, vis à demeure dans la pièce *a* passant librement dans celle *b*.

g, écrou libre servant à fixer le parallélisme des deux pièces *a b*.

Dans la figure 17, ces objets sont indiqués par des lignes ponctuées, parce que dans cette position, la mâchoire de l'étau h, s'oppose à ce qu'elles soient vues de face.

i, tube en fer serré dans les entailles angulaires pratiquées dans les montans $a\ b$. Ce tube en fer peut être remplacé avantageusement par un tube en acier; on s'épargne alors le travail d'ajuster le tube en acier dans son intérieur, mais aussi on éprouve de grandes difficultés pour la trempe.

j, planche d'acier recourbée, qu'on peut faire de deux pièces, représentant un cercle formé par deux gouges de tourneur placées rainure contre rainure.

k, échalas carré, qui lorsqu'on l'a fait passer entre les lames j affûtées très vif, sort rond par l'autre côté.

l, copeaux enlevés par le couteau circulaire j.

m, vis qui fixe le couteau j dans l'intérieur du tube i.

Manière de se servir de l'appareil.

28. Lorsqu'on veut arrondir un échalas carré pour en faire une baguette, ou dresser et arrondir régulièrement une baguette couverte de son écorce, on commence par arrondir et appointir un peu l'un des bouts avec la plane, fig. 8, puis, se plaçant devant l'appareil solidement fixé dans l'étau; on enfonce ce bout appointi dans l'ouverture du tube qu'on a eu soin préalablement de graisser à l'intérieur et sur le biseau du couteau. On enfoncera le plus droit possible. L'inventeur du procédé avait imaginé un support-guide; c'était une fourche en bois, placée en avant et à distance devant le trou, il en avait aussi un autre en arrière dans l'alignement du trou. Depuis il les a supprimés, pouvant s'en passer; mais peut-être jusqu'à ce qu'on ait acquis la même adresse que lui, sera-t-il prudent d'établir ces guides. On enfonce et on retire, puis on enfonce encore, afin de faciliter l'action du couteau. Lorsqu'en agissant de la sorte on a fait dépasser le bois de cinq à six pouces

environ, assez pour que la main puisse aisément le prendre, on passe derrière l'appareil et on amène le bois à soi, toujours en poussant et retirant lorsqu'il se rencontre des nœuds ou autres parties dures. La longueur du canon sert de guide de ce côté; mais cependant, dans les premiers tems on fera bien d'avoir un guide en bois afin de tirer toujours bien droit, ce qui est absolument nécessaire pour que l'échalas soit coupé bien également sur tous les points de la circonférence.

29. Il faut construire différemment le couteau lorsqu'on veut varier la forme des échalas ou même pouvoir en arrondir de diamètre différens. Dans ce dernier cas on n'obtient jamais un rond aussi parfait qu'avec le couteau circulaire : cependant, avec de l'adresse on fait encore des baguettes assez rondes. La variation qu'on peut apporter dans la coupe de l'échalas, c'est d'arrondir ses côtes anguleuses et de lui donner une forme approchant de celle de l'ellipse représentée par la figure 18 dessinée en grandeur naturelle à peu près. Cette forme offre cet avantage qu'elle permet de courber l'échalas pour faire le berceau, et que dans les cintres de devant elle produit un très bel effet. Dans les treillages de fantaisie elle est également fort bien placée et d'un bel effet.

Pour arrondir ainsi l'échalas sur les petits côtés du parallélogramme de sa coupe, il suffit de faire le couteau en deux pièces adhérentes aux montans de la presse et qui s'ouvrent ou se rapprochent avec eux. A cet effet, on attache les couteaux semi-circulaires sur des montures qu'on peut faire en cuivre ou en fer; mais qui sont assez fortes en bois dur; puisque celles que j'ai vues étaient ainsi construites et qu'elles rendaient depuis long-tems un bon office. Je ne sais même pas, s'il n'aurait pas été plus simple de fixer les couteaux immédiatement sur les montans $a\ b$ des fig. 16, 17; mais peut-être l'usage et l'expérience avaient-ils forcé l'inventeur à les mettre sur des montures mobiles;

c'est ainsi toujours qu'il les employait : cette forme lui permettait d'ailleurs de mettre son canon en place des couteaux mobiles lorsqu'il voulait tirer des baguettes simples, sans être contraint d'avoir une rechange d'appareil.

30. Les fig. 19 et 20 sont consacrées à faire comprendre comment les couteaux mobiles sont tenus sur les montures. La fig. 19 représente le plan, vu du côté de la cannelure. La fig. 20 est l'élévation dans l'une et l'autre. Les lettres de renvoi indiquent les mêmes objets.

a, lame d'acier recourbée en gouttière bien dressée à l'intérieur; affûtée en dehors comme une gouge de tourneur par sa partie antérieure.

b, fût en bois de fil.

c, ouvertures dans lesquelles passent les montans *a b* des fig. 16 et 17.

d, ouvertures dans lesquelles on insère un coin en bois qui opère la pression de la monture contre le montant.

e, vis fraisées entrant dans des coulisses également fraisées : ces vis maintiennent les lames gouges. Lorsque des repassages successifs ont usé le bout affûté, on peut au moyen des coulisses avancer de nouveau le couteau. Ces vis ne doivent faire aucune saillie dans la cannelure que l'on dresse intérieurement avec une lime queue de rat et une pierre arrondie, après qu'elles ont été posées : on dépose le couteau pour le tremper seulement par le bout tranchant, puis on repose ces vis en y passant encore la pierre afin qu'il ne reste aucune saillie.

Voici comment cet homme industrieux avait construit sans frais, pour ainsi dire, une machine-outil qui lui rendait de grands services, le lecteur suppléera sans peine aux détails que ma mémoire a pu ne point conserver.

Autres matières employées.

31. LE FIL DE FER qui sert à lier entr'eux les échalas pour en former des treillages est de deux sortes, ou plu-

tôt c'est le même fil, mais qui reçoit une préparation selon qu'il est destiné à faire des attaches ou à faire des pointes. En général on distingue ces deux états de fil de fer sous les noms de *fil à coudre* d'une part, et de *fil à pointe* d'autre part.

Le *fil à coudre* qu'on appelle aussi *fil mou*, *fil nul* selon les localités, doit être fabriqué avec du fer mou, liant, nerveux. On ne se contente pas de ces qualités : comme, lors de l'étirage dans la tréfilerie, l'opération qu'on lui a fait subir a un peu changé sa nature et qu'il est devenu aigre et cassant, on le met rougir dans des fours pour le recuire. Si on n'a pas de four à sa disposition, on met les rouleaux de fil de fer les uns au-dessus des autres, de manière à former une espèce de tour, dans le milieu de laquelle on jette des copeaux auxquels on met le feu. On met aussi de ces copeaux enflammés à l'entour. On suit de l'œil les progrès du feu, et on le dirige de manière à ce que tout le fil de fer rougisse partout. Dans cette opération il faut avoir bien soin que le fil ne passe pas au blanc, mais soit seulement rouge ; la couleur cerise est celle qui convient. Il devient alors tellement malléable qu'il est presque impossible de le rompre, encore bien qu'on le tourne et retourne dans tous les sens. Cette opération lui fait perdre toute son élasticité, il reste ployé lorsqu'on le courbe. En faisant recuire le fer il faut éviter de le brûler, car alors il devient très oxidable et il n'a pas d'ailleurs la force d'adhérence qu'il conserve lorsqu'il a été convenablement traité. Le bon fil à coudre est rond, non pailleux et conserve malgré la cuisson un certain poli. Le fil brûlé est rougeâtre, écailleux, déformé et fait entendre un certain bruit lorsqu'on le courbe ; bruit qui provient de la rupture de la couche d'oxide qui le recouvre. Il y a du fil à coudre de tout calibre, cela dépend de ce qu'on a à faire. Quand la maille est petite on prend un fil plus fin, quand elle est plus écartée on prend du gros fil : il y en a qui a jusqu'à un millimètre de diamètre ; c'est le plus gros.

32. *Le fil à pointe* pour être bon doit être fabriqué avec un fer aigre et dur; il doit être blanc et poli, on se garde bien de le faire recuire parce que ses principales qualités sont d'être ferme, raide et élastique. C'est avec ce fil que le treillageur fait ces espèces de clous d'épingle sans pointes ni têtes qu'il nomme pointes. Il faut donc qu'il ait une grande rigidité pour ne point se courber sous le choc du marteau lorsqu'il s'agit de le faire pénétrer dans des bois durs, lorsqu'il n'a point de pointe qui facilite son introduction.

33. Voici comment on s'y prend pour réduire ce fil en pointes. L'ouvrier tenant son rouleau de la main gauche en développe un bout long d'une brasse environ, il redresse le fer en le passant entre ses doigts garnis d'un fort doigtier en cuir, s'il doit faire beaucoup de pointes; puis tenant ses tenailles de la main droite, il fait passer entre les mords une longueur de fil égale à la longueur qu'il veut donner à ses pointes. Cette longueur n'est point fixe, elle dépend de l'ouvrage qu'il doit faire; mais varie souvent entre sept et neuf lignes. Le fil pris entre les tenailles, il les fait serrer fortement, puis, approche le pouce et l'index de la main gauche tout près des tenailles afin de rompre le fil s'il n'est pas immédiatement coupé. Le bout coupé est une pointe, elle tombe entre les genoux de l'ouvrier dans un creux qu'il fait faire à son tablier. Ce mouvement de la main gauche est motivé sur ce qu'il est indispensable que le fil soit coupé net sans qu'aucune ployure ne se manifeste. Cette ployure n'est pas à craindre pour la partie du fil qui est en dedans des tenailles, mais pour celle qui se trouve en dehors dans la main gauche. Si on tient le fil de loin, on risque que le poids, ou une mauvaise direction de la main, lui fassent prendre un mauvais pli près de l'endroit de la section, et alors la pointe suivante sera manquée; elle sera courbe vers l'une de ses extrémités, ce qui est un défaut capital : car, lorsque le marteau vient à frapper sur un fil qui n'est point droit, il plie et n'entre pas

dans le bois ; c'est vainement qu'on tente alors de redresser la pointe courbée, jamais ensuite elle n'est d'un bon usage, et le tems qu'on perd à redresser est plus précieux qu'un bout de fil de fer de neuf lignes. Il est donc très important de couper le fil sans le ployer aucunement, et pour y parvenir, il faut tenir le fil de fer très près de la tenaille.

Lorsque toutes les pointes sont coupées, on les rassemble et on les met debout dans une espèce de tiroir dont les rebords sont d'une hauteur relative à la longueur que l'on veut donner à la pointe. Lorsque toutes les pointes sont placées debout dans cette boîte sans couvercle, on enlève facilement celles qui dépassent les bords, et on les met à part. Quant à celles qui sont le moins longues si on tient à les retirer, on a une boîte moins grande, dont les rebords sont moins élevés et qui sert à faire un nouveau triage. On a de la sorte trois longueurs de pointes différentes ; on les classe à part pour s'en servir au besoin.

34. *Les clous* servent aussi à confectionner certains treillages et sont utiles dans beaucoup d'occasions où ils ne sont pas le lien principal. Ces clous sont les *clous à lattes*, la *semence* ou *broquette à tête plate*; ceux plus longs qu'on nomme *demi-livre alongée*, enfin les clous d'épingles dits *pointes de Paris*.

Manière de se servir des outils pour la préparation des matières.

35. Il arrive très rarement que les échalas qu'on achète soient exactement droits, ou du moins il s'en trouve dans les bottes qui ne pourraient servir courbes comme ils le sont, il s'agit donc de les redresser, les sinuosités qui s'y font remarquer sont plus ou moins considérables, selon que la pièce de bois dans laquelle ils ont été refendus, était elle-même plus ou moins droite et de fil. Il se rencontre souvent des cas où ces échalas sont tellement courbes, que si l'on tentait de

les redresser par les moyens ordinaires, c'est-à-dire, avec la varlope, il ne resterait plus de bois dans leur milieu, vu leur peu d'épaisseur et de largeur : dans ces cas, il faut absolument avoir recours au dressoir représenté fig. 1re. Voici comment l'ouvrier doit faire cette opération : il prend sa serpe (fig. 11,) de la main droite et tient l'échalas de la gauche, il le pose sur le dressoir et soit en bornoyant, soit en se servant du dessus de la table du dresssoir pour guide, il remarque l'endroit où l'échalas décrit un coude. Il fait alors porter la partie bombée sur le dressoir, passe l'échalas sous la mâchoire e et appuie l'endroit courbe sur la partie antérieure du dressoir qui est arrondie; dans cette position, il fait un effort pour redresser. Si l'échalas résiste, il donne un coup de serpe dans le creux, quelquefois deux, quelquefois trois selon la force de la défectuosité, mais pas à la même place. Il faut faire attention aussi à ne pas donner le coup de serpe en travers de l'échalas, mais bien à incliner la main afin que le coup ne pénètre pas trop avant dans le fil et ne tranche pas l'échalas : un coup ainsi donné lui ôterait trop de force. Après le coup, l'ouvrier appuie sur l'échalas pour s'assurer si la *navrure*, (c'est ainsi que se nomme l'encoche inclinée produite par le coup de serpe), ne lui a pas ôté assez de raideur pour qu'il soit possible de le redresser. On conçoit que la courbe se trouvant appuyée 1°, d'un bout contre la mâchoire, 2° au milieu du côté du coude contre l'extrémité du dressoir, 3°, par l'autre bout contre la main de l'ouvrier qui presse dessus, il devient facile de la redresser. Après avoir redressé le coude, l'ouvrier donne un coup du dos de la serpe sur la navrure pour coucher le fil qui reste entrebaillé.

Après avoir redressé le premier coude, il aligne encore l'échalas pour reconnaître s'il existe d'autres courbures, s'il en trouve qui soient trop apparentes, il répète l'opération jusqu'à ce que l'échalas soit dressé.

Mais on ne peut se le dissimuler, tel soin qu'on apporte à bien faire cette opération, l'échalas ainsi redressé a perdu de sa force. Aussi doit-on réserver ces échalas redressés à la serpe pour les remplissages, et avoir soin de ne pas les mettre dans les endroits où il faut de la résistance, dans les milieux mêmes où ils sont le plus convenablement placés il ne faut pas mettre de suite, à côté l'un de l'autre, deux échalas dans lesquels les navrures sont fréquentes. De même en redressant l'échalas, il faut faire attention à ne point rompre le tissu ligneux, souvent un échalas est rompu encore bien que le morceau ne vienne pas dans la main. Cette opération est délicate et exige une main exercée.

36. La *plane* sert à redresser les surfaces que le redressage à la serpe n'a fait pour ainsi dire qu'ébaucher. Si l'on se reporte à la description de cet outil représenté fig. 8, on verra que nous avons dit qu'elle doit être bien droite sur sa largeur; nous devons, en enseignant la manière de se servir de cet outil, entrer dans des développemens qui n'auraient pas alors été à leur place. La plane est affûtée en ciseau, c'est-à dire, qu'elle n'a qu'un seul biseau. Ce biseau est en dessus, c'est la planche de l'outil qui frotte contre le bois. La plane ne doit pas être trop longue, parce qu'alors elle nécessite, dans l'usage, un écartement des bras qui n'a lieu qu'aux dépens de la force employée, et qu'en outre, la course de l'outil se trouve réduite. Ordinairement, c'est d'une plane de $0^m 3$ de longueur totale dont on se sert, ayant une largeur d'environ $0^m 04$; mais cette largeur est successivement réduite sans inconvénient marqué par les repassages : sur sa longueur le tranchant ne doit point être en ligne directe; l'outil serait trop dur à mener; et il planerait mal, puis qu'il arrondirait les bois, il faut que ce tranchant ait une courbure de cinq à six millimètres sur sa longueur totale, et comme il faut que les poignées se trouvent absolument sur la ligne de la partie la plus courbe de ce tranchant, on conçoit que dans une plane bien faite, les poignées doivent être un peu rabaissées, afin que la ligne cen-

trale de ces poignées se trouve bien exactement la même que celle du sommet de la courbure; la fig. 8, § a fera de suite comprendre quelle doit être cette cambrure, que nous avons exagérée afin de la rendre perceptible sur un aussi petit dessin. Cet abaissement des poignées sur la ligne du tranchant est nécessité impérieusement par l'usage qu'on fait de l'outil. Si ces poignées avaient le centre au-dessus de la ligne du tranchant, se servir de cet outil commode, que tout le monde peut manier dès l'abord, deviendrait une chose difficile, laborieuse, et qui exigerait un grand développement de force : il faudrait alors faire des poignées plus longues pour compenser par un levier favorable l'action du levier contraire qui s'établirait, à partir du tranchant, jusques au dos de la lame; le fer aurait une tendance à baisser pardevant, et à pénétrer beaucoup trop avant dans le bois pour qu'ensuite la force de traction des bras puisse suffire à enlever le copeau épais qui serait la conséquence de l'effort. Si les poignées se trouvaient en dessous de la ligne, un effet contraire, moins pernicieux, mais cependant encore très désagréable aurait lieu : le tranchant tendrait toujours à se relever : il faudrait un effort constant pour le maintenir dans la direction du fil du bois, et on serait exposé à lever les copeaux courts et arrondis comme ceux qui sont le produit du fermoir à nez rond.

Ces conditions bien arrêtées, bien comprises, il va nous devenir facile d'expliquer comment on se sert de la plane, et l'usage de cet outil nous amènera à faire connaître également celui du chevalet représenté fig. 3, qui vont rarement l'un sans l'autre.

L'ouvrier étant assis sur le chevalet, ainsi que nous l'avons dit (5). Les pieds posés sur le palonnier, il place l'objet à planer sur le support j, fig. 3. Ce support peut être beaucoup plus long qu'il n'est marqué sur la fig. 3. Lorsqu'on plane une planchette très mince, on met dessous une autre planchette également prise dans la presse, afin que les faux coups ou les échappées ne tombent pas sur le support *j* et ne le détériorent point. La plane doit être tenue des deux mains, les poignets un peu renversés en dehors, les pouces en dessus. Dans cette position, on fait mordre la plane en la faisant un peu incliner du derrière en dedans et en tirant à soi ; mais il ne faut pas la faire mordre trop. On amène alors un copeau qui doit être long, égal et recourbé en spirale. Quand les pièces sont d'une certaine largeur, il faut avoir soin de passer la plane successivement sur tous les points de la largeur. Il faut avoir soin aussi en établissant son support de lui donner une longueur telle que lorsque les bras sont tendus, ils puissent faire toucher le dos de la plane au levier ; la portée, est alors plus longue, et lorsqu'on change la planche de bout pour planer ce qui se trouve sous la presse, il ne reste plus que peu de chose à faire. S'il se rencontre un nœud, ou un bois à rebours, il ne faut pas l'attaquer droit, mais bien en inclinant la plane ; ce qui se fait en avançant la main droite et retirant la gauche à soi *et vice versâ*, selon qu'on veut incliner à droite ou à gauche. Indépendamment de cette inclinaison, on en donne encore une autre selon le besoin, en soulevant une main et baissant l'autre. Il faut entretenir la plane toujours bien coupante, la repasser souvent sur la meule, afin de ne point arrondir son biseau qu'on doit tenir assez alongé : un biseau court ne coupe pas bien et occasione une grande dépense de forces. Lorsqu'on a acquis l'habitude de se servir du chevalet et de la plane, les planches qu'on en retire sont presqu'aussi droites que si l'on s'était servi d'un rabot pour les dresser.

37. LE COUTRE, fig. 9, sert à fendre les bois, on en emploie un autre qui n'est point emmanché de même ; mais bien comme la serpe, fig. 11. Quand on veut se servir de ces outils, on les pose sur le bout d'une pièce de bois bien de fil, tenue dans une position verticale, et de manière à diviser le morceau de bois par le milieu d'abord, et ensuite en échalas, ainsi que nous l'avons expliqué plus haut. Cependant, il y a dans la pratique de

cette opération une observation essentielle à faire ; c'est qu'il faut toujours en fendant que le coutre divise, autant que cela est possible, le morceau en deux parties égales ; c'est le seul moyen d'aller droit. Si l'un des côtés du bois est plus fort que l'autre, il ne se courbe pas autant que le faible, et alors le coutre tourne de ce côté, et le côté faible devient de plus en plus faible. Pour réparer cela, on penche le manche qui sert alors de levier à droite ou à gauche ; mais malgré ce soin, on risque toujours d'avoir un morceau en écharpe, et l'autre également irrégulier. D'une autre part, assez souvent, le morceau faible se rompt, et le coutre n'étant plus maintenu, ne peut plus faire son office, il est donc urgent de bien faire attention en posant son outil, et au fil, et à la ligne que la fente va suivre, sans cela, on perd beaucoup de bois et on avance peu la besogne. Il n'y a pas dans les arts une opération, telle simple soit-elle, qui n'exige encore du discernement et de l'attention.

38. On est quelquefois obligé de refendre les lattes, soit qu'on les ait achetées en lattes, soit qu'on les ait refendues soi-même. Ce n'est pas alors avec le coutre que l'on donne cette seconde façon ; mais bien avec un fort couteau à lame courte et épaisse, ou bien avec une serpe courte et robuste ; mais avant de la faire, il faut, si les lattes sont très sèches, et ce cas est le plus ordinaire, les mettre tremper quelques jours dans l'eau pour leur rendre le liant et la souplesse dont l'air les a privées : ce sont les plus épaisses, et principalement celles qui n'ont pas été refendues suivant la maille qu'on doit choisir, parce qu'alors la seconde refente que l'on fait se trouve suivant la maille.

39. Le dressage à la plane est bien suffisant dans la majeure partie des circonstances, mais lorsqu'on veut faire un ouvrage tout-à-fait soigné ; il faut que les lattes soient dressées sur leur champ, et alors il est impossible pour les premières, et gênant pour les secondes, de faire cette opération sur le chevalet, ainsi donc, lors-

qu'il s'agira des lattes de frisage surtout, on aura recours au rabot.

40. Mais comme on ne saurait raboter des lattes posées sur champ qu'avec beaucoup de peine, comme avec beaucoup plus de peine encore on mettrait ces lattes toutes absolument de même largeur, on a recours à un moyen simple et expéditif qui permet d'en dresser un grand nombre à la fois, et qui offre la garantie qu'elles seront toutes parfaitement égales, sous le rapport de la largeur, c'est un ustensile nommé *boîte à mettre de largeur*, qui ressemble assez à un long tiroir dont un des petits côtés manquerait. Voici la manière de la construire.

On prend une planche d'un mètre à un mètre et quart de longueur, large d'un décimètre et demi environ, et de trois centimètres d'épaisseur. C'est elle qui doit faire le fond de la boîte; on la dresse bien, on la met d'épaisseur, et on la tire de longueur avec soin sur ses longs côtés, on pousse une bouveture de manière à avoir en saillie de chaque côté une languette d'un centimètre de force environ. En dressant cette planche, il faut surtout avoir soin que la face qui doit en définitive être en dessus, soit très droite et très unie. Ce fond sera fait en bois dur, bien sec et ayant fait tout son effet. On s'occupe alors des deux longs côtés de la boîte.

On les prendra dans du cœur de chêne noueux et de rebours, en bois de $0^m 015$ à 2 centimètres d'épaisseur: quant à la largeur, elle doit avoir en sus des trois centimètres qui font l'épaisseur de la planche du fond, deux millimètres pour désaffleurer en dessous, et pour la partie excédente, en dessus environ quatre centimètres; nous disons quatre centimètres environ, parce que cette partie excédente se fait plus ou moins haute selon la largeur qu'on veut en définitive donner aux lattes. On fera avec le même bouvet qui a fait la languette sur le champ de la planche du fond, une rainure sur le côté des rebords; mais à deux millimètres de la rive, afin que le fond ne touche pas à l'établi, et l'on aura soin en mettant ces côtés en place, de placer les fils du bois à rebours, afin que la varlope ne puisse facilement mordre sur les champs supérieurs en dressant les lattes. Avant d'arrêter l'assemblage, on fera la traverse petit côté du haut. Il doit avoir la même hauteur que les longs côtés; mais il n'est pas nécessaire qu'il désaffleure en dessous, il convient mieux même qu'il affleure avec le fond. On fera aux deux bouts un fort tenon devant entrer dans deux mortaises débouchées, faites à l'extrémité des longs côtés, lesquelles mortaises conserveront un fort épaulement. Il ne sera pas nécessaire que le bas de ce petit côté soit bouveté, il tiendra suffisamment au moyen des deux tenons et des vis qui le fixeront. Quand tout sera fini, on assemblera les trois rebords avec le fond, au moyen des rainures et languettes des longs côtés, et on consolidera le tout avec des vis à bois. Les figures 21 et 22 vont nous servir à lever toutes les incertitudes que l'insuffisance de la description verbale aurait pu laisser subsister.

Soit la figure 21, l'un des longs côtés du tiroir vu en dedans et A, même figure, la coupe de ce long côté; on remarquera en *a* la mortaise dans laquelle entre le tenon du rebord du petit côté. *b* sera la rainure dans laquelle entre la languette faite sur le champ de la planche du fond. *c d* sont deux ponctuées indiquant l'épaisseur de ce fond. Si l'on regarde attentivement la coupe A, on verra que le champ supérieur est incliné : cette disposition a lieu, pour qu'en dressant les lattes, la varlope soit moins sujette à atteindre les bords de la boîte : beaucoup d'ouvriers font les rebords plats en dessus : d'autres les font en sens inverse, c'est-à-dire, qu'ils mettent en dedans le plus haut côté. Nous estimons que la méthode indiquée dans le dessin est la meilleure, et que, jointe au rebours du fil dont nous avons parlé plus haut, elle suffit pour garantir suffisamment les rebords qui doivent rester bien droits.

e, fig. 22, est le rebord de petit côté, il doit être solidement assemblé, car c'est contre lui que buttent les lattes qu'on rabotte. Indépendamment des rainures et languettes, on consolide cette boîte avec des vis à bois *ff*.

Quand on place les lattes dans cette boîte, il faut avoir égard à leur fil, et les placer de manière à ce que ce fil soit rabotté par l'outil; d'un autre côté, on bornoye chaque latte, et on met en dessous le côté le plus droit, et de manière à ce que les irrégularités les plus choquantes se trouvent en dessus et enlevées dès le redressage, il restera moins à faire lors de la seconde main d'œuvre, et on arrivera plus tôt au résultat désiré, la mise de largeur.

41. On fait aussi usage d'une autre boîte à peu près semblable à celle-ci; mais qui en diffère, 1° en ce que le petit rebord *e* n'existe pas; 2° en ce que les rebords latéraux sont inclinés en bec-de-flûte dans leur partie postérieure. Elle est représentée vue seulement de profil par la fig. 23, on la nomme *boîte aux habillures*. Elle sert à tailler régulièrement en bec-de-flûte, les bouts des échalas qui doivent être entés les uns au bout des autres, ce qu'on nomme *habillure*, ainsi qu'on le verra plus bas.

Dans ce cas, on pose les échalas sur leur champ dans cette boîte, et après en avoir préparé les bouts à la plane, on passe le rabot sur ces bouts en suivant l'inclinaison marquée par les rebords inclinés de la boîte, de cette sorte, les habillures se font proprement et solidement.

42. Lorsqu'il s'agit, pour des ouvrages soignés, de dresser des lattes sur leur plat, on se sert d'un rabot dont l'invention est due au célèbre Roubo, et dont nous allons donner la description. Nous laisserons parler l'auteur.

« Le rabot à mettre d'épaisseur représenté figures 24 et 25, ne diffère des rabots ordinaires que par la forme de son coin, et par l'action des deux joues mobiles rapportées des deux côtés de son épaisseur.

»Les joues mobiles cotées *a b*, fig. 25 et 26, ont environ

quatre lignes d'épaisseur, sur une longueur égale à celle du rabot; elles entrent dans deux ravalemens pratiqués aux deux côtés du rabot qu'elles affleurent, tant par les côtés que par dessus, et elles sont retenues en place par le moyen de deux boulons à vis $c\,d$ qui passent tout au travers de l'épaisseur de l'outil, ainsi qu'on peut le voir à la fig. 27 qui en représente la coupe.

» La tige de ces boulons est d'une forme carrée par la coupe, ils ne sont taraudés à leur extrémité qu'autant qu'il est nécessaire pour recevoir l'écrou, afin qu'il reste de la partie carrée pour passer dans les mortaises $e\,f$ de la joue mobile, fig. 28.

» Ces mortaises sont percées obliquement, leur extrémité la plus haute tendante au devant du rabot, pour que, lorsqu'on fait usage de ce dernier, l'effort qu'on fait en appuyant dessus ne tende pas à faire remonter les joues, qu'il est essentiel de conserver toujours à leur place. C'est pour cette même raison que les tiges des boulons sont carrées, et qu'on les fait entrer très juste dans le corps du rabot, en suivant toujours l'inclinaison des joues mobiles comme on peut le voir dans la figure 26, qui représente le rabot vu de côté, et dont la joue, fig. 28, a été ôtée pour faire voir les trous par où passent les boulons et l'intérieur du ravalement.

» Trois à quatre lignes suffisent au diamètre des boulons dont la tête, large de six à huit lignes, peut être ronde ou carrée, comme celle i fig. 27, ce qui est égal pourvu qu'elle soit bien évidée en dessous pour qu'elle porte également dans toute sa largeur sur la joue mobile b.

» Les écrous ne doivent point porter sur l'autre joue a, mais il faut mettre des platines, ou rondelles de fer ou de cuivre g entre eux et cette dernière, afin que le frottement ne les gâte pas et n'y fasse pas des cavités qui les empêcheraient de monter ou de descendre quand on le jugerait à propos, et de rester fixes en place, après qu'on les aurait arrêtés.

» Les écrous h doivent être un peu épais, afin qu'ils

contiennent plus de pas de vis, et il faut, autant qu'il est possible, les faire de forme carrée ou hexagone à l'extérieur, pour qu'ils ne puissent être serrés ou desserrés que par le moyen d'une clé, ce qui vaut beaucoup mieux que des écrous à ailerons, qui, non seulement nuisent par leur saillie, mais encore peuvent être desserrés par la première personne qui touchera à l'outil, ce qui arrive souvent.

» Quand on veut faire usage du rabot à mettre d'épaisseur, on commence par mettre les lattes à la largeur qu'elles doivent avoir, puis on les rabotte sur le plat pour les mettre à peu près d'épaisseur : ce qui étant fait, on prend un morceau de bois de trois à quatre pieds de long sur cinq à six pouces de large, qu'on a soin de parfaitement bien dresser sur tous les sens ; on place ce morceau de bois, ainsi dressé sur l'établi, contre le crochet, et on pose la latte dessus, en observant de l'arrêter avec le valet par son bout inférieur, après quoi on fait usage du rabot, fig. 24, qu'on passe sur la latte jusqu'à ce que ses joues extérieures portent sur le morceau de bois sur lequel la latte est placée.

» Avant que de faire usage du rabot, il faut d'abord l'ajuster, c'est-à-dire, faire descendre les joues selon l'épaisseur qu'on veut donner à la latte, en observant qu'elles se dégauchissent bien entr'elles, et qu'elles désaffleurent également le dessous du rabot, tant dans leur longueur que de chacun de ses côtés.

» Et pour être plus sûr que cette épaisseur est bien égale, on peut mettre entre le dessus des joues mobiles et le dessous du ravalement du rabot des tringles d'une épaisseur égale à celle qu'on veut donner aux lattes, pour que ces tringles, ainsi placées et retenues entre les joues et le dessus du rabot, puissent empêcher les joues de remonter, supposé que les vis vinssent à se desserrer.

» Il faut que le rabot à mettre d'épaisseur soit fait en bon bois de cormier, très sec, surtout les joues, qu'on doit faire aussi de bois très dur et de fil, afin qu'elles s'usent moins au frottement; ce qu'on ne peut réparer qu'en les faisant remonter jusque sous le ravalement du rabot, pour ensuite les redresser avec ce dernier, qu'il faut toujours, du moins dans cette occasion, qu'elles affleurent en dessous, surtout si l'on veut faire usage des tringles dont j'ai parlé ci-dessus.

» Il est bon aussi que la pente de ce rabot soit un peu debout pour qu'il n'écorche pas le bois, ce qu'il faut éviter avec grand soin surtout quand on s'en sert pour des pièces très minces, qui, se trouvant souvent disposées sur la maille, s'éclateraient très aisément.

» Le coin du rabot à mettre d'épaisseur, fig. 24, est fait différemment des autres, afin de pouvoir le retirer quand il est nécessaire, sans être obligé de frapper derrière le rabot, comme on fait ordinairement, ce qui ne vaudrait rien à celui-ci, parce que les coups de marteau qu'on donnerait derrière feraient desserrer les vis, et par conséquent dérangeraient les joues, ce qu'il faut absolument éviter.

» Ce rabot est très propre à faire de menus ouvrages, surtout des réglettes : il faut que la lumière soit très étroite. »

43. Nous ne pousserons pas plus loin la revue des outils du treillageur; il en est sans doute encore beaucoup d'autres propres à tel ou tel ouvrage déterminé; nous les ferons connaître en parlant de ces ouvrages, ils ne sont pas nécessaires à celui qui veut se contenter de faire les travaux ordinaires.

Premiers travaux du treillageur.

44. Les premiers travaux dont le treillageur doit d'abord s'occuper, ce sont les plus simples, les plus faciles : ce sont aussi ceux qu'il est le plus souvent appelé à confectionner. En prenant du plus simple pour arriver au plus compliqué, nous aurions dû commencer par les palissades qui ne se font qu'à hauteur d'appui, et qu'on fait souvent en *frisage*, c'est-à-dire, avec des

lattes; mais comme depuis quelque tems, on a fait faire beaucoup de progrès à cette partie de l'art, elle n'est plus maintenant la plus simple; car on se contente rarement de la palissade en lattes à mailles carrées. Il faudrait donc nous arrêter après la description de cette première palissade, sauf à décrire ensuite, en suivant leur rang de complication, celles qui sont plus ouvragées : il convient donc de commencer notre démonstration par l'*espalier*, qui a peu changé.

45. On nomme ainsi le treillage qui est appuyé contre un mur de clôture ou autre, et qui sert d'appui aux arbres fruitiers taillés en espaliers. On fait bien aussi des espaliers isolés; mais ce sont à proprement parler de hautes palissades, et nous ne devons point en faire une distinction qui serait superflue, nous allons donc nous occuper d'abord des espaliers proprement dits.

ESPALIERS.

46. Les *espaliers* sont faits avec des échalas ; mais l'usage a voulu qu'on ait nommé *échalas* spécialement ceux dont la pose est verticale, et qu'on ait donné le nom de *lattes* aux échalas posés horizontalement. L'espace compris entre les échalas et les lattes se nomme *maille*. Les espaliers sont soutenus et retenus contre les murs par des clous à crochets. Il est d'une bonne construction de ne point faire toucher l'espalier au mur; mais bien de l'en tenir à *distance*, afin que les eaux, les gravois, les feuilles mortes puissent passer derrière et ne point s'arrêter dans les mailles. En s'y arrêtant, ces détritus formeraient une terre spongieuse qui conserverait l'humidité, et faciliterait la pourriture et la destruction du treillage.

47. On est dans l'habitude de poser le treillage *en blanc*, sauf à le peindre ensuite. C'est une mauvaise méthode. Ce treillage peint par devant ne reçoit point de peinture de côté tourné vers le mur, et c'est justement de ce côté qu'il est exposé à l'humidité. Il convient mieux de peindre les échalas avant la pose, et de les lais-

ser sécher avant l'emploi : nous dirons plus bas comment se fait cette peinture.

48. Avant de commencer à faire le treillage, il faut se rendre raison de la quantité d'échalas qui entrera dans sa confection, et pour y parvenir, il faut toiser le mur qu'on doit revêtir. On en prendra la hauteur et la largeur, puis, après avoir calculé combien il contient de mètres carrés en superficie; on fera un dessin sur la terre, ayant un mètre carré; sur ce carré on posera des échalas espacés plus ou moins entr'eux selon la grandeur qu'on voudra donner aux mailles, et lorsqu'on saura combien il entre de mètres courans dans un mètre carré, il sera facile d'évaluer très approximativement combien il en faudra de mètres pour faire l'ensemble du revêtissement. Et comme les échalas se vendent en bottes, contenant toutes un nombre égal d'échalas d'une longueur déterminée; il est facile, lors de l'achat, de ne prendre que ce qui sera nécessaire à peu de chose près. Nous disons à peu de chose près, parce qu'on fera bien de prendre toujours un peu en sus, afin de parer aux déchets qu'on éprouve par les habillures et par les ruptures fréquentes qui ont lieu sur le dressoir.

49. Un autre soin doit précéder encore le travail de la pose : c'est l'examen du mur : autant que possible il doit être récemment crépi ; il faut aussi qu'il soit le plus droit possible. C'est une mauvaise opération que celle de poser un treillage sur un vieux mur dégradé, les crochets ne tiennent pas long-tems, les gravois encombrent les mailles, le treillage s'affaisse et se pourrit promptement. Lorsqu'il y a des parpains en pierre de taille, faisant saillie, on fait bien de ne mettre du treillage qu'au dessus des parpains, sur la saillie desquels on le fait alors appuyer par le bas; alors le treillage est plaqué contre le mur, et doit, par le haut, passer sous la saillie du chapeau du mur; cependant cette règle n'est pas absolue. Comme il est très avantageux que le treillage soit distant du mur, on profite de la saillie

des parpains pour appuyer les échalas par le bas et les tenir espacés du mur en les faisant toucher par le bas au parpain et par le haut au rebord du chapeau du mur.

50. Les mesures préparatoires étant prises, on choisit un échalas bien dressé, qui servira de patron pendant toute l'opération : il se nomme *échalas de marque;* s'il ne s'en trouvait pas d'assez longs pour mesurer toute la hauteur du treillage, on ferait de suite une habillure solide. (*V.* plus bas 59.) Sur cet échalas on marque avec un compas et de la pierre noire la largeur des mailles, prise en dessus des épaisseurs des bois. On prépare de même un autre échalas sur lequel on fait les mêmes marques et qui porte le nom de *latte de marque*. C'est avec l'échalas de marque qu'on espace régulièrement les lattes; à cet effet on y enfonce un crochet la pointe en bas, du côté opposé aux marques et au droit de la 2e ou de la 3e marque du haut. Au moyen de ce crochet, on suspendra l'échalas pendant le travail, en faisant porter le crochet sur la première ou la seconde latte du haut; ainsi suspendu il servira de régulateur. C'est avec la latte de marque qu'on espace régulièrement les échalas : cette latte de marque n'a pas de crochet; on l'emploie en la tenant à la main et la posant debout lorsqu'on est à coudre.

51. En considérant le mur à revêtir, on s'assurera si son sommet est horizontal; s'il l'est assez pour servir de point de départ à l'établissement des lattes, on tracera sur ce mur de longues lignes horizontales parallèles au sommet de ce mur. La première de ces lignes, celle la plus élevée, sera distante du rebord du chapeau d'une hauteur de maille avec l'épaisseur du bois; on la tracera à l'aide d'un cordeau fixé à un clou et tendu horizontalement au moyen d'une planchette formant gabari, ayant la grandeur d'une maille hors bois, et s'appuyant contre le rebord du chapeau du mur. Au moyen de cette corde et de cette planchette, on tracera avec un poinçon une ligne parallèle au chapeau du mur;

puis, en remplaçant la planchette par un bout d'échalas d'un mètre de longueur, et en se servant du même cordeau, on tracera une seconde ligne horizontale parallèle à la première, à un mètre au-dessous. Enfin, on tracera de la sorte, de mètre en mètre, les unes au-dessous des autres, autant de lignes qu'il en faudra pour parvenir soit aux parpains, soit au bas du mur s'il n'y a pas de parpains. Sur chacune de ces lignes on plantera de mètre en mètre des pattes à crochet destinées à soutenir les lattes.

52. Il est toujours d'une bonne construction de ne pas enfoncer tellement la patte à crochet qu'il n'y ait entre le crochet et le mur que l'espace nécessaire pour passer la latte, car cette latte toucherait au mur, et alors il y aurait inconvénient (46). Quand il y a des parpains formant plinthe en saillie, et lorsque cette saillie n'excède pas l'épaisseur d'un échalas, il faut bien alors que la latte touche au mur ; mais c'est un défaut et peut-être vaudrait-il mieux, alors, en ne suivant pas l'usage reçu, poser les lattes sur les échalas au lieu de poser les échalas sur les lattes, comme cela se fait toujours. Quand les crochets sont placés de manière à ce que la latte ne touche pas contre le mur, on a soin de lier cette latte après la patte du crochet, au moyen d'un bout de fil de fer, ce qu'on nomme une *couture*.

53. Lorsque la première latte sera posée sur la première ligne des crochets, on en posera une seconde sur la ligne d'au-dessous, et ainsi de suite jusqu'au bas. On accroche alors l'échalas de marque à la latte d'en haut, et l'on pose à la gauche de cet échalas de marque un échalas ordinaire dont la hauteur doit être telle qu'il puisse s'enfoncer d'un décimètre ou décimètre et demi en terre, et atteindre encore le chapeau du mur ; puis à la droite de cet échalas et à deux ou trois mètres plus loin, un autre échalas qu'on pose à l'aide de la latte de marque. On coud de suite ces deux échalas après les lattes posées sur les crochets. On peut alors, en faisant glisser l'échalas de marque sur la latte du haut, poser

les lattes intermédiaires entre celles qui sont déjà posées de mètre en mètre sur les lignes de crochets. Ces nouvelles lattes seront cousues d'abord sur l'échalas de gauche, en se servant de l'échalas de marque pour déterminer l'espacement, et puis sur l'échalas posé plus loin à droite: ainsi supportées par les deux bouts, ou au moins par des points écartés l'un de l'autre, elles resteront dans leur position horizontale. On continuera de même à poser toutes les lattes intermédiaires jusqu'en bas, en se servant toujours de l'échalas de marque pour les coudre.

54. Quand toutes les lattes seront posées, on posera les échalas, qu'on espacera bien également au moyen de la latte de marque, et, comme il faut que ces échalas soient toujours plantés dans une position verticale, le treillageur fera bien d'avoir un plomb suspendu qu'il attachera à la première latte au moyen d'un S en fil de fer. Ce plomb sert à le ramener à la position verticale lorsqu'il s'en écarte, ce qui a lieu après le placement d'un certain nombre d'échalas, si l'on n'a que la latte de marque pour guide. Les échalas placés, il s'agit de les coudre. Nous devons dire comment se fait cette opération.

55. Nous avons expliqué plus haut (31) comment on prépare le fil à coudre; mais comme ce fil est de plusieurs grosseurs, il convient de choisir la grosseur convenable à l'ouvrage qu'on veut faire. Si la maille est très écartée, il faudra prendre du gros fil; si, au contraire, elle est très rapprochée, il faudra prendre le fil le plus fin. Le plus gros a environ un millimètre de diamètre; les autres grosseurs vont en diminuant jusqu'à la moitié de cette mesure, mais ne descendent jamais plus bas; car, passé un demi-millimètre, le fil n'aurait plus assez de consistance, et à la première pluie qui l'oxiderait, le gonflement des bois le ferait casser. On ne doit point employer le fil fort pour les petites mailles, non qu'il y ait danger, mais uniquement pour cause d'économie. Lors donc qu'on aura choisi son fil,

voici comment on procèdera à la couture. L'usage est de commencer le travail par le haut ; l'ouvrier tient son rouleau de fil soit dans une vaste poche qui se trouve au devant de son tablier, ou bien si le terrain est sec, il le laisse à terre et en dévide une longueur suffisante. Pour coudre la maille, on tient le fil de la main droite, on le fait passer derrière la maille, en diagonale, suivant la ligne ponctuée *a*, fig. 29; puis, prenant le bout de la main gauche, on le rabat par devant, en venant rejoindre la main droite. On tire un peu à soi pour faire plier le fil, et on fait passer la main gauche par dessus la main droite, que l'on porte à gauche en serrant le fil. A cet instant le nœud est déjà assez formé pour tenir; on prend alors les tenailles, on saisit ensemble les deux fils un peu au-dessus du croisement; on tourne encore un demi-tour en tirant à soi, pour que le fil se modèle bien sur l'angle des échalas; on tourne encore un peu la tenaille, et, sans quitter, on serre fortement et on coupe les deux fils. La fig. 30 représente le nœud tout fait avant que les bouts soient coupés.

Si le treillage est par bas, et que le nœud soit susceptible d'accrocher, on donne un coup du revers de la tenaille, ou même on se contente de pousser, et le nœud plie et se place dans l'angle formé par le croisement des échalas.

56. Comme l'action de coudre est de tous les instants, et qu'elle se fait encore d'une autre manière, on sera peut-être content de retrouver ici la démonstration de Roubo, qui n'est pas la même que la nôtre. Nous transcrivons.

« Quand on veut coudre une maille de treillage, on fait passer le fil de fer diagonalement derrière la maille, de bas en haut, et le bout le plus court en dessus, comme en *a*, fig. 32, ce qui étant fait on saisit le bout avec les tenailles qu'on tient de la main droite *e*, et on le fait descendre diagonalement de *a* à *b*, qu'on tient ferme de la main gauche B, en observant de les bien serrer tous deux sur l'arête de l'échalas montant. Après quoi on les fait reployer l'un sur l'autre, en faisant faire aux deux mains un mouvement opposé, c'est-à-dire, en reportant la main gauche B de gauche à droite, et la main droite C, avec laquelle on tient les tenailles, de droite à gauche, comme le représente la fig. 31. Les deux bouts de fil de fer étant ainsi reployés l'un sur l'autre, on fait redescendre celui qu'on tient de la main gauche B, pour venir joindre celui qui est saisi avec les tenailles; après quoi on ouvre ces dernières pour reprendre les deux bouts du fil de fer un peu au-dessus du nœud qu'ils commencent à former, et on fait une pesée en appuyant un des mords des tenailles sur l'arête de l'échalas montant, pour alonger le fil de fer autant qu'il est possible, et lui faire prendre la forme des angles des échalas, comme le représente la fig. 33, après quoi, sans quitter les tenailles, on les fait tourner de droite à gauche en montant, pour achever de serrer le nœud et pour rompre les extrémités du fil de fer, ou pour mieux dire les couper, parce qu'en achevant de tourner les tenailles, il faut les serrer fortement pour qu'elles coupent le fil de fer, sans quoi on courrait risque de le rompre au-dessous du nœud, ce qui occasionerait la perte du tems et du fil de fer.

» C'est de l'opération de coudre le treillage que dépend une partie de sa solidité; c'est pourquoi on doit bien prendre garde que la couture soit très serrée et le nœud bien fait, et surtout qu'il ne soit pas rompu trop court; parce qu'il pourrrait lâcher pour peu qu'on fît d'effort contre l'ouvrage; au reste c'est une affaire toute de pratique.... Il y a des treillageurs qui font le nœud de la couture en dessus, d'autres en dessous; mais à gauche, ce qui ne change rien à la manière d'opérer; cependant la manière d'opérer la plus usitée et la plus facile est celle représentée par les figures 31, 32, 33. »

57. Les mailles de treillage construits en échalas sont toutes cousues de cette manière, quelle que soit la forme de leurs compartimens. Quand les mailles forment des losanges, ce qui a lieu lorsque les échalas sont inclinés

les uns à droite, les autres à gauche (dans ce cas on donne le nom de lattes à ceux qui passent derrière) et que les losanges sont carrés, on fait la couture verticale ou horizontale ; mais on a remarqué qu'elle produisait un meilleur effet lorsqu'elle était alternativement horizontale et verticale. (*V.* fig. 34.) Dans cette manière de coudre, l'effort de la couture horizontale qui tendrait à alonger le losange est contre-balancé par l'effet de la couture verticale qui tend à l'alonger dans un sens contraire. Quand le losange est très alongé comme dans la fig. 35, la couture doit être faite horizontale ; si on la faisait de la largeur du losange, on perdrait beaucoup de fil de fer pour ne produire qu'un effet borné.

58. Lorsqu'on a cousu toutes les mailles de la palissade, on rabat les nœuds ainsi que nous l'avons dit, et l'on peut alors donner au treillage une dernière couche de couleur; cette couche donnée, le treillage étant posé a cela d'avantageux, qu'elle recouvre le fil de la couture et le garantit de l'humidité qui l'oxide et le corrode.

59. Mais il arrive rarement, surtout pour les lattes, qu'elles soient d'une assez grande longueur pour faire toute la longueur du mur. Pour les échalas on fait en sorte de les avoir d'une longueur telle qu'elle fasse toute la hauteur, et cela est souvent possible. Dans les cas rares où le mur a trop de hauteur pour les échalas, à son sommet, et dans les cas bien plus fréquens et presque habituels où les lattes ne peuvent faire la longueur, il faut faire des *habillures*. On nomme ainsi l'opération d'enter l'un au bout de l'autre deux ou plusieurs échalas.

La fig. 36 fera de suite comprendre comment se fait l'habillure. Les treillageurs se contentent de tailler d'abord avec la serpe les deux becs-de-flûte $a\,b$ qu'ils dressent ensuite avec la plane. Ils serrent le tout avec deux liens de fil de fer ; cette habillure suffit dans la majeure partie des cas. Quand la jonction doit être plus solide, ils font les becs-de-flûte plus alongés, et alors ils mettent trois liens, un au milieu et un de chaque côté vers les extrémités. Les habillures dressées seulement à la plane ne sont pas très solides, parce que les surfaces inclinées n'étant pas bien dressées, il se trouve peu de points de contact, et par conséquent peu d'adhérence ; c'est pour augmenter ces points de frottement que l'on fait quelquefois la *boîte à habillure* représentée fig. 23. (*Voyez* § 41.) On se sert alors d'un rabot pour replanir les becs-de-flûte qui, étant taillés suivant une inclinaison réglée par les côtés de la boîte, forme une habillure propre et solide.

Mais l'alternative du chaud et du froid, de l'humidité et de la sécheresse causent le retrait des bois, les liens deviennent lâches, et l'habillure ne tiendrait pas long-tems si elle était exposée à des tiraillemens. Dans les cas ordinaires elle est bien suffisante ; mais si elle se trouve située en un endroit où il puisse y avoir fatigue, on fera bien d'y faire le crochet conseillé par Roubo, et que nous avons représenté fig. 37.

D'une autre part, comme cette habillure n'offre de garantie que contre la traction qui tend à séparer les deux parties, sans en offrir contre la répulsion qui tendrait à les faire glisser l'une sur l'autre. On a quelques exemples des deux habillures, fig. 38 et 39, qui sont parfaitement solides. Dans la fig. 36 on se contente de faire l'angle droit tel qu'il est représenté par les ponctuées *a b*. Nous avons cru en faisant ici l'application d'un assemblage pratiqué dans un autre art, devoir faire l'angle rentrant. L'habillure fig. 37 n'est point difficile à faire : on n'emploie que la serpe et la scie à main pour sa confection, elle n'a point besoin d'une exécution soignée pour être parfaitement solide.

Des treillages en palissades.

60. Les *palissades* se font de plusieurs manières, il y en a de fort simples et d'autres très compliquées. Nous devons commencer par les plus simples, nous dirons ensuite comment se font ces palissades élégantes qui de-

puis un certain tems font l'ornement des grands jardins. Ces palissades les plus simples se subdivisent elles mêmes en plusieurs sortes : 1° les *frisages* à poteaux ronds ; 2° les mêmes à poteaux carrés, corroyés; 3° Les palissades ou barrières d'appui en échalas à poteaux ronds ou carrés; 4° enfin, les palissades à bâtis en fer. Nous les examinerons successivement.

61. On nomme *frisage* des barrières d'appui faites avec des lattes: elles ne sont point cousues. Les mailles sont liées avec des clous à latte. (*V*. 34.) On peut donner un certain perfectionnement au frisage en dressant les lattes; mais assez ordinairement on les emploie telles que le commerce les donne.

Le premier soin, lorsqu'on veut faire une palissade, doit être de nettoyer et de dresser le terrain autant que cela est possible, on trace ensuite avec un cordeau une ligne sur ce terrain, et l'on fait un petit fossé d'un décimètre ou un décimètre et demi de profondeur, suivant la ligne tracée. Les pieux dont on se sert sont des rondins de chêne ou de châtaignier, tantôt pelés, tantôt recouverts de leur écorce. On les appointit par le bas, et si l'on veut, on fait noircir cette pointe au feu. Les avis sont divergens sur cette préparation, quelques personnes soutiennent que l'action du feu est inutile; mais d'autres au contraire la recommandent. En général on y a recours et, bien que ce ne soit pas un motif tout-à-fait péremptoire, l'erreur se propageant souvent à l'égal de la vérité, toujours nous recommandons de le faire, puisque tout le monde le fait : jusqu'à preuve contraire on fait bien de s'en rapporter à l'usage. Au bout opposé à la pointe, que nous pourrons appeler la tête, ces pieux doivent être arrondis d'abord pour qu'ils ne se refoulent pas sous les coups de la masse en fer avec laquelle on les enfonce, et ensuite pour que, étant placés, les eaux pluviales ne séjournent pas dessus, mais bien puissent s'écouler promptement. Les pieux à tête arrondie sont moins sujets à se fendre, et par suite à pourrir, que ceux à tête plate.

On enfonce ces pieux en frappant dessus à coups de masse; on doit avoir soin, en frappant, de leur conserver une direction absolument perpendiculaire au terrain. On les fait entrer plus ou moins en terre selon la nature du sol; s'il est ferme et compacte, on ne les enfonce que de six ou sept décimètres; s'il est meuble et léger, on les enfonce de huit à neuf décimètres. Quant à leur saillie au-dessus du sol, elle dépend de la hauteur que l'on veut donner à la barrière.

Cette hauteur est ordinairement d'un mètre à un mètre deux décimètres; il n'y aura pas de mal si ces poteaux ont environ un centimètre de plus que le restant de la palissade; cette saillie en plus est assez ordinairement celle de la rondeur de la tête.

Après avoir planté un pieu, on en plantera un autre sur la même ligne dans le petit fossé. Si l'on n'a que des lattes courtes, c'est ordinairement la longueur de ces lattes qui détermine l'espacement, qui se prend du milieu d'un pieu au milieu de l'autre. Ces deux pieux plantés, on pose de suite la latte horizontale du haut avec deux clous à lattes. Pour enfoncer ces clous qui se trouvent situés tout-à-fait au bout des lattes, on fait bien de pratiquer un avant-trou avec le poinçon carré, fig. 13, afin que la latte ne se fende pas. Cette latte supérieure doit être parallèle à la ligne que suit le sol. S'il offrait des accidens, des sinuosités, on ne devrait point y avoir égard, ainsi que nous le verrons plus bas.

Cette latte du haut posée, on prendra un échalas de marque pour poser les lattes inférieures. Les mesures doivent être prises de manière à ce qu'il ne se trouve pas une latte près de la terre, mais bien un carré vide. Si on ne pouvait avoir un carré, il faudrait avoir trois quarts de carré ou au plus la moitié, plus bas ce serait un défaut capital. Cette latte inférieure avoisinant trop le sol serait promptement pourrie. Après avoir posé toutes les lattes, en les clouant de même des deux bouts et en se servant de l'échalas de marque pour leur espacement, on s'occupera de poser les lattes verticales. Leur écartement est déterminé par celui des lattes horizontales, afin que leur croisement forme un carré parfait; mais en déterminant sur l'échalas de marque la grandeur de ces carrés, il y a un autre soin à prendre: c'est que l'espace compris entre les deux piliers forme une division complète, c'est-à-dire que les piliers ne puissent se rencontrer au milieu d'un carré. On conçoit qu'ayant environ huit centimètres de diamètre, ils boucheraient presque entièrement le carré au milieu duquel ils seraient situés, et que l'ouvrage paraîtrait lourd et irrégulier. On placera donc les lattes verticales à l'aide de l'échalas de marque, en les faisant entrer en terre de dix ou douze centimètres si l'on n'a pas creusé le fossé, ou en les posant seulement au fond de ce fossé et les faisant affleurer la latte horizontale supérieure; après que ces lattes verticales sont posées, on rabat la terre dans le fossé, et on la tasse bien afin que la latte soit maintenue.

Nous avons dit plus haut que ces lattes n'étaient point cousues avec le fil, mais seulement attachées avec des clous; on met un clou à chaque latte verticale à l'endroit où elle se croise avec la latte horizontale supérieure. Pour enfoncer ces clous, il faut qu'un aide tienne un pieu en contre-bout derrière le croisement, afin d'offrir un point d'appui au coup. Si l'on est seul, on peut encore, après avoir fait prendre un peu le clou, tenir soi-même le pieu de la main gauche, mais il est plus commode d'être deux pour cette opération. Quand le clou a traversé les deux lattes, il s'enfonce dans le pieu, que l'on retire en lui faisant faire un tour dans les mains. Quelquefois on se sert d'une masse en fer pour tenir le contre-coup; alors le clou se rive de lui-même; mais cette méthode n'est pas aussi sûre que l'autre, et l'on fait souvent éclater les lattes en la suivant; il vaut bien mieux laisser saillir toutes les pointes en dedans, et les rabattre ensuite. On ne met des pointes à chaque latte qu'à la rangée du haut et alors il est même prudent, vu le voisinage du bout, de faire des avant-trous.

Pour les autres lattes, on ne met des clous que de deux en deux, cela est suffisant pour la solidité de l'ouvrage.

Quand tous les clous sont posés, l'aide change de côté, il vient par devant, le treillageur va par derrière pour rabattre les pointes; comme la première fois, l'aide tient un poids qu'il oppose à l'effort des coups en l'appuyant sur la tête du clou qui est de son côté, mais alors il vaut mieux qu'il tienne une masse ou autre objet en fer. Le treillageur rabat les pointes, non pas suivant le fil du bois, il le ferait fendre, mais bien en travers de ce fil, en alternant, c'est-à-dire en rabattant sur la même latte horizontale, la pointe tantôt en haut, tantôt en bas. Par ce moyen elle est solidement assujettie après la latte verticale.

Après avoir rempli l'espace compris entre deux pieux, on en plante un troisième à la même distance, si on n'a d'abord, comme cela se pratique ordinairement, planté tous les pieux. On remplit l'espace de la même manière que nous venons de le dire, mais on a soin de cacher la jonction des lattes horizontales, en plantant une latte devant et au milieu du pieu, c'est elle qui recouvre cette jonction : cette latte est fixée par autant de clous qu'il y a de mailles. On en agit de même dans toute l'étendue de la palissade, qu'on peint ensuite, rien ne s'opposant à ce que la peinture soit mise en avant et en arrière; c'est en quoi la palissade diffère des espaliers, qui, comme on l'a vu plus haut, doivent être peints avant la pose.

62. Quand on veut donner plus de force au frisage, on enchevêtre les lattes, c'est-à-dire qu'on les fait passer alternativement les unes dessus les autres, ainsi qu'on peut le voir dans la fig. 40 : on ne met toujours les clous que de deux en deux; mais cette méthode est moins souvent pratiquée que ne l'est la première.

63. Quand la palissade en frisage doit être plus soignée, les piliers ne sont plus simplement des rondins, ce sont des pieux en chêne équarris et dressés sur leurs faces; ils doivent être peints avant l'emploi, sauf à réparer

ensuite le dommage que les coups de masse ont pu faire à la tête lorsqu'on les a enfoncés. On procède d'ailleurs pour le remplissage de la même manière qu'il vient d'être dit. Ces pieux se présenteront de face dans tous les endroits où la palissade est droite, ils se présenteront d'angle dans ceux où elle fait des angles, et les lattes s'assemblent sur les côtés en arrivant jusqu'à l'angle du pilier. Dans ce cas, on ne met pas de latte de revêtissement au milieu du pilier, comme on a dû le faire dans toute l'étendue de la partie droite de la palissade; mais cette manière de former les angles n'est point la plus soignée, il vaut bien mieux, pour les angles, avoir des pieux dans lesquels on fait des feuillures larges comme la moitié du côté du pieu et profondes autant que les lattes sont épaisses. C'est dans ces feuillures que l'on cloue les lattes et l'angle du pieu est conservé vif et dégagé. La fig. 41, offrant un pieu d'angle vu en coupe horizontale, fera de suite comprendre cette explication.

64. Si l'on veut faire une palissade en frisage tout-à-fait soignée comme cela arrive souvent sur les devans de maisons de campagne, ou pour les maisons donnant sur les boulevarts ou autres promenades, on fera des bâtis. Les pieux seront assemblés à tenons et mortaises chevillés avec deux traverses, l'une supérieure, l'autre inférieure. On pratiquera des feuillures à l'intérieur de ces traverses, qui seront faites en fort bois de chêne, et ce sera dans ces feuillures que seront placées les lattes; mais la construction de ces bâtis regarde plutôt le menuisier que le treillageur, qui n'est appelé que pour les remplissages. Dans ces sortes de palissades, les pieux sont tournés par le haut en sphère ou en gland qui se détachent du niveau de la main-courante. Cette main-courante est ornée de moulures; elle est inclinée en toit sur son sommet; le remplissage se fait en lattes dressées au rabot, et assez souvent, on place ces lattes en petits losanges. Nous avons dû parler de ces palissades pour n'être point accusés d'omissions, mais elles sont plutôt un ouvrage de menuiserie que de treillage.

Nous ne donnons point de figure spéciale pour cette démonstration. On trouvera des analogues dans la série des modèles que nous donnerons dans nos figures.

65. Après les palissades en frisage viennent celles en échalas. Les plus simples se font absolument comme les plus simples faites en frisage (Voyez, 61 § 1, 2, 3, 4) mais on coud au fil nul au lieu de clous. La couture doit être faite en dedans, et c'est surtout pour les palissades qu'il faut avoir soin de replier le fil après l'avoir coupé (V. 55. § d^{er}.), sans cela on est sujet à accrocher ses vêtemens après ces fils.

66. Rarement on fait affleurer les échalas avec la latte d'appui. Assez ordinairement, au contraire, on fait dépasser ces échalas qu'on appointit au-dessus de la palissade, ils forment alors une espèce de défense qui s'oppose à ce qu'elle soit facilement franchie. Lorsqu'on pose les échalas inclinés et qu'ils forment losanges, on a soin que le dernier croisement se trouve exactement sur la latte d'appui si l'on en met une; si on n'en met point, on tend d'un pieu à l'autre une corde horizontale qui détermine la hauteur de ces croisemens, les fig. 42 et 43 donneront une idée suffisante de ces deux manières d'agir : la première représente la manière la plus usitée, la plus solide, la latte d'appui, (il ne faut pas perdre de vue qu'en nous servant du mot latte nous n'entendons pas dire une latte proprement dite; mais bien un échalas posé horizontalement V. 46), la latte d'appui est clouée sur les pieux; elle est en outre maintenue par une couture verticale double qui embrasse les trois échalas, ainsi qu'on pourra s'en convaincre en regardant attentivement la fig. 42; les coutures inférieures se font horizontales et verticales alternativement (V. 57). Les palissades fig. 43 sont peu usitées. Nous avons indiqué par une double ponctuée la corde tendue d'un pieu à l'autre pour que les croisemens supérieurs se trouvent bien à la même hauteur. Ces sortes de palissades ne se font guère que dans les endroits où des arbustes doivent garnir et renfor-

cer la palissade en formant haie vive. Dans ce cas le défaut de latte d'appui les rend plus difficiles à franchir.

67. Après ces palissades viennent celles plus soignées, qui sont supportées par des piliers en fer : ce sont les plus belles et les plus régulières ; ces piliers doivent être posés dans un dé de maçonnerie avec un arc-boutant à l'intérieur ; entre chaque pilier, il doit y avoir par le haut et par le bas une traverse en fer assemblée dans les piliers. On est même dans l'usage de supporter la traverse du bas, de mètre en mètre, par des pieds en fer appuyant sur un bâtis, tantôt raz-terre, tantôt s'élevant d'un ou deux décimètres et recouvert de dalles désaffleurant des deux côtés sur le mur d'appui ; mais ces détails ne concernent plus l'art du treillageur : c'est le maçon, c'est le serrurier qui font les bâtis, le treillageur n'est appelé que pour les remplissages. Ces remplissages se font en treillage ordinaire ; seulement on est dans l'habitude de doubler la maille par le bas jusqu'à un mètre environ de hauteur lorsque ces palissades s'élèvent au-delà d'un mètre et demi à deux mètres, et cela pour intercepter le passage aux volailles et aux animaux nuisibles. L'inspection d'une figure suffira pour faire comprendre comment s'exécutent ces remplissages, qui se font ordinairement en échalas bien dressés et qui n'offrent rien de particulier quant à la pose et à la couture.

Explication des figures 44 *et* 45.

Figure 44.

a, le mur d'appui.
b, le revêtissement en dalles de pierre.
c, les supports de la traverse *d*.
d, traverse inférieure en fer.
e, échalas intercalaires.
f, échalas montans.
g, traverse supérieure en fer.
h, lattes.

Figure 45.

a, pilier en fer.
b, arc-boutant.
c c, assemblage des traverses *d*, *g*, fig. 44.
f, échalas attaché sur le pilier.

Nous n'en dirons pas davantage sur les palissades, nous aurons occasion d'y revenir en donnant l'explication des palissades et barrières, que nous comprendrons dans la série des modèles nouveaux que nous donnerons plus bas.

Berceaux en treillage.

68. Lorsque le treillageur saura faire les espaliers et les palissades, il lui sera facile d'entreprendre la confection des berceaux, tonnelles, cabinets de verdure, kiosques, boulingrins et autres ouvrages de cette nature. Dans ces ouvrages divers, c'est la partie supérieure, le toit, si l'on peut se servir de ce mot, qui présente toujours le plus de difficulté; nous allons commencer par la partie la plus facile.

69. On donne le nom de *cabinets* à tous les ouvrages dont la partie supérieure est carrée. Le plus simple de ces cabinets se fait sur plan carré, avec une seule porte s'il se trouve au bout d'une allée, avec deux portes s'il se trouve situé à l'angle de deux allées, enfin, avec quatre portes s'il est situé à l'endroit où deux allées se croisent. Supposons d'abord qu'il s'agisse de construire un cabinet avec une seule porte.

On commencera par dresser le terrain, si l'on veut que ce cabinet soit de niveau avec l'allée, et c'est cette supposition que nous admettrons d'abord. Lorsqu'on aura battu et nivelé le terrain, qui devra toujours avoir au moins deux mètres sur chaque face; on se fixera sur la manière dont on veut faire le bâtis. Plusieurs moyens se présentent : 1° en bois rond et couvert de son écorce; c'est ce qu'on nomme *rustiques* (V. ci-après) 2° en bois carré; c'est le plus ordinairement employé; 3° en fer. On ne fait guère cette dépense que pour les berceaux dont le faîte est arrondi en tonnelle. Nous supposerons donc qu'on se décide pour le bâtis en bois carré : on commencera par faire quatre poteaux pour les quatre angles, ayant trois mètres au moins en hauteur et huit centimètres à un décimètre de gros. On fera à ces poteaux des feuillures larges de trois à quatre centimètres et d'une profondeur qui sera déterminée par l'espèce de remplissage, qu'on se propose d'employer, c'est-à-dire profondes de quatre ou cinq millimètres si on doit remplir en frisage; plus profondes si on doit employer des échalas; le tout conformément à ce que nous avons dit plus haut (V. 63 et fig. 41). On fera trois traverses en chêne, longues de deux mètres et un décimètre environ en plus pour les tenons; ces traverses seront assemblées par le bas des poteaux à trois quarts de mètre environ du bas de ces poteaux. Leur épaisseur sera calculée sur la grosseur des poteaux; elles devront toujours laisser un épaulement égal à l'épaisseur d'un échalas. On fera quatre autres traverses qui formeront entr'elles un grand carré assemblé à tenons et mortaises; aux coins, on pratiquera des mortaises non traversées, destinées à recevoir par un assemblage à chapeau le tenon pratiqué au sommet des poteaux. Il va sans dire que ces traverses seront posées à plat ; en dessus, seront pratiquées des feuillures pour recevoir le remplissage du faîte.

Indépendamment de ces quatre poteaux principaux, on en fera deux autres moins longs, devant servir de pieds droits pour la porte : ces deux poteaux s'assembleront dans une traverse formant linteau. Les deux poteaux porteront également des feuillures pour recevoir les lattes; l'explication de la fig. 46 fera comprendre cette démonstration peut-être un peu trop abrégée.

a, b, c, fig. 46, sont trois des quatre poteaux de coin, le quatrième ne pourrait être vu dans cette perspective, ils devront avoir deux mètres au-dessus de la ligne ponctuée i, i, la partie inférieure de ces poteaux sera enfoncée en terre et même scellée en maçonnerie grossière, si le terrain était léger et sans consistance. Lorsqu'on fera les feuillures il faudra se rendre raison de l'aspect général que l'on voudra donner au cabinet. Si on le veut tout-à-fait simple on les fera telles qu'elles sont indiquées dans la figure. Si on voulait que cet aspect fût plus orné, on ferait les feuillures en dedans, et alors les poteaux feraient saillie en dehors, ce qui est toujours plus correct, parce que dans ce cas, les bouts des échalas se trouvent cachés à l'intérieur, et que les jointures et raccords mal faits ne sont point apparens. L'usage est de mettre le treillage en dehors et les poteaux en dedans.

d, e, poteaux formant les pieds droits de l'entrée; ils doivent être également entrés en terre, leurs feuillures doivent être en regard des poteaux a, b.

f, traverse du linteau; elle doit affleurer par devant avec les poteaux a, b. Au-dessus de l'entrée, les échalas verticaux ne descendent que jusqu'à la ligne ponctuée qu'on y remarque; on met un échalas en travers cloué sur cette traverse, pour masquer les bouts.

g, g, traverse de ceinture du bas; elles doivent être distantes de la ligne i, i, marquant le niveau du sol de la hauteur d'un mètre, elles doivent affleurer par devant les poteaux a, b, c.

h, h, traverse de ceinture du haut. Assez ordinairement on la fait semblable à la traverse inférieure, et assemblée de même; dans le dessin nous l'avons mise à plat, assemblée à chapeau, parce qu'on en voit quelquefois qui sont ainsi posées, mais ce n'est pas ce qui se fait le plus communément. Cependant cette méthode a bien ses avantages, en ce qu'elle rend plus facile le remplissage du recouvrement et en ce qu'elle garantit les bois debout contre l'infiltration des eaux pluviales; le constructeur choisira.

Quant aux remplissages de ce bâtis, il dépend du goût du constructeur. On peut le faire à mailles carrées, mais l'usage est plutôt de le faire en losanges, surtout pour le devant, sauf à faire les autres parties en mailles carrées. On ne coud que les mailles; dans tous les endroits où le treillage touche le bâtis, il est cloué; mais avant de le clouer on perce les bouts des échalas avec le poinçon, afin de ne point faire fendre en enfonçant le clou.

70. Le *berceau en tonnelle* est celui dont le faîte est arrondi. On peut le faire sur plan carré; mais il est ordinairement parallélogramme. Rarement ce berceau se fait avec bâtis en bois, presque toujours les bâtis sont en fer; les portes sont cintrées; le treillage est cousu comme dans la figure 44. Nous allons donner le plan d'un berceau de ce genre.

Soient A C, fig. 47 et 48, les deux prolongemens d'angle du berceau principal B; ces prolongemens pourront l'être d'avantage qu'ils ne le sont dans le plan. On commencera après avoir tracé la ligne du milieu nn, par tracer les deux parallèles $efgi$ et cgi, puis, d'équerre, les perpendiculaires eda, cb, ij, im. On creusera un petit fossé comme nous l'avons dit plus haut (61, § 2). On plante alors les piliers $e i$. Nous supposons ces piliers en fer (on fait rarement des tonnelles à bâtis en bois), le pilier doit être maintenu dans un massif de maçonnerie, ou bien seulement dans une grosse pierre creusée dans laquelle il est scellé à plomb; cette pierre est enfoncée en terre et affleure le sol. Après avoir placé ces piliers, on s'occupera de ceux cgi, et des autres; mais il faut remarquer que plusieurs de ces piliers forment les pieds droits d'une arcade, et qu'alors l'arcade devra être placée d'abord ainsi : après avoir posé ei, comme nous l'avons dit, on placera fc et gg, et autres arcades qui pourraient se trouver sur la même ligne. (Nous mentionnons i comme pilier simple, parce que nous supposons qu'on adoptera le mode suivi du côté e: mode qu'on serait contraint de suivre si on n'avait des arceaux que d'une seule grandeur; car, si on peut avoir des arceaux de deux grandeurs, il faut bien mieux construire les angles avec un arceau diagonal comme en ii.)

Quand tous les piliers et arceaux du principal berceau B sont en place, on s'occupe de la pose des piliers et arceaux des retours d'équerre A C, en finissant par l'arceau $a\,b$ et par ceux $j\,m$ et $k\,l$.

Dans ces sortes d'ouvrages ce sont toujours les angles qui présentent le plus de difficultés, surtout relativement à la partie arrondie du faîte, c'est donc sur ce point que nous appuierons davantage. Mais avant, il convient de dire comment s'arrondit le berceau. On voit dans la figure 48, que le pilier g passe en dedans de la traverse de ceinture p; cette règle n'est pas invariable : assez souvent il passe en dehors et se confond avec les échalas dont en général il doit égaler la largeur. Quant à l'épaisseur, elle est plus considérable, car ces fers sont carrés en coupe. Passé la traverse de ceinture p avec laquelle il est lié par un fort goujon à tête repliée en dedans, ce fer s'arrondit en cintre. On met plusieurs de ces cintres et leur nombre dépend de la longueur du berceau. Si, comme dans la fig. 48, on fait des arcades $o\,o$, la règle est que ces arcades n'atteignent pas tout-à-fait la ceinture p, mais qu'il y ait une maille de treillage entre le sommet de cette arcade et la traverse de ceinture. Lorsqu'on fait des arcades, on ne met point de piliers isolés g, les deux montans de l'arcade o se prolongent en q, et leur prolongation forme les piliers. Ainsi dans l'exemple, le berceau B se trouverait avoir quatre doubles piliers au lieu du simple pilier g; les cintres des arcades o sont rapportés et chevillés à demeure. Pour former les lattes du cintre, il est avantageux de se procurer des grands cercles de cuves, on les équarrit un peu sur les rives; ces cercles valent mieux que les échalas, parce que leur courbe étant faite d'avance se trouve plus régulière que celle qu'on fait prendre aux échalas : on peut cependant se servir avec avantage de ces derniers à défaut des cercles, mais dans ce cas, il faut absolument avoir, presque sur la partie la plus élevée du cintre, ou même sur la partie la plus élevée, si on ne tient pas à avoir une maille au sommet du cintre, comme cela se pratique toujours, un échalas en fer *r*, fig. 48, sous lequel on fait passer toutes les courbes. On attache d'abord l'échalas à la traverse *p*, à l'aplomb de l'un des échalas du remplissage vertical; puis, après l'avoir fait passer en le courbant sous l'échalas en fer *r*, où l'on le coud solidement, on le fait courber encore pour l'attacher de l'autre côté après la traverse *p* qui fait le tour, en ayant soin qu'il se trouve encore de ce côté à l'aplomb d'un échalas montant. On agit ainsi pour toutes les courbes du remplissage du cintre.

Quand la courbe est petite et que l'on pourrait craindre que l'échalas ne pût plier assez sans rupture, on fait des *navrures* à cet échalas. On appelle navrures des encoches faites à mi-bois à l'intérieur de la courbe; ces navrures se font soit avec la serpe, soit plus sûrement avec une scie à lame épaisse. C'est à l'aide de ce moyen que les tonneliers courbent les anses des brocs et autres vases dont le bois serait trop difficile à contourner; mais en somme, c'est un moyen auquel il ne faut recourir que lorsqu'on ne peut point faire autrement, car ce bois coupé est sujet à la pourriture, et dans ce cas il vaut bien mieux avoir recours aux cercles de cuve qui rendent alors un très bon service.

D'après ce que nous venons d'exposer, il est facile de voir que, dans le remplissage des cintres, les bois changent de nom, les lattes se trouvent dans la position verticale, les échalas sont posés horizontalement; assez ordinairement c'est la continuation de l'*échalas* vertical qui devient *latte* dans le cintre; mais on éprouve quelque difficulté dans ce cas, à empêcher que la bombure ne se fasse pas sentir en dessous de la traverse de ceinture *p*; c'est ce qui fait qu'assez ordinairement la latte du cintre est faite d'un morceau séparé.

Toutes les courbes du cintre étant posées, on s'occupe du placement des échalas. Nous avons indiqué en *s s*, fig. 48, les bouts de ces échalas, pour qu'il fût facile de comprendre ce placement. Ces échalas doivent correspondre à chacune des lattes de l'éventail de l'imposte du berceau A, ils doivent en même tems être espacés de manière à ce qu'il se trouve une maille au-dessus de la traverse de ceinture p, et une maille au sommet du cintre. C'est donc en plaçant les lattes de l'éventail qu'il faut faire attention à diviser la courbe de manière à ce que ces diverses conditions se trouvent remplies. Au fur et à mesure qu'on place un échalas, on commence par le coudre solidement sur les arcades en fer, puis on coud les courbes en cercles de cuve ou en échalas; on profite de cette opération pour régulariser les courbes dans lesquelles il peut se trouver des jarrets.

Il y a une autre manière de faire qui est également pratiquée, c'est de mettre en dessous les échalas $s\ s$ qui deviennent alors lattes, et de faire passer en dessus les échalas montans qu'on arrondit alors en cintres; mais cette méthode ne vaut pas celle que nous venons d'indiquer en ce qu'elle ne donne pas autant de facilités pour régulariser les cintres en bois qui peuvent être défectueux. Cependant lorsqu'on a beaucoup de cintres en fer, on peut la mettre en pratique, parce qu'alors ces cintres servent de points d'appui et de régularisation.

Si le berceau est large, on ne fait pas comme en A l'ouverture de toute la largeur du berceau, mais on met une double arcade comme en C, alors le fronton ou l'imposte, comme on voudra le nommer, pourront être ornés de remplissages compliqués. On verra plus bas comment se font ces remplissages. Quant au bâtis, le plan, fig. 47, et l'élévation, fig. 48, en donnent une idée suffisante. L'arcade en fer $k\ l$ se pose comme les autres arcades, et l'espace compris entre $j\ k$ et $l\ m$ est rempli par des cercles ou autres ornemens.

Nous avons dit plus haut que la grande difficulté de ces sortes d'ouvrages résidait dans les angles des parties cintrées; nous devons entrer dans quelques détails à cet égard. Il y a trois manières d'opérer. La première, la plus simple, mais en même tems la plus dispendieuse, est celle employée à la droite de notre plan, fig. 47, du côté C: elle consiste à poser une arcade d'arête en fer marquée par la double ponctuée *i i*; cette arcade d'arête est consolidée dans l'angle rentrant par les deux piliers simples en fer *h h*; les trois piliers goupillés entr'eux ou solidement assemblés entr'eux au moyen de coutures faites avec un fil plus gros que celui ordinairement employé. Cette arcade d'arête a cela de particulier : 1° qu'elle est d'une ouverture plus grande que les autres arcades, puisqu'elle est placée diagonalement; 2° qu'à la naissance du cintre elle doit être tordue sur elle-même, si on ne veut pas qu'elle présente une des quarres en dessus. Lorsqu'elle est posée, la confection de l'angle du treillage devient facile, puisque c'est sur cette arcade en fer que se font les réunions, et qu'alors on peut être assuré de la régularité de l'angle. Il serait impossible de bien faire comprendre la démonstration de cette opération sans figures; nous avons donc dessiné, sur une plus grande échelle, le plan d'une voûte prise dans l'angle et sans perspective. Les lattes sont les mêmes que dans la fig. 48.

Explication de la figure 49.

Ainsi que nous l'avons dit plus haut, *iii*, est l'arcade en fer placée diagonalement; les lattes ou cercles de cuve *tt* sont croisées par le bout et en dessous de cette arcade; elles sont cousues solidement après les traverses de ceinture *p*, et après les échalas en fer *r*; on alterne le croisement, et à cet égard le croisement des échalas qui est visible dans la figure pourra servir de guide. Souvent, au lieu de passer les lattes en dessous de la courbe d'arête *i*, on les fait passer en dessus, et en alternant on parvient encore à former l'angle. Cette manière d'agir est plus propre et plus solide que celle que nous avons dessinée; mais aussi elle est plus compliquée, et si nous l'avions reproduite, elle aurait apporté de la confusion dans le dessin, tandis qu'avec notre figure sous les yeux, il sera possible à tout ouvrier intelligent de s'en faire une idée claire.

Dans la seconde manière de faire l'angle, on ne met point d'arcade d'arête (*V.* fig. 47, plan *A*), reproduite sur une plus grande échelle, fig. 50, avec les mêmes lettres de renvoi. Les échalas sont fortement cousus sur les arcades *c d*, *c f*; ils sont tous rognés suivant la diagonale ponctuée *e c*.

Ainsi qu'on peut le remarquer dans la figure, la couture peut être alternée; elle peut être remplacée par des broquettes rivées en dessous, comme nous l'avons indiqué pour les lattes *tt*, même figure; si l'on met sur le sommet de cintre des échalas en fer, on les place au milieu ou à côté de la ligne de milieu *n n*, fig. 47, 48, 49. Mais assez ordinairement on se dispense d'en mettre lorsque les arcades en fer sont rapprochées.

La troisième manière est représentée par la fig. 51. Les *échalas* arrivés à la diagonale *c e* sont courbés et deviennent *lattes;* comme ceux qui sont situés du côté de la noue ont une courbe assez considérable à décrire, on y fait plusieurs navrures pour faciliter le ploiement. Pour que rien ne gênât la parfaite intelligence du dessin, nous n'y avons point mis l'échalas d'arête qu'on met ordinairement en dessus, suivant la diagonale *c e*; c'est surtout lorsqu'on a une arcade en fer comme dans la fig. 49, que cette méthode est facilement employée; les bois solidement *cousus* après le fer sont ensuite bien plus aisément recourbés en arc. Cette manière de faire l'angle est très solide.

Comme les échalas, dans la partie du cintre qui avoisine la ceinture *p*, se présentent sur champ, quelques treillageurs entaillent à mi-bois le bout des échalas, et, au lieu de les faire passer l'un sur l'autre, ils les assemblent bout à bout à l'aide d'une couture solide. Pour que cette couture, qui se trouve située à l'angle, ne glisse pas, ils lui font une espèce de lit en creusant avec l'angle d'une râpe, ou avec la scie à manche, un trait de chaque côté, dans lequel trait le fil le fer se place aisément, et retient l'assemblage d'une manière solide.

Il y aurait peut-être encore quelques variétés de construction que nous pourrions signaler, mais nous pensons que les trois que nous venons de décrire seront suffisantes. Nous avons dû entrer dans de grands détails sur cette partie de l'art, parce que c'est l'une de celles qui présentent le plus de difficultés. Dans la suite, nous n'aurons plus qu'à donner des modèles dessinés, sans être contraint de dire comment se font les remplissages ordinaires; il ne nous restera plus d'explications à donner que relativement aux ouvrages dont l'exécution s'écarte des règles ordinaires.

Les bordures.

71. On n'est plus guère dans l'usage de mettre des bordures, autres que celles de buis, de gazon, de troëne, de thym, de sauge, etc. Autrefois (on le fait encore aujourd'hui dans certains jardins) on supportait les terres des plates-bandes à l'aide de planches peintes posés sur champ. Cette méthode présentait des avantages réels, surtout pour les allées sablées; les bordures vives elles-mêmes, abritées par ces planches contre les chocs des pieds, se conservaient plus régulières. On a fait aussi de ces bordures en treillage, mais qui n'offrent pas tous les avantage des premières, seulement elles conservent également la régularité des allées.

72. *Les bordures en treillage* se font avec des échalas choisis parmi les plus forts; elles sont composées, ainsi qu'on peut le voir dans la figure 52, d'un échalas horizontal supporté par des petits pieux qu'on nomme *racinaux*. Ces racinaux, dont l'un est représenté à part fig. 54, sont longs d'environ quatre décimètres; ils sont pointus par le bas; dans la partie supérieure qui est plus forte et qu'on nomme la tête, ils sont entaillés de manière à recevoir l'échalas horizontal qu'on pose sur champ dans l'entaille. Cette bordure étant saillante d'environ un décimètre au-dessus du sol, on enfonce les racinaux sur une ligne tracée au cordeau, jusqu'à

ce qu'ils soient à peu près entrés autant qu'ils doivent l'être en définitive, puis tenant de la main gauche un calibre ou cabari, on les enfonce tous également si le sol est bien de niveau. Si le sol offre des inégalités, on se sert de l'échalas lui-même pour les enfoncer également; on commence par l'attacher après le premier racinau, au moyen d'une broquette rivée, qu'on fait entrer en faisant d'abord un avant-trou avec le poinçon carré, et qu'on rive ou qu'on reploie en dedans, ainsi que nous l'avons expliqué en parlant des remplissages en frisage. (*Voyez* 61, § 6.)

Lorsque cette première rivure est faite, on fait porter l'échalas dans les entailles des racineaux, et en frappant dessus à l'endroit où se trouve celui qui est trop sorti de terre; on les fait tous entrer selon qu'il convient pour que la ligne supérieure soit horizontale. On peut à cet effet se servir d'un niveau pour régulariser. Quand tous les racineaux sont bien égalisés, on cloue ou bien l'on coud toutes les têtes. La fig. 53 fait voir la bordure en plan : on y voit les racinaux apparens derrière l'échalas.

Quand on craint que la poussée des terres ne fasse fatiguer l'échalas horizontal, on pose les racineaux en mettant l'entaille alternativement tournée par devant et par derrière, et de manière à ce que le talon de l'entaille soit apparent par devant, de deux en deux, ainsi qu'on peut le voir par le plan, fig. 59. En général l'entaille doit être égale en profondeur à l'épaisseur de l'échalas, afin que, posé sur champ dans cette entaille, il affleure avec le devant du racineau.

73. *Les bordures en plein* se font avec des planches de quinze centimètres environ de largeur, et de deux à trois centimètres d'épaisseur. Ces planches doivent être dressées du côté du parement, tirées de longueur du côté qui doit être en dessus ; on les met aussi du même côté, à peu près d'épaisseur. Après les avoir ainsi préparées, on les enduit de peinture. Pour les placer, on creuse un petit fossé d'environ cinq centimètres de pro-

fondeur, et c'est dans ce petit fossé qu'on les place sur champ, le côté brut en dessous; on remplit alors le fossé en tassant bien la terre de chaque côté, et de manière à ce que la planche fasse une saillie d'environ un décimètre au-dessus du niveau du sol. Mais les planches ainsi posées ne tiendraient pas suffisamment et seraient promptement jetées en avant par la poussée des terres: on les consolide à l'aide de racineaux longs de six décimètres environ, larges de sept à huit centimètres, épais de quatre à cinq, qu'on enfonce en terre, soit du côté de la plate-bande, si l'on tient à ce que l'ouvrage soit bien propre, soit du côté de l'allée, si l'on redoute un grand effort dans la poussée des terres. Si l'on place les racineaux du côté de la plate-bande, on fixe les bordures après eux, au moyen de clous rivés; dans l'un et dans l'autre cas, les racineaux ne doivent point affleurer au-dessus le champ des bordures, mais doivent être plus bas de deux ou trois centimètres. A cet effet on les chasse avec un coin de bois dur et de fil, que l'on tient de la main gauche et sur lequel on frappe avec la masse. Il va sans dire que ces racineaux doivent être aussi recouverts de peinture lorsqu'ils sont posés du côté de l'allée. Dans les fig. 56 et 57 représentant, la première l'élévation d'une bordure et la seconde le plan, les racinaux sont posés du côté de la plate-bande.

Si l'on fait des coins, ces coins seront coupés d'onglet, et l'on mettra toujours un racineau dans l'angle, sauf à l'ajuster à cet angle si c'était un angle aigu.

Lorsqu'on a des parties cintrées, telles que des corbeilles et des contre-cintres en regard, on est contraint de cintrer les planches des bordures. Cette opération doit être faite avant la peinture. Voici comme on la pratique ordinairement. On mouille les planches, puis on plante profondément en terre deux chevilles en fer $a\ b$, fig. 58, et on fait passer la planche devant le premier pieu et derrière le second. On fait en d un feu clair avec des copeaux, quand la planche ou les planches (on en peut mettre plusieurs ensemble) sont chaudes, on les fait courber soit en les poussant avec le pied, soit en les tirant à soi avec des cordes. Lorsqu'elles sont parvenues à la courbe requise jusqu'en *c*, qui se trouve sur la ligne du premier pieu, on plante derrière le bout opposé à *a*, le troisième pieu vu à part fig. 60, qui maintient la courbe. Cette courbe est d'autant plus marquée que le triangle formé par les trois pieux a la base moins large. Le troisième pieu planté, on laisse refroidir : le bois a pris alors sa courbure pour ne plus la perdre ; c'est dans cet état qu'on le peint.

74. *Les racineaux* se mettent ordinairement de mètre en mètre de distance, sans compter ceux des angles qui sont toujours de rigueur. Dans les parties cintrées on peut les écarter davantage, parce que la poussée des terres n'a pas autant d'action sur une bordure cintrée que sur une bordure droite. Dans les bordures cintrées il doit toujours y avoir un racineau à la rencontre de deux planches.

75. Ces sortes de bordures sont souvent employées par le treillageur, qui leur donne quelquefois de très grandes dimensions. Pour n'avoir plus à revenir sur ce qui les concerne, nous ferons de suite remarquer leur emploi avantageux dans les figures 61, 62, 63, 64. Dans la fig. 61, elles servent à former deux assises circulaires *a b* qui forment une élévation sur laquelle on monte par quatre marches faites par le même moyen. Nous avons représenté dans le dessin les planches posées sur champ, mais ce n'est pas ainsi qu'on les pose toujours ; quelquefois, pour obtenir plus aisément la forme cintrée, on plante les planches debout : cela donne la facilité de les enfoncer plus avant dans la terre, mais l'ouvrage est moins propre. Dans ce cas, on renforce les planches à l'intérieur par un rang de tuiles debout et enfouies, qu'on place de manière à ce que les joints des tuiles aboutissent, autant que possible, au milieu des planches, et que le joint de deux planches et celui de deux tuiles, ne puissent jamais se trouver vis-à-vis l'un de l'autre. Dans l'exemple qui

nous occupe, comme il s'agit d'un grand cercle ayant environ trois mètres de diamètre et quelquefois davantage, il convient mieux de mettre les planches couchées sur leur champ : voici comme on établit ces assises. On commence à dresser le terrain, puis on détermine le centre de l'espace : on y plante un piquet, et avec une corde et un piquet en fer, on trace le grand cercle a ; on approfondit ce tracé jusqu'à ce qu'il y ait un petit fossé circulaire d'un décimètre environ d'épaisseur. Cela fait, on prépare des planches de chêne de trois décimètres de largeur sur deux ou trois centimètres d'épaisseur; on les dresse d'un côté et on les tire de longueur sur leur champ, qui doit être en dessus. On leur fait alors prendre la courbe nécessaire, soit par le moyen du feu (73 § 3), soit en les mouillant du côté qui doit bomber, au moyen de l'eau; on fait faire l'arc à la planche, et on tend une corde comme on ferait pour un arc ordinaire, ensuite on met un bout de bois entre la corde et la planche : ce qui la fait bomber encore davantage. Souvent cette opération très simple suffit pour donner aux planches de pourtour la courbe voulue. On peint ces planches, dont les bouts sont coupés suivant le rayon tiré au centre ; et, à l'aide des racinaux qui doivent être robustes et entrés en terre à environ un mètre de profondeur; on leur fait prendre le contour du fossé. S'il était besoin de les courber un peu plus ou un peu moins, on y parviendrait aisément à l'aide des racinaux, en en mettant quelques-uns dans la circonférence et les autres en dehors.

Quand les bordures sont posées, on remplit l'aire de terre qu'on foule bien, en ayant soin de garder le centre. Cette terre étant bien mise de niveau, on trace dessus le second cercle b qu'on creuse également en fossé: ce second cercle est ordinairement concentrique au premier; cependant rien n'empêche de le faire excentrique, et alors les quatre marches dont il sera parlé plus bas seront en dehors des corbeilles et l'on aura dans un endroit beaucoup de terrain dépendant de la première assise *a*, formant le croissant et dans lequel on pourra cultiver des fleurs.

76. Un des usages le plus fréquens des bordures, c'est de servir à faire des marches en terre, soit pour descendre dans les serres, soit pour monter sur les terrains dont la pente serait trop rapide : ainsi, dans cette même figure 61, la hauteur des deux assises *a b* étant trop considérable, on la divise en deux, et on en fait quatre marches. On fait ces marches de plusieurs manières, plus ou moins compliquées selon qu'on veut que l'ouvrage soit plus ou moins paré. Quand on tient à avoir un escalier propre et solide, on adopte l'un des modes représentés par la fig. 66. *a* dans cette figure est un des limons, ou en met deux, un de chaque côté; *b* est une planche posée à plat et qui fait la marche : cette planche est entaillée par devant et en dessous; la contre-marche *c* s'appuie dans la feuillure formée par l'entaille, et par ce moyen s'oppose à ce que la marche vienne en avant. Souvent même on entaille les limons *a*, et on fait entrer dans l'entaille la marche *b* et la contre-marche *c*, qu'on boulonne en dehors sur le parement des limons; de plus, on consolide la contre-marche en enfouissant en terre deux ou trois racinaux *d*.

e est une autre manière de faire la marche; au lieu de faire une feuillure c'est une rainure qu'on pratique, laquelle rainure reçoit le champ de la contre-marche; quelques longs clous à tête plate suffisent pour fixer la marche sur la contre-marche, et, si à cette précaution on joint celle d'avoir entaillé les limons, on aura un escalier très propre et très solide. On fait des entailles à la marche pour livrer passage aux racinaux.

Si l'on ne veut pas se donner autant de peine, on fait la marche en terre foulée, comme en *f*, et si l'on craint que cette terre ne finisse par s'en aller en poussière, on la recouvre avec des tuiles. Si on n'entaille pas les limons *a*, il convient de leur donner la forme de crémaillère, et d'asseoir les marches en les clouant sur leur champ : cette méthode a bien aussi ses avantages.

Quand on est borné par l'espace, et qu'on est contraint de faire des marches étroites, on incline au dedans les contre-marches ; on leur fait avec le bédane une entaille dans laquelle entre le sommet des racinaux. On cloue alors les racinaux après les contre-marches ; la fig. 65 donne deux exemples de cette manière d'opérer, qui est tellement simple, que nous croyons qu'il est superflu d'entrer dans de plus amples explications, la figure devant suffire à la parfaite intelligence de cette construction.

Nous avons cru devoir entrer une fois pour toutes, dans le détail des escaliers, parce qu'il est nécessaire que le treillageur sache les établir : il en est d'autres plus élégans, mais qui rentrent absolument, quoique escaliers de jardins, dans les attributions du menuisier.

77. La figure 62 offre un autre moyen d'exhausser le terrain, au moyen de bordures et de racinaux. Nous n'avons rien de particulier à signaler pour le moment ; le plan est en spirale, l'élévation en hélice : ici l'on monte par une pente douce en tournant. Il est inutile de faire observer que dans ce cas, les racinaux sont remplacés par des pieux qui doivent être profondément enfoncés en terre ; quant aux parties de treillage qui se trouvent dans les fig. 61 et 62, nous y reviendrons en parlant des treillages composés : elles sont étrangères à l'objet qui nous occupe dans ce moment.

78. L'usage des bordures n'est pas circonscrit au cas que nous venons d'exposer : elles servent encore dans beaucoup d'autres circonstances qu'il serait trop long de spécifier ; nous ne pouvons cependant résister à l'envie de faire connaître une salle basse recouverte d'un berceau de verdure, et dans laquelle on peut trouver de la fraîcheur dans les jours de l'été. La fig. 63 est le plan de ce berceau ; la fig. 64 est la coupe de l'élévation de la partie inférieure : (cette partie seule doit fixer notre attention en ce moment, puisqu'elle est toute

composée des bordures qui nous occupent); cette coupe est faite sur une plus grande échelle, afin qu'il soit possible d'en spécifier les détails.

Explication de la figure 63.

A est le terrain solide dans lequel on doit creuser; b, dans les deux figures, indique les échalas plantés en rotonde ou en octogone; c, chemin sablé descendant en décrivant une spirale dans l'aire inférieure. Ce chemin doit être assez large pour que deux personnes puissent y passer de front, sa pente doit être unie, le terrain doit en être bien battu.

d, plates-bandes situées de chaque côté du chemin c, elles sont supportées par des bordures de même nature que celles dont nous avons parlé plus haut (73) maintenues par des petits racineaux ff. On plantera dans ces plates-bandes les végétaux qui se plaisent à l'ombre.

e, plus fortes bordures, maintenues par des pieux : elles seront de la nature de celles dont nous avons parlé plus haut (75) fig. 61, 62. On ne doit point s'occuper du gauche, que le rampant paraîtrait devoir exiger, la simple courbure en cintre sera suffisante pour ces ouvrages peu précis.

g, l'aire du salon de verdure, au milieu duquel on peut mettre une table rustique dont la ponctuée j est la ligne de milieu.

L'explication de la fig. 64 est la même, ce sont les mêmes lettres de renvoi, seulement nous avons ajouté dans le plan des bancs de jardin (v. ce mot à la table), désignés par la lettre h, et des tabourets i.

Ce bassin, recouvert d'un dôme de feuillage, d'un kiosque ou d'une tente de treillage, produit un très bon effet : en le combinant avec d'autres constructions, il est parfois, très agréable: nous aurons occasion d'en parler dans la suite.

Si l'on craignait que la jeunesse impétueuse, au lieu de décrire la spirale, ne trouvât plus court d'arriver au milieu du salon, en franchissant les plates-bandes; ce qui finit toujours par les détériorer, on pourrait faire une barrière d'appui plantée derrière les grandes bordures, alors les pieux *e* s'élèveront à la hauteur de cette barrière, et la soutiendront en même tems que les bordures.

TREILLAGE COMPOSÉ.

79. On nomme *treillage composé*, celui dans la confection duquel on fait entrer des dessins autres que les carrés et les losanges réguliers du treillage simple. Ainsi ces barrières rustiques en bois recouvert de son écorce, dont le dessin est varié à l'infini, les portes et clôtures faites avec des bois dressés à la varlope et mis d'épaisseur, les colonnes, les pilastres dans lesquels on fait entrer des bois diversement taillés. Les remplissages faits avec des ronds, des ellipses, des entrelas, des torsades, des spirales, des rinceaux, des cols de cygne, etc., etc., tout cela constitue le treillage composé. Le célèbre Roubo entre à cet égard dans des détails très circonstanciés qui, de son tems, devaient avoir beaucoup de mérite, parce qu'alors on construisait des temples, des salons, des palais de treillage: cette mode a passé, et le bon goût du public s'opposera sans doute à ce qu'elle reprenne son empire. Nous pensons qu'on ne doit faire en treillage que des ouvrages de peu d'importance. La matière dont ces grands établissemens de treillage étaient composés est très périssable. Tant qu'ils étaient neufs et frais ils pouvaient avoir des charmes; mais lorsque le tems avait pourri et noirci ces bois, retraite d'une foule innombrable d'insectes, ces beaux édifices n'offraient plus aux regards attristés qu'un squelette noir et attristant. Je me souviens d'avoir encore vu dans mon enfance des restes de ces fastueux ouvrages. De grands arceaux de fer rouillé étaient seuls debout au milieu du délabrement des bois et des débris des cercles et des feuillages imités. On a bien fait de borner l'emploi du treillage aux ouvrages légers qui peuvent être promptement peints

à neuf ou même réédifiés lorsque le tems a exercé sur eux ses ravages, et qu'il a détruit leur aplomb et la grâce de leurs contours. Mais ce serait aussi tomber dans un excès qui doit être évité, que de passer sous silence ce qui a trait au treillage composé : nous devons dire comment les parties les moins compliquées se construisent, et à l'aide de quels outils on peut ainsi contourner les bois, et, sans entrer dans le dédale des ordres d'architecture, donner cependant quelques notions courtes, mais importantes.

80. On faisait jadis en treillage des imitations assez parfaites des ordres anciens; mais c'était surtout le Dorique et le Corinthien qui dominaient dans les compositions, rarement on faisait l'Ionique pur, le Toscan n'était jamais employé, on jugeait ses formes trop massives. L'expérience avait fait reconnaître que la base de la colonne corinthienne, trop chargée de moulures, produisait un mauvais effet, et l'on s'était accordé, comme cela a eu lieu souvent d'ailleurs pour des bâtimens plus solides, à adopter invariablement une base de colonne qui nous semble être la seule base ionique, mais que l'on nomme base *attique*, sans que nous sachions trop pourquoi, ce qui d'ailleurs est peu intéressant, le nom ne faisant rien à l'affaire. Le besoin, le goût, l'accord des artistes ont réglé pour le treillage un ordre particulier dont on ne s'écartait guère. Nous n'entrerons pas dans les détails immenses de ces constructions qui ne sont plus de mode, de ces architraves à jour, de ces frises ornées, de ces entablemens si parfaitement imités; mais cependant, nous donnerons la description de la colonne et du pilastre qu'on peut encore vouloir faire entrer dans des compositions d'ailleurs peu compliquées, et nous emprunterons à Roubo quelques-unes de ces figures. Quant à ses moyens d'exécution, ils sont trop minutieusement et surtout trop longuement expliqués pour que nous en grossissions cet ouvrage : il faut d'ailleurs ne pas perdre de vue que nous donnons ces figures comme objet de curiosité, comme une constatation du degré de perfec-

tion auquel l'art était parvenu de son tems, plutôt que comme un exemple à suivre : un artiste intelligent, sur le vu de ces modèles, saura toujours les reproduire, si la mode capricieuse venait à les mettre de nouveau en vogue.

PORTIQUES.

81. La fig. 67 représente un portique en treillages, sur plan très étroit, qui était destiné à garnir la porte d'entrée d'un jardin et se mariait avec les treillages garnissant les murs de clôture : c'était à proprement parler une décoration.

Ce portique est d'ordre dorique, on a réuni dans un même dessin deux modes divers d'exécution. Le côté a ainsi que son plan b, est une exécution avec pilastres accouplés, le côté c ainsi que son plan d est rempli par un champ uni. Le bâtis de ce portique est en fer. Le mur d'enceinte se trouve à la hauteur de la ligne ef. L'épaisseur de ce mur se distingue dans les plans bd. Les consoles qui, de chaque côté, lient l'ouvrage au mur, peuvent être supprimées ; mais si l'on craint que les bâtis n'aient pas assez de résistance, on peut les maintenir, en leur donnant toutefois une forme plus moderne; l'ensemble doit être, autant que possible, garanti des eaux pluviales, 1° par une forte planche formant le dos d'âne, placée immédiatement au-dessous des vases, et échancrée suivant le profil afin qu'elle ne soit point du tout apparente ; 2° par d'autres planches moins larges et inclinées, régnant dessus et tout autour de la corniche de l'entablement. Assez souvent pour que l'ouvrage soit plus léger, on ne recouvre pas l'attique qui surmonte l'entablement, et on recouvre seulement de planches épaisses et inclinées tout cet entablement, en abandonnant l'attique aux ravages que la pluie peut y causer. Alors les vases sont supportés par des traverses mises exprès. L'attique étant très exposé à l'air est plus promptement sec que ne le seraient les parties inférieures de la composition, et qu'il y a moins de danger par conséquent qu'il se pourrisse.

Dans ces sortes d'ornemens, l'imposte se trouve ordinairement sur la même ligne que le sommet du mur de clôture; mais ce n'est pas une règle invariable, encore bien qu'elle ait été suivie dans le modèle que nous empruntons à Roubo. Si le portique était d'ordre corinthien, cet imposte devrait se trouver plus haut que le faîte du mur.

Ce portique est vu du côté de l'intérieur. A l'extérieur, à partir du faîte du mur, il doit avoir un parement; on ne fait point de pilastre de ce côté, mais simplement un panneau encaissé comme du côté c.

Dans les chapiteaux, on mettait des feuilles d'acanthe, ces feuilles faisaient un très mauvais effet, bientôt fendues et contournées, elles se détérioraient d'abord, et déparaient par leur vétusté les autres parties encore conservées. On les remplacerait avec avantage par d'autres ornemens du genre de ceux que nous ferons connaître ultérieurement, lorsque nous entrerons dans la démonstration des moyens d'exécution relatifs au treillage composé.

PAVILLONS. — SALONS ORNÉS.

82. La fig. 68 représente un pavillon en treillage établi sur plan circulaire, octogone, ou elliptique, selon l'emplacement. Un ouvrage aussi considérable que celui-ci ne se fait point sur la terre nue : il faut qu'il y ait un soubassement en maçonnerie, et alors ce sont les dimensions du soubassement qui décideront des formes du plan. Ce pavillon est très bien situé sur une terrasse en pierre qui sépare un parterre d'un potager ou de l'entrée d'un parc. Dans aucun cas, il ne doit être placé de manière à borner la vue : on doit avoir soin qu'aucune plante grimpante ne vienne s'y attacher, ou si on veut lui donner cet agrément, on devra, à l'entrée de l'hiver, veiller avec soin à ce que tous les branchages dépouillés de feuilles soient enlevés, car, pendant la

saison des pluies, ces branchages en absorbant l'humidité seraient une cause puissante de destruction. En faisant l'enlèvement de ces branchages, il faudra éviter d'appuyer les échelles contre le pavillon, et comme cet entretien est très difficile et assujétissant, on fera bien, ainsi que nous venons de le conseiller, de se priver de l'agrément que la verdure ajouterait au pavillon.

Il est impossible de couvrir l'ensemble avec des planches, ainsi que nous venons de le prescrire en parlant des portiques, parce qu'alors le treillage serait trop chargé, et qu'il y aurait au milieu une partie sombre qui produirait un mauvais effet; mais le pourtour de l'entablement et le pourtour du couronnement de l'attique doivent être couverts; au milieu, on fera une calotte surbaissée en treillage losange, ou en tout autre espèce de treillage orné. Un pavillon de cette nature a beaucoup de charmes, c'est un salon de lecture en plein air : le vent qui passe à travers le treillage est plus frais, et ne cause pas l'impression désagréable qu'on éprouve lorsqu'on est exposé sans abri à son courant impétueux.

Nous devons donner maintenant les moyens de surmonter les difficultés que ces compositions semblent présenter à l'exécution.

Faire des cercles ou ronds.

83. Si l'on se reporte à l'explication des figures 61, 62, 67 et 68 et à ces figures elles-mêmes, on verra qu'il entre dans la composition de leurs ornemens des ronds ou cercles en bois de diamètres tout-à-fait différens : l'emploi de ces ronds est très fréquent dans l'art du treillageur, et après la maille, c'est une des premières choses que l'on doit apprendre à faire. En entrelaçant les ronds on produit des dessins très agréables et assez compliqués pour causer une agréable surprise à celui qui ne connaît pas la manière dont ils sont composés.

Pour bien faire le cercle fig. 69, il faut un échalas

bien de fil et mis d'épaisseur avec exactitude, il ne faut pas qu'il s'y rencontre de nœuds, car les nœuds étant d'un bois plus dur, n'ont pas le même degré de flexibilité, et forment dans le rond des endroits plats qui le déforment. On choisira donc, et l'on mettra à part en travaillant le treillage, les échalas les mieux faits, que l'on tiendra en réserve pour faire les ronds. Ces échalas devront être conservés dans un lieu frais.

On peut, à la main, en le courbant, faire un rond avec un échalas, on le coud dans quatre endroits, et l'on a une espèce de rond qui peut servir dans les intérieurs de vases, de colonnes, etc.; mais ces ronds grossiers et de diamètres incertains ne peuvent suffire lorsqu'il s'agit de remplir des ouvrages réguliers, il faut, dans ce cas, que le cercle soit parfait, il faut que tous les cercles destinés à être assemblés ou enlacés, aient un diamètre identique, du moins à l'extérieur; il faut donc avoir recours à d'autres moyens dont les résultats soient assurés. Ces moyens sont des *formes*, des *mandrins*. C'est sur eux qu'on établira les ronds, et en établissant les traverses des ceintures, des bandeaux, des frises, que l'on doit orner par des remplissages en entrelas, on aura égard à la portée des formes et mandrins que l'on possède; on espacera ces traverses en conséquence, afin de n'être pas contraint de faire de nouvelles formes ou de nouveaux mandrins pour chaque espacement nouveau.

84. Quand on a ainsi deux ou trois étalons, on a, sauf les cas imprévus, à peu près tout ce qu'il faut. Ces grandeurs sont d'autant plus importantes à déterminer dès le principe, que ce sont elles qui règlent la longueur des échalas dont on doit se pourvoir. Supposons que l'espace compris entre les deux traverses ab, fig. 78 à 84, représentant une frise ou un bandeau, soit de deux décimètres, la forme, fig. 70, devra avoir deux décimètres pleins d'ouverture, le mandrin, fig. 71, devra avoir deux décimètres de gros, moins l'épaisseur de quatre échalas. Dans ce cas, il sera facile de déterminer à l'avance la longueur que devront avoir les échalas. Cette longueur sera de six diamètres, (l'échalas de-

vant faire deux tours) plus, longueur de bois nécessaire pour l'habillure. Or, cette habillure est du quart ou du huitième de la circonférence, selon qu'on veut qu'elle soit mieux, ou moins bien faite, nous l'avons dessinée au quart dans la fig. 69, c'est la perfection ; mais nous devons dire que presque toujours on se contente du huitième. Supposons cependant qu'on veuille le quart. Comme il y a un bec de flûte d'un quart de la circonférence à chaque bout de l'échalas, c'est donc un quart de la circonférence qu'il faudra que l'échalas ait en plus des six diamètres dont nous venons de parler. Ces six diamètres forment, dans le cas prévu...... 1 m. 2 déc. et comme ces six diamètres forment un cercle dont la circonférence est de six décimètres, c'est le quart de ces six décimètres qui est de quinze centimètres ou d'un décimètre et demi qu'il faudra ajouter à la longueur de l'échalas pour le croisement de l'habillure......... »m. 15 c.

Ainsi l'échalas devra avoir une longueur totale. 1^m 35 c. pour former un rond de deux décimètres de diamètre extérieur, ayant une habillure de 0,^m 15, qui fait bien le quart de la circonférence extérieure du rond. On sent bien que le périmètre extérieur du rond étant plus grand que l'intérieur, il y a dans ce calcul une erreur d'un ou de deux millimètres dont on ne fait pas cas, attendu que cette différence n'est apparente que théoriquement, et qu'elle est nulle dans l'application.

85. Lorsqu'on a mis un échalas à cette longueur déterminée, on ne le contourne pas en rond, mais on le garde pour patron ; on y fait les deux becs de flûte qui doivent être exactement dressés, et comme la longueur de ces becs est déterminée, on en marque la naissance par un trait profond et noirci : quand on a un pareil patron, il devient très facile de faire toutes les préparations qui précèdent la formation des ronds ; on met tous les échalas de longueur ; on les dresse et on les met d'épaisseur, et on y taille même les becs de flûte. Il ne

s'agit plus alors que de les contourner et de les attacher pour les convertir en cercles.

Il y a plusieurs manières de s'y prendre : le choix dépend des moyens qu'on a d'exécuter plus facilement tel ou tel moule.

86. Si on emploie le moule, fig 70, on doit le faire avec un fort morceau de chêne bien sain, d'une grandeur suffisante, épais d'environ $6,^m 06$; on pratique dans ce bois, soit à l'aide de la scie à chantourner, soit par tout autre moyen, un évidement circulaire régulier, d'une grandeur déterminée par celle des cercles qu'on veut former. C'est dans la lunette qui est alors formée qu'on contourne l'échalas, on le presse fortement, afin que les deux becs de flûte, l'un en dehors, l'autre en dedans, se trouvent situés vis-à-vis l'un de l'autre; on fixe alors le cercle en enfonçant dedans une pointe en a, ou sur tout autre point de la circonférence : cette pointe ne doit point dépasser les deux épaisseurs d'échalas, sans cela elle entrerait dans le moule, et il deviendrait difficile d'en faire sortir le cercle; quand la pointe est mise, on retire le cercle et on le coud en $a\,b$, fig. 69, ou plutôt on met deux pointes en ces endroits, après avoir fait des avant-trous avec le poinçon carré. Ces pointes ou broquettes à têtes plates devront dépasser en dedans, et la pointe en sera reployée sur l'enclume, et en travers le fil du bois.

Assez souvent on fait deux moules sur le même morceau de bois, un par devant, l'autre par derrière, afin de pouvoir y contourner des cercles de deux diamètres différens.

On arrête presque toujours avec des pointes : quand on coud, ce qui est rare, on met deux coutures sur l'habillure, et une troisième au point de la circonférence opposé à l'habillure.

87. Le mandrin fig. 71, sert également à faire les ronds, c'est un morceau d'orme ou de frêne, tourné, ayant par le gros bout un diamètre déterminé par la grandeur du rond qu'on veut produire, sur un des points

de la circonférence est une encoche *a*, dont l'usage se devine dès l'abord. Quand on veut faire un rond, on étend l'échalas bien droit à plat sur l'établi, puis on fait entrer le bout aminci du bec de flûte dans l'encoche *a*, tenant alors le mandrin en *b* de la main gauche, et appuyant avec la droite sur la tête *a*, on marche, en faisant rouler le mandrin sur lequel on appuie de toute sa force jusqu'à ce que le dernier bec de flûte soit en dessus. On le maintient en respect dans cette position, et on enfonce une pointe pour l'arrêter. On le retire alors de dessus le mandrin et on y fait trois coutures, ou bien on y rive des broquettes à tête plate ou des pointes de Paris, comme il a été dit ci-dessus. On coupe ensuite proprement et en l'égalisant le bout du bec de flûte qui était pris dans l'encoche *a*.

On voit de ces mandrins qui ont deux manches *b*, un de chaque côté. La tête et l'encoche qui s'y trouve, sont dans le milieu.

88. La fig. 72 représente une autre sorte de moule ; on choisit une bille de bois d'orme ou de hêtre, ou même un bout de membrure de chêne, ayant environ un décimètre d'épaisseur. On le dresse, et l'on trace dessus deux ou plusieurs cercles, *a b c*. On fait sur ce tracé des trous traversant le bois avec une mèche plus ou moins forte selon les chevilles qu'on veut faire passer dans ces trous. Si ces chevilles sont en fer, les trous n'ont pas besoin d'être aussi gros que si elles sont en bois. C'est dans le cercle, ou sur le cercle formé par ces chevilles, cela dépend du choix, qu'on arrondit le cercle. Quand il est arrivé à son diamètre prescrit, on le coud sur place, on l'enlève, et alors on l'arrête, soit par des coutures, soit par des rivures, ainsi qu'il a été dit plus haut.

Comme les chevilles traversent de part en part, il est possible de contourner des cercles des deux côtés de cette forme. On peut aussi avoir sur la même forme un grand nombre de cercles de diamètres gradués ; et comme il n'est pas nécessaire que toutes les chevilles soient mises en place, et que huit ou dix sont suffisantes pour un rond, on peut faire en même tems sur cette forme plusieurs ronds de diamètres variés. Cette forme offre encore cet avantage, c'est que, les cercles étant rapprochés, on peut, quand le rond est formé, l'arrêter provisoirement avec une ou deux chevilles, mises à l'intérieur ou à l'extérieur, selon que l'on a contourné le rond sur ou dedans une rangée de chevilles.

89. Les figures 73, 74 et 75 sont la représentation sous trois aspects, en dessus, de profil et en coupe, d'un moule plus compliqué que les précédens, qui sert également à contourner les ronds, et qui, une fois établi, remplit ensuite cette fonction plus promptement et avec plus de perfection que les autres instrumens que nous venons de faire connaître, et qui sont d'une exécution plus simple. *a*, dans les trois figures est le plein du moule; c'est un bout de madrier dont les dimensions sont appropriées à la grandeur des ronds qu'on veut faire, dont l'épaisseur ne peut être moindre d'un décimètre. Ce morceau de bois est creusé suivant que l'indique la figure 73, ou bien si on craint de ne pas faire ce creusement avec rectitude et facilité, on fait la partie *a* de deux ou de trois pièces, en ayant soin de coller, de cheviller ou boulonner les parties entr'elles pour qu'elles fassent corps et aient la même solidité que si l'objet était fait d'un seul morceau.

La partie *a* finie, on fait le tiroir *f*, qui doit glisser librement dans la coulisse de la partie *a*. Ce tiroir est échancré circulairement par devant: il est percé ainsi que la partie *a*, dans une partie de sa longueur, de plusieurs trous *c* dans lesquels peut passer une cheville en bois *d*. Quand on veut faire un rond avec ce moule, on tourne l'échalas dans l'endroit creux de la pièce *a*, puis on le serre et on l'arrondit au moyen du tiroir *b* qu'on fixe au degré de pression convenable, en faisant passer la cheville *d* à travers le tiroir et la pièce creuse.

Assez souvent on fait le creux assez peu profond pour que le rond soit en saillie au-dessus de la pièce.

c'est ainsi que nous l'avons dessiné en c, fig. 74. Cette disposition permet de replanir le cercle sur champ, soit avec la plane, soit au rabot. Lorsqu'il est dressé d'un côté on l'arrête avec une pointe, on le retourne, on le remet en place et on le replanit de l'autre champ.

On voit dans la coupe, fig. 75, un tiroir plus petit que le tiroir supérieur b, nous l'avons mis pour faire comprendre qu'on peut faire ce moule double, pouvant d'un côté faire des ronds d'un certain diamètre et de l'autre des ronds plus petits.

90. Mais ainsi qu'on peut le voir dans tous les ornemens de treillage, et spécialement dans les fig. 79, 80, 82, 83, 84, 85, 86, 87, 88, on fait des entrelas, c'est-à-dire, qu'on fait pénétrer des ronds dans des ronds. Si on se contente de faire passer ces ronds, l'un par devant, l'autre par derrière, on abrège la besogne, mais on ne fait rien de satisfaisant. Vu de près, l'ensemble présente des inégalités désagréables sur le nu de l'ordonnance : l'aplomb est détruit. Aussi faut-il mieux s'abstenir de décorations que de les faire de la sorte. Pour faire pénétrer deux ronds, on est dans l'usage d'entailler les deux ronds à mi-bois, de manière à ce qu'il n'y ait pas plus de bois à l'endroit du croisement qu'ailleurs, et à ce que la décoration soit exactement plane. Indépendamment de l'agrément, on acquiert une qualité plus désirable, en faisant sur une seule ligne, c'est la solidité. On verra plus bas que dans les frises ou bandeaux, il est même indispensable d'en agir ainsi, car les ornemens sont retenus par des baguettes d'encadrement qui les recouvrent sur les bords, et cela ne peut avoir lieu que lorsque les ronds sont exactement sur la même ligne.

On fait les entailles à mi-bois de plusieurs manières : 1º en posant les cercles à assembler l'un sur l'autre et en marquant avec de la pierre noire l'endroit du croisement, alors avec une scie à denture fine, on donne deux traits pénétrant jusqu'à mi-bois, puis on fait sauter avec la serpe ou tout autre outil tranchant le bois contenu entre les deux traits de scie, mais cette méthode est peu sûre, surtout lorsqu'on a beaucoup de ronds à entailler; il est difficile d'atteindre au degré de précision nécessaire pour que tous les entrelas soient semblables, et il est à considérer que c'est la grande régularité qui donne du charme à ce genre de décorations, et d'ailleurs sans régularité il est impossible de faire aucun calcul exact sur le nombre de ronds nécessaires pour un remplissage où les fractions ne sont point admises, mais seulement les moitiés et encore dans certains cas. On a donc dû inventer un moyen de faire sûrement les coupes, et c'est ce moyen que nous ferons connaître par les figures 76 et 77.

Dans la figure 76 qui représente l'appareil vu en dessus, $a\,b$ sont deux ronds déjà enlacés par le moyen même du moule, c est la place du rond qui suivra, d est la partie haute du moule; cette partie est creusée suivant le dessin : 1° d'un bassin a de la grandeur du rond à entailler, 2° en b il forme un creux d'une longueur indéterminée, dans laquelle les cercles se placent au fur et à mesure qu'ils sont entaillés et assemblés; la partie inférieure e est la base du moule, la figure ponctuée f indique le milieu de la hauteur des ronds, celle g, la hauteur totale des ronds, et en même tems la profondeur du moule : $i\,i$ sont deux entailles faites dans le moule, pénétrant jusqu'à la ligne h et situées juste dans l'endroit où doit se faire le croisement. (Il va sans dire que ces entailles doivent être disposées autrement, si le dessin doit être différent de celui que nous représentons ici fig. 80.)

Le moule étant fait avec un bois dur et les entailles se présentant à bout de fil, elles peuvent durer fort long-tems sans s'altérer, surtout si on se sert d'une scie ayant peu ou même n'ayant pas du tout de voie.

Voici comment on se sert de ce moule pour entailler régulièrement les ronds à enlacer.

On commence par poser un rond dans le moule circulaire *a*, on l'assujettit avec la main gauche, et avec la droite, on donne les quatre traits de scie *i i*, en ayant bien soin que le rond ne varie pas lorsque l'on passe d'un côté à l'autre. Les quatre traits donnés, on enlève le bois inscrit avec le ciseau ou le fermoir et on égalise le fond avec la râpe. On retire ce cercle, on en met un second dans le moule et on lui fait les mêmes entailles par les mêmes moyens. On assemble alors les deux cercles et on les coud ou bien on les fixe avec des pointes; quand ils sont ainsi assemblés on les met tous deux dans le moule, et alors la position est réglée par le rond *s*. On fait alors sur le premier rond *a* deux nouvelles entailles; on retire ces deux ronds, on met en *a* un nouveau rond représenté dans la figure par les cercles ponctués *c*, on fait à ce rond deux entailles, on le retire du moule, puis on l'assemble de suite, lui troisième avec les deux premiers ronds *a b*. Cet assemblage fait, on le remet dans le moule et alors il se trouve occuper la place que le rond *a* occcupait précédemment : le rond *b* se trouve reculé à droite, sa place étant occupée par le rond *a*. Ces trois ronds étant dans cette position, la coupe des deux dernières entaillés du rond *c* est réglée par le rond *a*. On retire alors ce rond du moule *a*; on l'assemble avec le rond *a* et on retire ces trois ronds du moule pour mettre en *a* un quatrième rond auquel on fait les deux premières entailles; on l'assemble avec les trois autres ronds *a b c*, et on remet le tout dans le moule pour régler les deux secondes entaillés du quatrième rond, et ainsi de suite jusqu'à la fin.

91. Mais on n'assemble pas toujours les ronds par entrelacement, on se contente souvent de les joindre par approche, et alors, c'est un lien de fil de fer à coudre qui est employé pour cette opération que l'on fait d'ailleurs de plusieurs manières. Quand les ronds sont d'égale grandeur et maintenus d'en haut et d'en bas par les baguettes; il suffit de les unir par une pointe rivée ou repliée d'un côté; mais lorsque les ronds sont de grandeurs inégales comme dans les fig. 81, 82, 83,

84, 86, 87, 88, 89, 90 et 91, il faut avoir recours au lien dont nous venons de parler parce que, dans ce cas, les petits ronds n'étant pas maintenus par les baguettes, ont besoin d'être solidement assujettis.

Pour donner à ce lien la solidité convenable, on perce les deux ronds avec le poinçon carré : il faut que le trou soit assez grand pour livrer passage à un fil double. On coupe alors une longueur de fil calculée sur l'emploi, et l'on fait passer d'un côté un bout de ce fil dans le trou qu'on a fait : puis on reploie le fil par derrière et l'on fait passer l'autre bout par l'autre orifice du trou, le fil se croise dans le trou. On le serre fortement en le comprimant en dehors, afin qu'il prenne bien la forme de l'échalas; on ramène alors les deux bouts par devant, on les tire à soi, on les croise et on les serre avec les tenailles; le tout ainsi que nous l'avons décrit pour la couture (56).

La fig. 92 fera comprendre comment se fait cette opération: nous avons laissé le fil lâche afin que l'œil pût facilement suivre le contour; mais, ainsi que nous venons de le dire, on doit serrer fortement dès le premier croisement; les ronds ainsi fixés sont tenus très solidement.

Autres ornemens pour les remplissages.

92. Les plinthes, les frises, les bandeaux ne sont pas toujours remplis avec des entrelas, souvent on joint d'autres dessins dans lesquels on fait entrer des parties pleines. On en a déjà vu deux exemples fig. 86 et 89; ces parties pleines se font avec de la planchette en hêtre, d'une épaisseur déterminée par la sorte d'ornement qu'on veut faire. Si l'on veut contourner le bois en feuillages, il faudra prendre de cette planche mince dont on fait emploi dans la boissellerie. Si le bois ne doit pas être contourné, il faudra employer de cette planche que l'on nomme *panneau*, sciée à l'épaisseur de 7 millimètres environ et devant être réduite par le replanissage et le dégauchissage, à environ 5 millimètres.

C'est avec ces planches découpées à la scie et dressées sur les rives au rabot, qu'on fera le remplissage.

93. Pour dresser commodément ces planchettes sur leurs champs : on prend le rabot ou mieux la varlope, le fer en dessus, dans la presse de l'établi, et on passe dessus les planchettes qu'on tient de la main droite dans une position verticale : c'est ainsi qu'on le voit pratiquer par les tonneliers et les layetiers, qui ont un outil *ad hoc* qu'ils nomment *colombe* : c'est une grosse varlope posée sur quatre pieds. Si le treillageur devait faire beaucoup de dressages, il ferait bien de se procurer un outil pareil qui lui servirait en outre dans une infinité d'autres circonstances. Quand on a fini de s'en servir, on rabat dessus un couvercle en planche et l'on a un banc sur lequel on peut s'asseoir.

94. Mais avant de découper ses planchettes, il convient de se régler d'abord sur la longueur qu'elles doivent avoir, et on ne peut y parvenir qu'en faisant préalablement ses cadres ou bâtis; si donc il s'agit pour l'élévation d'une stylobate, d'un soubassement, d'une frise, d'un attique, de faire un bandeau semblable à celui représenté fig. 93, 94, 95, 96, 97, on devra d'abord se fixer sur l'écartement à donner aux deux traverses $a\,b$, lequel écartement est déterminé par la hauteur des montans c.

Ainsi qu'on peut le voir dans nos figures, dans lesquelles nous avons rassemblé des méthodes diverses ; on peut faire ses bandeaux plus ou moins compliqués. La fig. 95 offre la manière la plus simple, la plus facile, mais en même tems la moins solide et la moins agréable à l'œil. On forme un long châssis composé de deux échalas courts placés dans une position verticale, et de deux longs échalas horizontaux ; on cloue sur ces échalas les triangles et les planchettes avec des broquettes à tête plate dont on rabat ensuite les pointes en travers le fil du bois ainsi que nous l'avons dit plus haut (61, § 7). Souvent pour que le croisement des planchettes ne fasse point avec l'échalas horizontal une épaisseur de trois bois qui se trouveraient du même côté; on fait passer une planchette derrière l'échalas et l'autre par devant. On fait un avant-trou, avec le poinçon carré, au milieu du croisement, et on fait passer une pointe ou une broquette qu'on rive ou qu'on rabat.

Cette manière est simple et expéditive, mais ce n'est pas cependant celle qui est mise le plus souvent en pratique; on préfère la feuillure représentée dans la partie inférieure de cette même figure 95, où on la pratique toujours pour que l'œil ne soit point choqué par la vue des inégalités et des épaisseurs des planchettes superposées. Les feuillures se font soit d'un seul morceau, soit de deux pièces clouées l'une sur l'autre; les figures 98 et 99 offrent, la première une feuillure d'une seule pièce, la seconde une feuillure de deux pièces. La feuillure d'une pièce se fait avec un rabot spécial dit *feuilleret*, la feuillure de deux pièces avec deux règles d'inégale largeur, fixées l'une sur l'autre avec des pointes. Presque toujours on rapporte une règle par devant qui recouvre les croisemens. Cette règle est quelquefois plate et assez souvent ornée d'une moulure d'encadrement, ainsi que nous l'avons dessiné fig. 93 et 96. Les figures étant très détaillées, nous pensons que des détails verbaux plus circonstanciés deviennent superflus.

Bandeaux, ceintures.

95. Il ne s'agit pas de faire un bandeau, une frise isolément, et de la reporter simplement sur l'ensemble; il faut dans cette opération qu'il y ait une intention générale qui domine, que l'ornement rapporté soit en harmonie avec les autres parties de l'édifice. Pour offrir un exemple d'application de ce précepte, reportons-nous au petit pavillon sur plan circulaire, fig. 61. La ceinture servant de frise est composée d'un rond inscrit dans un carré. Comme il était impossible d'apporter de la régularité dans un aussi petit dessin, nous avons répété ce même ornement sur une plus grande échelle en *a*, fig. 100. On voit dans cette figure que ce sont les

échalas, croisés par les traverses de ceinture qu'on peut mettre en *lattes*, comme dans l'exemple cité, qui forment le carré dans lequel le rond est inscrit. On peut d'ailleurs orner ce rond de plusieurs manières, et nous en avons choisi deux exemples entre beaucoup d'autres que nous avons donnés en *b*, *c*, même fig. 100. Il est bien entendu que le remplissage du rond *c*, fig. 100, se fait avant la pose.

96. Souvent au lieu de mettre un ornement pour chaque maille dans le bandeau, ce qui le rend un peu lourd, on fait les carreaux du bandeau grands comme quatre mailles : cela le rend plus léger. La figure 101 offre trois exemples de cette manière d'agir. On voit en *a* le rond simple, et en *b* et *c* des modes de remplissage, choisis au hasard dans les nombreuses manières d'orner les frises. Ces dessins sont toujours faits et arrêtés dans le rond avant sa mise en place.

97. La fig. 102 offre en *a* une application de bandeau dont nous avons donné la description dans le chapitre précédent, et dont les fig. 93, 94, 95, 96, 97, 98 et 99 sont les détails. On peut varier ces ornemens à l'infini, et, comme pour les fig. 100 et 101 nous avons ici, en *b* et en *c*, réuni divers dessins d'ornement. On doit remarquer que la traverse inférieure du bandeau, n'est plus en latte, comme dans les figures 100 et 101; mais qu'elle est extérieure. Presque toujours on met cette traverse comme elle est ici représentée en laissant subsister la latte derrière; ainsi, dans les figures 100 et 101, on peut se figurer cette traverse de ceinture qu'on rapporte presque toujours, l'ouvrage étant terminé.

98. Nous donnons fig. 103 un dessin de bandeau, dont chaque compartiment contient quatre mailles, comme dans la fig. 101. On peut varier ce dessin à l'infini; nous avons choisi celui-ci, pour faire bien comprendre que ces dessins de frises doivent toujours être établis, ainsi que nous l'avons dit au commencement de cet article, de manière à ce que les échalas mon-

tans puissent toujours servir de repaires et de guides. Souvent même, comme en *b*, fig. 102, ils peuvent entrer dans la composition du dessin; dans tous les cas, ils doivent en déterminer les mesures. Ainsi, dans la fig. 61, déjà citée, les échalas du pourtour décideront du nombre des échalas courbes, dont le faîte en clocher doit être composé, et chacun de ces échalas viendra s'appuyer sur la ceinture, au droit d'un échalas montant. Si l'on trouvait qu'alors le nombre des échalas du faîte fût trop considérable, on ne les mettrait que de deux en deux mailles. Dans l'art du treillageur, c'est la maille qui est le module; c'est elle qui détermine les espaces.

Pilastres, colonnes.

99. Il serait difficile de se faire une idée précise de la manière d'exécuter les treillages compliqués dont nous avons donné les dessins, fig. 67 et 68 dans la composition desquels les colonnes et les pilastres tiennent une place notable, si nous ne donnions quelques aperçus sur les moyens de les établir. Comme il s'agit ici de la représentation d'un genre d'ornemens emprunté à un art dont les règles sont fixes, on ne pourrait sans inconvénient s'écarter de ces règles, même dans l'exécution légère qui nous occupe. Nous ne ferons point l'éloge de ces imitations; à notre avis, c'est un contresens. Ces formes ont été adoptées, ces mesures, ces proportions ont été prises, eu égard à la force des matériaux employés: et appliquer au treillage flexible, ce qui a été reconnu convenable pour la pierre et le marbre, c'est faire preuve de peu d'idée et donner la preuve qu'on n'a pas le génie qui crée, qui invente; mais nous n'avons pas la prétention de faire le goût du public; nous devons prendre les choses comme elles sont, encore bien qu'elles ne soient point toujours telles qu'elles devraient être. Nous conviendrons d'ailleurs bien volontiers qu'il y a quelque chose d'assez agréable dans ces représentations, et que n'eussent-elles d'autre mé-

rite que celui de la difficulté vaincue, c'est toujours aux yeux de bien du monde, un motif d'admiration ou du moins d'approbation; nous devons donc, dans l'intérêt de ceux à qui il plairait de faire des colonnes et des pilastres, donner les règles d'architecture qui leur seront nécessaires, afin qu'ils ne soient point contraints à les aller chercher ailleurs.

100. Nous avons dit plus haut (80) que l'ordre dorique et l'ordre corinthien modifiés étaient ceux des ordres anciens qui avaient, le plus généralement, été employés dans la construction des édifices en treillage : ce sera donc uniquement de ces deux ordres dont nous allons nous occuper.

Les architectes ont une mesure très commode qui les dispense d'avoir une échelle de proportion pour toutes les grandeurs de bâtimens. Dès qu'un édifice est construit selon les règles antiques, l'architecte n'a plus besoin de goût ni de calcul, ni d'évaluer la force des matériaux, ni de déterminer les hauteurs, les largeurs, les épaisseurs, les saillies, tout cela est écrit, réglé d'avance pour toute espèce de bâtimens grands ou petits, selon toutes les échelles : c'est le *module* qui règle tout, qui met tout en proportion exacte.

101. C'est donc, avant toute chose, ce module qu'il s'agit de déterminer; il y a plusieurs moyens de le faire. S'il s'agit de construire un portique soutenu par deux colonnes, on trace à peu près le plan, et dans ce plan on voit de suite quelle devra être la grosseur des colonnes, eu égard à l'espace que l'on peut consacrer à l'ensemble. On tracera avec un compas un cercle représentant la grosseur d'une colonne, et l'on prendra le rayon de ce cercle, qui est la moitié du diamètre : c'est cette moitié de diamètre qui est le module; on coupe un bout d'échalas bien dressé auquel on donne juste ce demi-diamètre, et l'on a la mesure qui servira pour tout faire.

Si on veut que l'édifice soit d'ordre dorique, on divisera ce morceau d'échalas en douze parties : si on veut qu'il soit d'ordre corinthien, on fera dix-huit divisions; ces divisions se nomment *parties*. Dans les grands édifices, on subdivise chaque partie; mais pour le travail du treillageur, la division par parties est suffisante.

L'autre manière de prendre le module est de se faire une idée arrêtée sur la hauteur totale que l'on veut donner à son ouvrage (nous supposons toujours qu'on fait une représentation régulière d'un portique ou d'un édifice quelconque, établi d'après les règles de l'art). On prendra mesure de cette hauteur, soit avec un long échalas, soit avec un cordeau, soit enfin en traçant une ligne droite sur un terrain plat. Si l'on veut que l'ouvrage soit d'ordre dorique, on divisera cette hauteur totale, cet échalas, cette corde, n'importe, en vingt-huit parties, et l'une de ces vingt-huit parties sera le module. Il est bien entendu que dans cette mesure de hauteur, ne sont pas comprises, par le bas, les marches, et par le haut les parties qui peuvent dominer la corniche de l'entablement.

Pour avoir le module de l'ordre corinthien, on divisera la même hauteur en 32 parties, et l'une de ces parties sera le module.

Ces mesures ne sont pas absolument celles de l'art; il y a quelques fractions que nous avons négligées pour faire des comptes ronds; mais ces différences infiniment petites, et qui pourraient être négligées dans des ouvrages solides, le seront à plus forte raison, sans inconvénient, dans les imitations en treillage.

102. Lorsqu'on a le module, c'est-à-dire, comme nous venons de l'expliquer, un gabari, un patron, en bois, portant des divisions de douze ou de dix-huit, selon les ordres, on peut de suite se mettre à faire le tracé de son ouvrage, soit sur le terrain, soit sur le papier. Or nous devons entrer ici dans le détail des divers membres qui composent un ordre. — Il y en a trois.

1° En commençant par le bas, on nomme *piédestal* le massif qui supporte la colonne.

2° La colonne ou le pilastre viennent ensuite; on donne le nom de *colonne*, si le membre est cylindrique; on le nomme *pilastre :* s'il est sur plan carré, le nom se conserve pour la demi-colonne, pour le quart du pilastre.

3° Au-dessus de la colonne, est *l'entablement* qui couronne l'édifice.

Chacune de ces trois parties se divise elle-même en trois autres parties.

Le *piédestal* a 1° sa *base*, qui pose sur le terrain; 2° le *dé*, qui est le plein du piédestal; 3° la corniche qui le couronne.

La *colonne* ou le *pilastre*, a 1° la base; 2° le fut; 3° le chapiteau.

L'*entablement* a 1° l'architrave qui porte sur la colonne; 2° la frise; 3° la corniche, qui se compose de plusieurs moulures, dans la description desquelles il est inutile d'entrer.

103. *Mesures pour l'ordre dorique.* (Le module divisé en douze parties.)

Piédestal.

Base : hauteur, 10 parties; largeur, 3 modules, 6 parties.
Dé : hauteur, 4 modules; largeur, 2 modules, 10 parties.
Corniche : hauteur, 6 parties; largeur, 3 modules, 10 parties.

Colonne:

Base : hauteur, 1 module; diamètre, 2 modules, 10 parties.

Fût : hauteur, 16 modules ; diamètre, 2 modules, jusqu'au tiers de sa hauteur (1).

Chapiteau : hauteur, 1 module; diamètre, 2 modules, 6 parties.

Entablement.

Architrave : hauteur, 1 module; largeur indéterminée.

Frise : hauteur, 18 parties ; largeur indéterminée.

Corniche : hauteur, 18 parties ; saillie, 2 modules. On la réduit en treillage à 1 module, ou 1 module 6 parties.

104. *Mesures pour l'ordre corinthien.* (Le module divisé en dix-huit parties.)

Piédestal.

Base : hauteur; 14 parties $\frac{1}{2}$; largeur 3 modules, 11 parties.

Dé : hauteur, 5 modules, 1 partie ; largeur, 2 modules, 14 parties.

Corniche : hauteur, 14 parties $\frac{1}{2}$; largeur, 5 modules, 13 parties.

Colonne.

Base : hauteur, 1 module ; diamètre, 2 modules, 14 parties.

Fût : hauteur, 16 modules, 12 parties ; diamètre, 2 modules jusques au tiers de la hauteur. La diminution est d'un tiers de module ou 6 parties.

Chapiteau : hauteur, 2 modules, 6 parties ; diamètre, 2 modules, 14 parties, dans le tailloir; dans la campane, 2 modules.

───────────────

(1) A partir du tiers de sa hauteur, le fût de la colonne va en diminuant jusqu'au chapiteau. Cette diminution est de quatre parties en tout pour l'ordre dorique.

Entablement.

Architrave : hauteur, 1 module, 9 parties; largeur indéterminée.

Frise : hauteur, 1 module, 9 parties; largeur indéterminée.

Corniche : hauteur, 2 modules; saillie, 2 modules, 2 parties. En treillage, on fait la saillie de la corniche de l'entablement à l'aplomb de la corniche du piédestal.

Mesures de la largeur des portes et arcades et leur hauteur dans les deux ordres.

Sans piédestaux.

105. *Ordre dorique.* Largeur de la porte prise du milieu d'une colonne au milieu de l'autre, 10 modules. Hauteur: 10 modules $\frac{1}{2}$ de la terre jusqu'à l'imposte. De l'imposte au sommet de l'arcade 3 modules $\frac{1}{2}$.

Nota. Le sommet de l'archivolte arrive à la hauteur juste des colonnes moins le chapiteau.

Lorsqu'on met des colonnes ou pilastres sans porte entre eux, leur écartement doit être de 6 modules 3 parties, de l'axe d'une colonne à l'autre.

106. *Ordre corinthien.* Largeur de la porte prise de l'axe d'une colonne à l'autre, 11 modules six parties. Hauteur, 14 modules 2 parties de la terre à l'imposte. Hauteur de l'archivolte, 3 modules 16 parties. Entre-colonnement, 7 modules.

Avec piédestaux.

107. *Ordre dorique.* Largeur de la porte prise de l'axe d'une colonne à l'autre, 14 modules 9 parties. Hauteur de terre à la naissance de l'arcade, 15 modules; Hauteur de l'arcade, 5 modules; hauteur totale, 20 modules.

Nota. Le sommet de l'archivolte arrive à l'architrave.

108. *Ordre corinthien.* Largeur du portique de l'axe d'une colonne à l'axe de l'autre, 16 modules 9 parties. Hauteur de terre à la naissance de l'arcade, 19

modules; hauteur de l'arcade, 6 modules; hauteur totale, 25 modules.

Nota. L'archivolte n'arrive pas tout-à-fait à l'architrave, mais à la hauteur de la moitié du chapiteau.

109. Il ne nous reste plus maintenant qu'à entrer dans le détail des opérations manuelles qui sont nécessaires pour exécuter en treillage une colonne ou un pilastre. Nous ne pouvons faire mieux que d'avoir pour cela recours au traité de Roubo; comme on faisait de son tems beaucoup de ces sortes d'ouvrages, il a dû en exécuter; et son traité fait *ex-professo*, nous fournira des données certaines. Nous allons donc extraire ce qui nous paraîtra devoir éclairer la pratique, en ayant soin de retrancher les développemens longs et parfois difficiles à comprendre, qui rendent son traité si volumineux.

De la construction des bâtis des pilastres et des colonnes, et de la manière de les garnir en treillage.

PILASTRES.

100 « Les fig. 104 et 105 représentent le dessin d'un des pilastres du portique, fig. 67, lequel pilastre est de face et de côté, c'est-à-dire sur son épaisseur et monté sur son socle, le tout dessiné sur une plus grande échelle, pour en mieux distinguer toutes les parties, tant celles de bâtis, que celles des remplissages dont je parlerai ci-après.

» Le chapiteau A, le fût B, la base C du pilastre, fig. 104 et 105, quoique trois parties séparées et distinctes les unes des autres, ne font plus qu'un, du moins quant à leur exécution; le même bâtis qui enferme le fût portant à la fois la base et le chapiteau qu'on y arrête, comme je le dirai ci-après.

Le bâtis est composé de deux battans ou montans D et E, fig. 106, et de deux traverses, G et H, fig. 106 et 110. Les battans se placent sur le champ, de manière que leur épaisseur devient leur largeur vue de face, et cette largeur est déterminée par la distribution des cannelures, auxquelles ces battans servent de listeaux *(listels)*, ainsi que les montans qui sont placés dans la largeur des pilastres. Quant à la largeur des battans, elle est déterminée par la saillie que doit avoir le pilastre; supposé que cette saillie soit pleine, comme aux fig. 107 et 111; car, quand elle est percée à jour, comme dans la fig. 104, il faut que le battant de l'angle du pilastre soit carré, afin qu'il présente sur le côté une largeur égale à celle de la face. Quand on évide ainsi le côté, ou pour mieux dire la saillie des pilastres, il faut que leur diamètre soit un peu considérable, afin que le battant de l'angle ait une force suffisante; sans quoi il vaut mieux le laisser plein et lui donner de largeur, comme je viens de le dire, la saillie du pilastre, plus ce qui est nécessaire pour recevoir les autres parties du treillage qui avoisinent ce dernier, comme on peut le remarquer aux plans de ceux A B C et D, fig. 106.

» Les montans I I, fig. 106 et 110, doivent être d'un tiers environ plus étroits que les battans des angles, et leur largeur doit être le quart ou tout au plus le tiers de celle des cannelures, dont, par conséquent, il faut faire les divisions pour déterminer la largeur tant des battans que des montans. Quant à leur épaisseur, elle doit être moindre que leur largeur, afin que leur saillie sur les treillages soit moins considérable, comme on peut le voir à la fig. 106, cote M qui représente le chapiteau vu en-dessus, où l'épaisseur des montans vient au nu de la feuillure du battant d'angle sur lequel on attache l'extrémité des lattes ou autres parties de treillage, lesquelles passent derrière les montans, où elles sont pareillement attachées, comme je l'expliquerai ci-après.

» Les traverses G et H, fig. 106, 108, 110 et 112, sont placées au haut et au bas des pilastres, au nu du point de centre des cannelures, et il faut qu'elles soient d'une largeur suffisante pour contenir la largeur des cannelures, c'est-à-dire leur demi-diamètre, plus le champ qui doit être entre leur extrémité et le dessus de l'astragale, ou le dessus de la base : d'après cette largeur apparente, il faut encore qu'elles aient (pour celle du haut) la largeur de l'astragale et le champ du dessus qui, pour bien faire, doit être égal à la largeur des battans de rive, et pour celle du bas à la largeur du premier membre de la base. L'épaisseur de ces traverses doit être un peu forte, pour donner plus de solidité à l'ouvrage, et on les ravale par derrière à l'épaisseur des montans qui y sont assemblés ou entaillés, et avec lesquels il faut qu'elles affleurent, comme on peut le voir à la fig. 109 qui représente le pilastre vu par derrière.

» Pour ne point trop affaiblir ces traverses, on donne à ce ravalement le moins de largeur qu'il est possible, c'est-à-dire environ un pouce (27 millimètres) d'après le fond des cannelures; ce qui est suffisant pour arrêter les lattes de frisage. Les entailles qu'on fait dans les traverses pour recevoir les queues des montans doivent avoir de profondeur environ la moitié de l'épaisseur de ces derniers, et de largeur la moitié de ces mêmes montans, afin qu'il reste de chaque côté assez d'épaisseur pour ne pas craindre de faire sauter les deux côtés de ces entailles lorsqu'on vient à chantourner les traverses, ce qu'il ne faut faire qu'après y avoir assemblé les montans, tant pour avoir au juste le nu de ces derniers, que pour qu'en les présentant à leur place ils ne fassent pas sauter les épaulemens, ce qui pourrait arriver, si on chantournait ces traverses avant de les assembler.

» Il est bon aussi de faire ces entailles à queue, afin que les montans y tiennent plus solidement; ce qui vaut beaucoup mieux que de les arrêter seulement avec des pointes, comme on le fait le plus souvent.

» Il faut aussi assembler les traverses dans les battans d'angle, avant que de les chantourner, et y ralonger, d'après l'arrasement, la barbe *a*, fig. 106, d'un bon demi-pouce au moins (14 à 15 millimètres), pour qu'il reste du bois plein. D'après le chantournement de la cannelure, et quand il y a des moulures sur l'arête de cette dernière, comme il arrive presque toujours, il faut que cette barbe soit prolongée autant qu'il est nécessaire, pour qu'il reste au moins trois à quatre lignes (7 à 9 millimètres) de bois d'après la largeur de la moulure.

» J'ai dit plus haut qu'il fallait que le dedans des traverses passât au nu du centre des cannelures; ce qui, dans la théorie, est exactement vrai ; cependant il serait bon de les faire redescendre en dedans du pilastre d'une à deux lignes (deux à cinq millimètres), pour avoir la facilité de placer la pointe du compas à découper avec lequel on trace et on découpe la largeur des moulures, et même le contour inférieur de la cannelure, beaucoup plus parfaitement et promptement qu'on ne le pourrait faire autrement, c'est-à-dire par le moyen des ciseaux et autres outils ; ce qui n'empêche pas toutefois d'évider l'intérieur de la cannelure avec la scie à tourner à laquelle le coup de compas à découper sert de guide.

» Quand les gorgerins des chapiteaux ne sont pas si hauts que dans la figure de notre dessin, on ne fait pas paraître de champ au-dessus de l'astragale, afin de ne pas diminuer la largeur du gorgerin; dans ce dernier cas on fait passer l'astragale en chapeau au-dessus de la traverse, comme l'indiquent les lignes *b c*, fig. 108, côté G, ce qui n'empêche pas qu'elle ne soit entaillée sur la face de cette dernière, comme on peut le voir dans cette figure.

» Le tailloir du chapiteau, fig. 106, est composé d'une planche N L, fig. 106, laquelle doit être d'une épaisseur égale au premier membre du tailloir; cette planche doit être emboîtée des deux bouts et à bois de fil (ou d'onglet ce qui est la même chose) sur la face apparente ; ce qui est nécessaire pour donner plus de propreté à l'ouvrage. En-dessous de cette planche et au nu de la moulure, est assemblée en retour d'équerre la face ou gouttière du tailloir qui entre dans ce dernier à rainure et languette, et y est arrêtée avec des vis qui passent au travers de son épaisseur.

» Ces faces sont elles-mêmes assemblées à bois de fil sur l'angle, et quand le chapiteau est d'une certaine grandeur, on les évide, c'est-à-dire qu'on les dispose pour recevoir les remplissages de treillage. Dans ce dernier cas, on fait à ces faces un bâtis reployé en retour d'équerre, qu'on assemble et arrête dans la partie supérieure du tailloir, comme je viens de l'enseigner ci-dessus : quand les faces du tailloir sont ainsi évidées, et cela à cause de leur grande largeur, la moulure de dessus peut être rapportée au pourtour de la planche, qui forme le dessus du tailloir, afin de n'être pas obligé de mettre du bois d'une trop forte épaisseur, en observant que la partie qui porte la moulure soit bien solidement assemblée, tant dans les angles, qu'avec la planche qui doit faire recouvrement sur les joints, afin de les préserver de la pourriture. Les montans entrent à tenons dans la planche du tailloir, et, quand il est possible on leur laisse assez de largeur pour qu'ils passent au dessus, afin d'arrêter la planche et par conséquent le tailloir, par le moyen de deux clés qui passent au travers de l'épaisseur des montans, ainsi que je l'ai fait au-dessous de la base de la plinthe, figure 110. Cette manière d'arrêter le tailloir avec le bâtis du pilastre, est assez bonne; mais elle n'est pas toujours praticable : de plus, en perçant ainsi le dessous du tailloir, on l'expose à la pourriture, c'est pourquoi je crois qu'il vaut mieux ne faire la mortaise de la planche du tailloir que jusqu'à la moitié de son épaisseur et l'arrêter avec des vis dans le bout des battans du bâtis.

» L'ove ou échine du chapiteau est faite de remplissage, il n'y a que sa partie inférieure O, fig. 106, c'est-à-dire, la baguette et le filet, qui soit pleine, et on lui donne assez d'épaisseur pour qu'elle entre en dedans du nu du pilastre de trois à quatre lignes au moins (7 à 9 millimètres), tant pour qu'elle y soit arrêtée d'une manière plus fixe, que pour faciliter la naissance de l'adouci ou congé, qui donne naissance au filet de dessous la baguette. Cette observation doit être générale pour toutes les parties qui s'adoucissent sur le nu de l'ouvrage, lesquelles doivent, ainsi que celles dont je parle, être entaillées, pour qu'il reste du bois plein au bas de l'adouci, afin que l'arête de ce dernier ne l'écorche pas, ce qui ne manquerait pas d'arriver si on ne prenait cette précaution, surtout aux ouvrages de treillage, dont aucunes parties ne doivent, ni même ne peuvent être collées.

» Quand la partie O, fig. 106, a été ajustée dans les entailles des battans, on l'arrête avec ces derniers par le moyen de vis à têtes fraisées, dont on fait entrer la tête dans le nu du bois ; ce qui vaut mieux que d'y mettre des pointes qui à la longue lâchent, et par conséquent laissent ouvrir les joints : il est bon aussi de mettre des vis, ou à leur défaut des pointes, dans les joints d'onglet qui, comme ceux-ci, se trouvent trop petits pour qu'on y puisse faire des assemblages.

» L'astragale P se construit de même manière que la baguette et le filet O, dont je viens de parler ; il en est de même du premier membre Q de la base, fig. 110 ; c'est pourquoi je n'en parlerai pas davantage.

» Le tore de la base est fait de remplissages qui viennent s'appuyer sur la plinthe R, fig. 113, qui n'est autre chose qu'une planche emboîtée à bois de fil, et dans laquelle sont assemblées à rainure et à languette les faces de cette même plinthe, qui dans le cas d'un ordre d'un petit diamètre sont pleines ainsi que les faces du tailloir dont j'ai parlé ci-dessus.

» Quand la plinthe de la base est d'une hauteur assez considérable pour être ornée de remplissages, comme ceux fig. 104 et 105, ou tous autres quelconques, on la fait à bâtis évidés qu'on assemble toujours avec la planche de dessus qui en forme le champ supérieur ; et pour qu'elle tienne solidement avec cette dernière il est bon d'y mettre, derrière les montans des angles, des équerres de fer qui les lient avec la planche du dessus.

» Que la face de la plinthe soit pleine ou évidée, il faut toujours qu'elle descende en contrebas de dessus du socle d'un à deux pouces (27 à 54 millimètres) pour qu'on puisse attacher ces derniers dessus.

» Quand le diamètre des ordres est trop petit pour qu'on puisse évider aucun des membres, soit du chapiteau ou de la base, on les fait en bois plein comme à la fig. 110, cote S, et celle 113, cote T qui représente la base de l'ouvrage, comme on peut le voir dans ces figures et dans celles 107 et 111, qui représentent le pilastre vu de côté.

» Les fig. 108 et 112 représentent la coupe du pilastre prise dans le milieu d'une cannelure : ce que j'ai fait pour qu'on aperçoive mieux le détail de toutes les parties qui le composent, et surtout la forme intérieure du battant d'angle dont la feuillure est terminée par le haut, fig. 108, au nu du ravalement de la traverse, afin de conserver au battant toute sa force dans sa partie supérieure, dût-on être obligé d'y faire une rainure, comme celle $d\,c$, pour recevoir les frisages qui remplissent la largeur du gorgerin; ce qui vaut mieux que de faire la feuillure dans toute la longueur du battant, comme à la fig. 112; parce que, comme je viens de le dire, cela en diminue la force et fait un vide dans la mortaise dans laquelle ce dernier entre tout en vie sur son épaisseur, n'y ayant d'épaulement que sur la largeur, comme on peut le voir dans cette figure, où l'on voit le bout du battant U, qui passe en dessous de la base et la mortaise de ce même battant, dans laquelle se place la clé qui l'arrête avec la planche ou plateau qui forme le dessus de cette dernière; c'est-à-dire, de la plinthe. »

Dans la règle générale, on doit toujours distribuer les cannelures sur les pilastres et les colonnes, de manière à ce qu'il se trouve une cannelure au milieu; mais dans l'exécution en treillage, cette règle n'est pas toujours appliquée, et souvent même le constructeur est forcé de l'enfreindre, en mettant au contraire un listel au milieu, et cela pour masquer et appuyer les joints du treillage qui, sans cela, se rencontraient au milieu d'une cannelure, et par conséquent sans appui et apparens à l'œil.

Colonnes.

» Les colonnes, ou pour mieux dire, les bâtis des colonnes de treillage (c'est toujours Roubo qui parle) se construisent à peu près par les mêmes principes que les pilastres dont je viens de parler, cependant leur forme circulaire exige beaucoup plus de soin pour les construire avec solidité, comme on va le voir ci-après :

» Les figures 114 à 127 représentent les parties supérieure et inférieure d'une colonne de treillage, ou du moins ses bâtis.

» Toutes les parties des colonnes de treillage se démontent et se construisent indépendamment les unes des autres : le chapiteau fig. 115 et 119 est composé de deux parties, fig. 116, 117, dont une contient le tailloir et l'autre le gorgerin. La colonne se divise en deux parties sur sa largeur, comme l'indiquent les figures a b et c d, fig. 119 et 126, qui représentent le chapiteau vu en dessous, et sa base vue en dessus. La base, figure 123 et figures 121, 124, fait une autre partie séparée qui est quelquefois divisée en deux ou trois parties, selon la forme de son profil.

» Le dessus du tailloir, fig. 114 et 118, est plein, c'est-à-dire, composé d'un bâtis qui porte la moulure de ce dernier, assemblé à bois de fil et rempli par un panneau qu'il est bon de faire recouvrir dessus, comme je le dirai ci-après. Les faces du larmier sont assemblées dans ce bâtis à l'ordinaire, et sont remplies au-dessous par des goussets A B, fig. 118, soit pleins ou évidés, qui, bouchent le vide que forme l'angle du tailloir, d'après le nu de l'ove ou échine qui est rempli par des ornemens de treillage quelconques; la baguette de dessous l'ove forme un rond ou cercle séparé, qu'on joint avec le tailloir par le moyen de huit petits montans CC fig. 118, qui y sont assemblés à tenons et mortaises, et posés vis-à-vis les huit principaux points du cercle, afin que les ornemens que l'on place à ces points puissent cacher les montans, du moins en partie. Le filet de dessous la baguette et son congé, forment un autre cercle qui entre à feuillure dans le premier, et sert à terminer le haut du gorgerin, dont la partie inférieure et l'astragale forment le dessous, c'est-à-dire, la partie inférieure : ces deux cercles sont liés ensemble par huit montans correspondant à ceux du tailloir, et qui affleurent en dedans le nu de l'ouvrage : ces montans doivent être peu épais, parce qu'il faut qu'ils affleurent les ravalemens qu'on fait à l'intérieur des cercles pour y placer les ornemens de treillage, à moins que ces derniers ne se placent en parement de l'ouvrage, comme il arrive quelquefois, alors on recule les montans de l'épaisseur de ces treillages.

» Quand les compartimens ou autres ornemens qu'on met sur les gorgerins de l'espèce de celui fig. 115, sont d'une nature à ne pouvoir point cacher les montans qui servent à lier ensemble les cercles du haut et du bas, il faut supprimer les montans de bois, et mettre à la place des montans de fer, afin qu'étant plus minces, ils fassent moins de masse et ne s'aperçoivent pas de loin. On pourrait même courber ces montans de fer en dedans pour qu'ils soient moins apparens, ce qui, au reste, n'est pas fort nécessaire, vu qu'on peut les faire d'un très petit diamètre.

» Le fût de la colonne, fig. 114, 120, 121, 122, se divise en deux parties sur sa largeur, et chaque partie est composée de deux demi-cercles, de neuf montans et deux demi-montans qui y sont assemblés, ainsi que dans les pilastres dont j'ai parlé ci-dessus. L'intérieur de chaque demi-cercle est rempli par un plateau qui y est assemblé à rainure et languette, et arrêté avec des vis, ne pouvant pas y mettre de colle; les plateaux, tant du haut que du bas, entrent les uns dans les autres à rainure et languette, du moins chaque demi-cercle l'un avec l'autre; et il faut avoir avoir grand soin que leur joint se trouve précisément au milieu du joint des demi-montans, ou pour mieux dire, au nu de ces derniers, comme on peut le remarquer à la figure 126.

» Il est bon de faire un ou deux trous à chaque plateau, et de les creuser à leur surface intérieure, afin que l'eau qui tombe dessus ne s'insinue pas dans les joints; mais qu'elle se précipite promptement au travers des trous.

» Quand les colonnes sont d'un grand diamètre, et qu'on n'y met pas des plateaux pleins comme ceux-ci, mais au contraire, des plateaux d'assemblage évidés au milieu, ce qui est beaucoup plus solide, et en même tems rend l'ouvrage moins lourd. De quelque manière que soient disposés les plateaux, il faut toujours qu'il se trouve du bois plein au milieu pour y faire un trou ou ouverture carrée, dans laquelle passe l'arbre ou axe de colonne; qu'il faut toujours faire en fer, parce que non seulement ils sont plus solides que ceux de bois; mais encore parce qu'étant moins gros, ils peuvent plus facilement être cachés par les montans des colonnes et les compartimens dont elles sont ornées.

» La courbe du haut du fût des colonnes (les deux étant comptées pour une seule), fig. 114 et 120 est ravalée à l'extérieur pour recevoir celle qui porte l'astragale, laquelle, en emboîtant ce dernier, empêche l'écartement des joints qui d'ailleurs, sont retenus par des clés placées dans les plateaux et par des clavettes de fer qui passent au milieu des demi-montans, comme je l'expliquerai ci-après.

» La courbe du bas, fig. 121 et 122, porte l'adouci et le filet de la base, et elle est ravalée en dessous pour entrer dans le cercle qui en forme la baguette. L'intérieur des deux courbes est également ravalé à l'épaisseur des montans auxquels ces ravalemens doivent affleurer intérieurement, ainsi que je l'ai dit ci-dessus, en parlant des pilastres.

» Le fût des colonnes de treillage est divisé en deux parties sur son diamètre pour avoir la facilité de les garnir de treillage au dedans, et pour les imprimer (les peindre) ce qu'on ne pourrait absolument pas faire s'ils étaient d'une seule pièce, vu leur grande longueur; de plus, étant ainsi divisées, elles sont plus aisées à manier et à revêtir, ce qui est encore un avantage.

» La base, fig. 122, 124 et 227, est composée d'un cercle formant la baguette, et d'un bâtis carré qui forme le dessus de la plinthe. Ce bâtis, fig. 127, côté E, est assemblé à bois de fil, et dans son milieu qui est vide, il y a une traverse ou entretoise, ou, ce qui est mieux, une croix qui en entretient l'écart, et au centre de laquelle passe l'axe ou arbre de fer. Le cercle qui porte la baguette et le dessus de la plinthe, sont joints ensemble par de petits montans, disposés comme un chapiteau, ainsi qu'on peut le voir aux fig. 122, 123, 124 et 127; quant aux faces de la plinthe, c'est la même chose qu'à celle des pilastres dont j'ai parlé ci-dessus.

» Soit que ces mêmes faces soient pleines ou qu'elles soient évidées, comme cela arrive quand les colonnes sont d'un gros diamètre, les socles des colonnes sont disposés de la même manière que ceux des pilastres, tant à leur partie supérieure qu'à leur partie inférieure, qu'il faut toujours, autant qu'il est possible, faire porter sur des parpains de pierre, comme celui fig. 125, et pour qu'ils y soient arrêtés d'une manière solide, il est bon de faire à ces derniers une feuillure contre laquelle le bois du socle vienne s'appuyer. Pour que l'humidité n'attaque le bois que le moins qu'il est possible, il faut faire déverser le dessus du parpain, tant à l'extérieur qu'à l'intérieur; et dans le cas d'une colonne, comme à la fig. 125, il faut creuser toute la surface du parpain, et y percer un égoût sur une de ces faces par où l'eau puisse s'écouler, afin de ne point pourrir le bois, ni rouiller l'arbre de fer qui est scellé au milieu, ce qui arriverait, si on ne prenait pas cette précaution, qui est absolument nécessaire.

» Tous les chapiteaux des colonnes doriques n'ont pas le gorgerin aussi haut que celui du chapiteau représenté fig. 114; c'est pourquoi quand le gorgerin est réduit à sa hauteur ordinaire, et dans ce cas, il emporte avec lui la baguette de l'astragale, comme on peut le voir dans la fig. 128, qui représente la coupe de la partie supérieure d'une colonne dorique plus grande que les détails donnés, fig. 114, 127, afin qu'on puisse mieux juger de la forme des différentes parties qui composent cette colonne, dont la coupe de la partie inférieure est représentée, fig. 141.

» Cette dernière coupe diffère de celle représentée fig. 122, en ce que c'est la courbe qui porte le filet de la base qui entre à recouvrement sur celle qui porte la baguette, ce qui exige moins d'épaisseur de bois à la première courbe, qu'on fait intérieurement affleurer avec la seconde, comme on peut le voir dans cette figure. Cette seconde manière d'assembler le fût de la colonne avec la base, est moins solide que la première, parce que l'écart des deux parties du fût n'est plus retenu par le premier cercle de la base comme dans cette dernière : c'est pourquoi on fera toujours très bien de suivre cette méthode, à moins que pour quelque raison, on ne fût obligé de retirer le fût de la colonne sans déranger la base, ni le chapiteau: alors, il faudrait nécessairement faire usage de la seconde, représentée fig. 141, et faire la même chose à la partie supérieure du fût, représenté fig. 128, comme l'indique la ligne $a\,b$, et prendre des moyens sûrs pour arrêter solidement les deux extrémités du fût de la colonne, afin d'en empêcher l'écart.

» Les coupes, fig. 128 et 141, sont prises à l'endroit des montans qui supportent tout l'ensemble du fût, et que j'ai supposé être verticalement sur une même ligne, et cela, afin qu'on puisse voir d'un seul coup d'œil la manière dont ils sont assemblés, et leur correspondance à l'aplomb les uns des autres; ce qui est absolument nécessaire pour donner à l'ouvrage toute la solidité possible, et empêcher qu'il ne se déverse, ni ne s'affaisse en aucune manière, ce qui arriverait certainement, si tous les montans n'étaient pas posés à l'aplomb les uns des autres, pris sur leur épaisseur, c'est-à-dire, en coupe, comme on peut le voir dans les fig. 128 et 141, qui sont disposées selon les principes que j'ai établis ci-devant, tant par rapport à la solidité de la construction, que par rapport aux soins qu'il est nécessaire de prendre pour faciliter l'écoulement des eaux pluviales. Tous les angles des coupes ayant été couverts et adoucis selon que cela a été possible, les surfaces horizontales inclinées, soit en dedans ou en dehors, et le dessus du plateau, fig. 141, creusé à sa surface, comme l'indique la ligne $c\,d\,e$, ainsi que je l'ai recommandé plus haut.

» Il est bon d'observer que tous les assemblages supérieurs des montans ne doivent pas passer au travers des pièces, afin que l'eau ne s'y introduise pas, et qu'au contraire, on peut faire percer les assemblages inférieurs quand les pièces ne sont pas d'une forte épaisseur, tant pour rendre l'ouvrage plus solide, que pour faciliter l'écoulement de l'eau qui pourrait s'introduire dans ces mêmes assemblages qui, n'étant pas percés, la conserveraient, ce qui occasionerait la pourriture des tenons et même des pièces dans lesquelles ils sont assemblés.

» J'ai aussi fait paraître dans cette coupe toutes les vis qui sont nécessaires pour arrêter solidement les joints, et la manière d'arrêter ces remplissages, soit d'ornemens ou de frisages simples, sur la pratique desquels je ne m'étendrai pas davantage.

» La fig. 133 représente le montant du gorgerin vu de face, et les fig. 136 et 139, les deux extrémités d'un des montans du fût de la colonne aussi vu de face, avec leurs tenons ou queues, disposés pour entrer dans leurs entailles $f\,g$ et h, fig. 144, qui représentent une partie de traverse de pilastre, vue intérieurement, à laquelle l'intérieur des courbes ou cercles des colonnes est parfaitement semblable, du moins quant à la disposition.

» La figure 142 représente une partie de l'arbre où

axe de fer qui passe au milieu des colonnes de treillage, auquel est réservée une embase C, qui sert à supporter la partie inférieure de la base, au travers de laquelle l'arbre passe. Au-dessus de cette embase, et précisément au-dessous du premier plateau de la colonne, est percée une mortaise dans laquelle on fait passer une clé de fer qui sert à soutenir ce dernier et à contre-balancer, autant qu'il est possible, le poids du fût de la colonne, pour empêcher qu'elle n'appuie trop sur sa base et ne la fasse fléchir ; ce qui pourrait arriver à des colonnes d'un gros diamètre. Il faut faire la même chose au-dessus du fût et du chapiteau, c'est-à-dire, y mettre des clés de fer, pour empêcher que ces derniers ne remontent, et ne fassent une espèce de mouvement. Autant que possible, on fait passer l'arbre de fer au travers de l'entablement et de son socle, et même des vases qui couvrent ce dernier (supposé qu'il y en ait), afin de lier ensemble toutes les parties de l'ouvrage, et les dresser autant bien qu'il est possible de le faire.

» Toutes ces précautions deviennent coûteuses à la vérité, et rendent l'exécution des ouvrages de treillage très compliquée, mais aussi en assurent-elles la perfection et la durée, c'est pourquoi on n'en doit négliger aucune, ainsi que de celles dont je parlerai dans la suite : l'expérience confirmant tous les jours ce principe, que rien n'est plus cher que l'ouvrage mal fait.

» Tout ce que je viens de dire, touchant les bases des colonnes de treillage, a plus de rapport à leurs formes qu'à la construction proprement dite de ces mêmes parties, surtout par rapport aux courbes, dont la construction demande beaucoup de soin pour les faire aussi solides qu'elles peuvent l'être. La plupart des treillageurs, ou pour mieux dire, des menuisiers qui construisent ces courbes, se contentent d'y faire des joints en flûte, ou, en termes de treillageur, des habillures qu'ils collent pour avoir la facilité de les travailler ; après quoi, ils y lardent des pointes de différens sens pour retenir les joints qui se décolleraient bien promptement à l'humidité, ce qui ne peut jamais faire de l'ouvrage bien solide ; c'est pourquoi il vaut mieux, autant que cela est possible, les joindre à trait-de-Jupiter, placés sur le plat, comme aux fig. 129 et 130, ou sur le champ, comme à celles 137 et 138, selon la forme et la destination de ces courbes. Par exemple, à la fig. 129 et 131, qui est une portion de celle A, fig. 128, j'ai disposé le trait-de-Jupiter sur le plat, parce que c'est la manière la plus solide, et que le joint peut passer dans une partie pleine et large de cette courbe, comme de *m* à *n*. A la fig. 184 et 137, qui est une portion de la courbe B, fig. 128, je n'ai pas pu faire autrement que de mettre le trait-de-Jupiter sur le champ, comme de *o* à *p*, fig. 128, parce que c'est le sens le plus large de la courbe, laquelle est beaucoup élégie en parement, ce qui m'a obligé de rapporter l'assemblage sur le derrière, afin qu'il reste de la joue après l'élégissement.

» Les autres courbes se construisent de la même manière, c'est-à-dire, qu'on y place l'assemblage, en trait-de-Jupiter de l'un ou de l'autre sens, selon que cela est plus convenable ; cependant, autant que cela se pourra, on fera très bien de les placer sur le plat, comme aux figures 129 et 131, ce qui est la manière la plus solide, vu qu'il ne s'y trouve jamais de bois tranché, ce qui est inévitable de l'autre manière, dont on est cependant obligé de se servir quelquefois, ainsi que je l'ai dit plus haut.

» Les courbes des colonnes sont composées d'un plus ou moins grand nombre de pièces, selon que l'exige le plus ou moins grand diamètre de ces colonnes : il faut, autant qu'il est possible éviter qu'il y ait trop de bois tranché, surtout à celles dont les joints sont faits sur champ, et qu'en général, ces joints ne se rencontrent pas à l'endroit des assemblages quelconques ; ce qu'il faut absolument éviter.

» Les menuisiers finissent eux-mêmes toutes les cerces ou courbes des colonnes, qui forment les divers membres ; soit des bases, soit des chapiteaux, ou même des extrémités du fût de ces dernières : cependant, je crois que pour donner plus de perfection à l'ouvrage, ils feraient très bien de les ébaucher seulement, puis de les faire finir par les tourneurs, ou de les tourner eux-mêmes (ce qui serait égal, pourvu que l'ouvrage fût bien fait): cela accélérerait la façon de l'ouvrage et le rendrait plus parfaitement rond : ce qui serait très essentiel surtout pour les parties qui s'emboîtent les unes dans les autres; en se servant ainsi du tour, on ferait les courbes qui terminent le fût de la colonne d'une seule pièce, c'est-à-dire, un cercle parfait, et quand elles seraient terminées, on les diviserait en deux parties égales par un trait de scie fine qui y ferait un joint net et égal : ce qui vaudrait beaucoup mieux que de les faire de deux pièces, qui se raccordent rarement bien. En disposant ainsi les cercles des extrémités du fût, on pourrait, avant de les tourner, et même d'arrêter et de coller les traits-de-Jupiter, y placer les fonds ou plateaux qui entretiendraient ces courbes, et serviraient à les cintrer et à les placer sur le tour, et quand les pièces seraient tournées, on les tracerait pour y faire les assemblages nécessaires, ce qu'on ne pourrait faire auparavant, de peur qu'en les tournant elles ne se décentrassent : ce qu'il est assez difficile d'éviter, sans cependant être absolument impossible.

» Quant à la construction pratique de ces joints, ou assemblages à traits-de-Jupiter, l'inspection des figures 129, 130, 131, 132, 134, 135, 137, 138, doit suffire pour en donner une idée, au moins théorique, à ceux qui n'ont pas une grande connaissance de la menuiserie.

» La construction des montans des colonnes demande aussi quelques soins, quand on veut les faire diminuer de grosseur proportionnellement à la diminution de la colonne et à la courbure de cette même colonne : ce qui se fait de la manière suivante.

» Le plan et l'élévation de la colonne étant tracés, comme les figures 149 et 154 (qu'on doit supposer faites sur une même échelle) et les divisions de diminution tracées sur l'élévation, fig. 149. On prend sur la courbe de la colonne toutes les distances de ces divisions qu'on ajoute les unes aux autres pour avoir la véritable hauteur du montant, c'est-à-dire, qu'on fait la distance ab, égale à celle a, 1; celle b, 2, égale à celle 1, c; celle 2, d, égale à celle c, 3; celle d, 4 à celle 3, e; celle 4, f, égale à celle e, 5; celle f, 6, égale à celle 5, g; celle 6, h, égale à celle g, 7; celle h, 8 égale à celle 7, i, et celle 8, l égale à celle i, 9; de sorte que la distance ma, plus celle al devient celle du montant, prise du fond des cannelures, moins ce qu'il faut pour que chaque distance étant prise sur la partie courbe de la colonne, elles égalent toutes ensemble la longueur de cette même courbe : ce qui se réduit à fort peu de chose, quoique cette différence soit vraiment existante, la corde d'un arc étant toujours plus courte que ce même arc.

» Il y a une manière pratique d'avoir au juste la longueur des montans des colonnes, qui est beaucoup plus prompte que cette dernière : il ne s'agit que de planter des pointes de distance en distance le long de la courbure de la colonne, et de prendre une règle droite et d'égale épaisseur qu'on fait ployer contre ces dernières, et sur laquelle on trace les arrasemens des montans, qu'on a soin de marquer auparavant sur l'élévation de la colonne. Cette manière toute pratique d'avoir la longueur des montans est aisée, et en même tems très juste, parce que la règle, en ployant le long des pointes, et par conséquent de la courbure de la colonne, acquiert toute la longueur nécessaire, sans être obligé de rien augmenter comme de la première manière, dont je n'ai parlé que pour joindre la théorie à la pratique.

» Quand la longueur des montans est fixée, reste à déterminer leur largeur, ce qui se fait de la manière suivante. Le plan de la partie inférieure de la colonne étant tracé comme à la fig. 154, coté A B C, on y marque toutes les divisions des cannelures, et la largeur des montans qu'on mène au centre du plan, sur lequel on trace la partie supérieure du fût de la colonne D E F, qui, par ce moyen, se trouve divisé comme le plan inférieur A B C, ce qui donne sur ce premier la largeur des cannelures et celle des montans à leur extrémité supérieure; ce qui étant fait, on a la largeur intermédiaire par la même méthode, c'est-à-dire, qu'on prend un diamètre de la colonne, comme, par exemple, celui $n\,g$ sur la ligne $n\,o$, fig. 149, et qu'on le reporte sur le plan, fig. 154, où l'on a un troisième plan G H I, divisé comme le second D E F, ce qui donne des largeurs de cannelures, et par conséquent de montans correspondans à la hauteur de la ligne $n\,o$, fig. 149 : ce qu'on fait pour un plan intermédiaire, on le fait pour tous les autres, pris aux différentes hauteurs de la colonne; ce qui, je crois, n'a pas besoin d'une plus grande explication.

» Quand il y a des moulures sur les arêtes des montans, comme cela arrive toujours, on les trace sur le plan inférieur, et on les fait tendre au centre du plan: ce qui en détermine la largeur dans toute la longueur du montant dont les côtés ne sont pas droits d'un bout à l'autre; mais un peu bombés à peu près comme des douves de tonneaux. Quant à l'épaisseur des montans, on la détermine au juste, en faisant pour l'intérieur de la colonne la même opération que pour l'extérieur, c'est-à-dire, qu'après avoir tracé sur le plan inférieur l'épaisseur des montans, on diminue ce diamètre intérieur d'un sixième, ce qui donne le diamètre intérieur du fût supérieur de la colonne, et le reste à l'ordinaire.

» L'opération que je viens de décrire pour tracer la largeur et l'épaisseur des montans d'une colonne est un peu compliquée; cependant, on ne peut guère faire autrement, si on veut lui donner une forme gracieuse et relative au fût de la colonne. De plus, un de ces montans étant ainsi disposé, ou simplement une règle ou calibre de bois mince, on trace tous les autres dessus : ce qui ne devient pas plus long que si on les corroyait au hasard, comme font presque tous les treillageurs, qui se contentent de les faire diminuer d'un bout sans les faire bomber par les côtés, ou, s'ils le font, c'est sans aucune règle, et comme ils le disent, *à vue de nez*, d'où il arrive qu'il est très rare qu'ils le soient en proportion et très également. D'un autre côté, quand par habitude, ils parviendraient à les bien faire, ils seraient plus long-tems que s'ils se servaient d'un calibre, comme je le propose ici, qui, une fois fait, leur épargnerait beaucoup de fatigue et de tems, vu le grand nombre des montans semblables qu'ils ont ordinairement à faire, étant très rare qu'ils fassent pour une ou deux colonnes à la fois, et quand cela serait, ils y gagneraient encore du côté du tems et de la perfection.

» Ces montans doivent être hors d'équerre, en tendant au centre de la colonne, et comme la différence de l'angle qu'ils forment dans leurs différentes hauteurs, n'est presque pas sensible, il suffit de les borner à une seule équerre, prise au milieu de leur hauteur.

» Quand toutes les pièces qui composent le fût des colonnes sont préparées, comme je viens de le dire ci-dessus, on les assemble pour les garnir de treillages : ce qu'on fait, après avoir déterminé la forme et l'espèce de compartiment qu'on veut y employer, ce qui demande beaucoup d'intelligence et de soins, non pas pour les attacher ; mais pour les disposer dans l'intérieur du fût des colonnes, comme on le verra ci après.

» Avant de se déterminer pour une espèce de compartiment, et de borner les dimensions de ces derniers, il faut d'abord se rendre compte s'il y aura seulement des colonnes employées dans une décoration, ou seulement des pilastres, ou enfin des uns et des autres; dans ce dernier cas, il faut faire ensorte que les compartimens des colonnes et des pilastres s'accordent les uns avec les autres, ce qui peut se faire de plusieurs manières différentes, comme je l'ai exprimé dans les figures

150, 151, 152 et 153, où j'ai fait usage du même compartiment qu'aux pilastres du portique représenté, figure 67.

» Il est démontré que le périmètre au pourtour d'un pilastre, fig. 158, supposé carré par son plan, est à la circonférence d'une colonne, fig. 155, de même diamètre, comme 14 est à 11, ou du moins, à peu de chose près, de manière que la face d'un pilastre est plus large que le quart de la circonférence d'une colonne, d'environ trois onzièmes de ce même quart de circonférence, ou ce qui est la même chose, ce dernier n'a de largeur que les onze quatorzièmes du pilastre : ce qui fait environ un cinquième de différence de largeur. D'où il résulte que les compartimens qui deviennent d'une forme carrée sur les pilastres, comme à celui représenté fig. 150, deviennent oblongs sur le quart de la circonférence de la colonne, ou que s'ils sont carrés sur ce dernier, ils deviennent nécessairement barlongs sur le pilastre. La différence du périmètre du pilastre à la circonférence de la colonne développée est même plus considérable que je ne viens de le dire, parce que le développement de la colonne représentée fig. 151, 152, est pris intérieurement, c'est-à-dire en dedans des montans, ce qui diminue le diamètre, et par conséquent la circonférence développée, sans cependant augmenter la différence des compartimens, parce que celui des pilastres n'est pris qu'entre les battans des angles, ce qui revient à peu près à la même chose que si la circonférence de la colonne était prise extérieurement, comme on peut le voir aux fig. 152 et 153 ; mais il était nécessaire de faire cette observation pour qu'on prît garde, en faisant le développement de la colonne, de prendre ce développement intérieurement. Comme je l'ai observé aux fig. 151 et 152, qui représentent celui du plan, fig. 155.

» Quand les compartimens dont on orne les pilastres de treillage sont disposés de manière qu'ils occupent toute la longueur de ces derniers, comme aux fig. 150 et

153, et qu'on veut que ces mêmes compartimens règnent aux colonnes sur les quatre faces, il faut nécessairement augmenter le nombre des compartimens du pilastre, c'est-à-dire qu'au lieu de sept carrés que présente celui du pilastre, fig. 150, il faut en mettre trois comme à la fig. 153, lesquels deviennent un peu barlongs, mais en même tems ils donnent sur la colonne des carrés, ou pour mieux dire, des losanges d'une forme très agréable et dont la largeur est à peu près moyenne proportionnelle entre leur hauteur et la largeur de ceux des pilastres.

» Si au contraire on voulait faire régner le compartiment de la fig. 150, il faudrait de deux choses l'une, ou que les losanges de la colonne devinssent très alongés, ce qui ferait mal, ou qu'on ne fît que trois losanges sur la surface développée de la colonne, ainsi qu'à la fig. 151 (la moitié devant être prise pour le tout, ce qui ne ferait pas un fort bon effet), surtout si cette dernière était un peu isolée, de plus en ne mettant ainsi que trois rangs de losanges sur le pourtour de la colonne, il faut nécessairement que le nombre des montans soit divisible par trois comme 15, 18, 21 ou 24, car si on n'en met que seize ou vingt comme dans la fig. 151, il arrive que l'extrémité du compartiment du milieu de la colonne, ne peut pas rencontrer le milieu d'un montant ou d'une cannelure, ou si on le fait venir comme à la fig. 151, il faut que le losange du milieu soit plus large que les autres, comme je l'ai observé dans cette figure pour faire mieux sentir la difficulté qui se rencontre lorsqu'on veut disposer les compartimens des colonnes de cette dernière manière, laquelle est absolument vicieuse et que je ne propose ici que comme un exemple à éviter.

» Aux fig. 151 et 152, qui représentent le développement de la surface intérieure de la colonne, fig. 155, je n'ai tracé les compartimens que jusqu'à la ligne L M qui est le commencement de sa diminution, parce que, passé cette ligne, cette surface ne peut plus être censée pleine, c'est pourquoi je me suis contenté d'y indiquer les milieux et les extrémités de chaque compartiment, afin d'avoir sur chaque montant des points par où doivent passer les pièces de remplissage.

» Ce que je viens de dire par rapport aux compartimens des fig. 150 et 151, 152 et 153, doit s'appliquer à toutes sortes de compartimens de quelque forme qu'ils puissent être, qu'on ne doit jamais exécuter sans auparavant avoir fait attention s'ils feront également bien sur les pilastres et sur les colonnes, afin d'y faire les augmentations ou les changemens qui y seront nécessaires pour donner à l'ouvrage toute la perfection possible.

» Quand les compartimens, quels qu'ils soient, sont tracés sur l'intérieur des montans des colonnes (ce qu'on doit faire avant même que de les arrêter tout-à-fait sur leurs courbes), on travaille à les remplir, ce qui se fait de la manière suivante :

» On commence avant toute chose à faire des moules ou entailles D E, fig. 140 et 143, lesquels sont des planches d'environ deux pouces (54 millimètres) d'épaisseur sur une longueur et largeur suffisantes, c'est-à-dire relative au demi-diamètre de la colonne. Ces moules sont creusés en demi-cercle d'un diamètre égal au diamètre intérieur de la colonne, plus deux à trois lignes (5 à 7 millimètres), ce qui est nécessaire pour faire désaffleurer les montans, comme je l'expliquerai ci-après et comme on peut le voir dans la fig. 143.

» Avant de cintrer ce moule, on y trace bien exactement le diamètre extérieur de la colonne et la place que chaque montant doit occuper, après quoi on l'évide ainsi que les entailles dans lesquelles ces derniers doivent être placés, en observant que le dehors, ou pour mieux dire le côté de chaque entaille qui regarde les extrémités du moule soient coupés perpendiculairement à la base de ce dernier, et même un peu évasés en dehors, pour faciliter la sortie de la colonne, lorsqu'elle est toute garnie de treillage.

» Il faut plusieurs moules comme celui fig. 143, pour monter une colonne, savoir : au moins un, placé à l'endroit où commence la diminution de la colonne, et au moins deux autres dans le reste de la longueur, qu'il faut faire de différens diamètres selon les places qu'ils doivent occuper. Quand la colonne est d'une longueur un peu considérable, il faut mettre un second moule entre le tiers et la base de la colonne, et un ou deux de plus dans le reste de la hauteur, en observant que tous ces moules soient faits le plus exactement possible, que leurs demi-cercles soient bien perpendiculaires à leurs bases *s t*, et que, quels que soient leurs différens diamètres, ils aient tous la même hauteur, prise par dessus la ligne qui passe par leur centre, comme celle *q r*, fig. 143, jusqu'à leur base *s t*.

» Quand tous les moules sont ainsi disposés, on les place sur un établi ou tout autre chose dont la surface est bien droite et dégauchie, et tous à la place qui leur convient, c'est-à-dire, aux différentes hauteurs de la colonne auxquelles leurs diamètres sont correspondans ; après quoi on y place la demi-colonne, dont on attache les montans avec les moules par le moyen des liens de fil de fer qui passent dans des trous qu'on fait aux moules, à l'endroit de chaque entaille, comme on peut le voir aux fig. 140 et 143, ce qui étant fait, on regarde si les deux arêtes de la demi-colonne se dégauchissent bien et si elles sont parfaitement droites sur le plat ; on vérifie aussi si elles sont d'un juste écart et si leur courbure est régulière : ce qu'on peut voir en plaçant dessus un calibre cintré, comme doit l'être la surface de la colonne prise sur la perpendiculaire : il serait même bon que ce calibre fût un châssis de bois mince, d'une grandeur et d'une forme semblable à celle de la coupe de la colonne, pour qu'en le présentant sur la demi-colonne, on pût être plus sûr de sa perfection. Toutes ces précautions étant prises, on garnit la colonne de ses frisages, selon que l'exige la forme des compartimens dont on a fait choix : après quoi, on la retire de dedans les moules, pour en faire autant à l'autre moitié et ainsi des autres.

» Les pilastres se garnissent de la même manière que les colonnes, à l'exception qu'un seul ou deux moules, comme celui fig. 148, sont suffisans, et qu'il n'est pas nécessaire d'attacher les montans comme à ces dernières; et pour que les pilastres sortent plus aisément de dedans les entailles de ces moules, il faut les faire un peu évasés de l'entrée et justes du fond, en observant toujours que le dessus du bois qui reste entre les entailles soit un peu plus bas que l'épaisseur des montans, ainsi qu'à la fig. 143, afin qu'il ne nuise pas en attachant les frisages, et que ces derniers portent bien sur les montans où on les attache.

» J'ai dit plus haut que les montans qui terminent les demi-colonnes, n'avaient de largeur que la moitié des autres montans, et cela pour avoir la facilité de séparer les colonnes en deux parties, comme cela est nécessaire. Quand les colonnes sont posées, ces deux montans ne forment, ou au moins ne semblent plus faire qu'un, et on retient l'écart de leur joint, qui ordinairement est à plat (comme celui du montant N, fig. 157), avec des coutures ou liens de fil de fer, placés de distance en distance sur la longueur des montans; ce qui est peu solide et fait un assez mauvais effet, vu que ces liens paraissent toujours, surtout à l'endroit des moulures; c'est pourquoi je crois que quand la grosseur des demi-montans pourra le permettre, on fera très bien de les joindre à rainure et languette comme ceux des côtés P, fig. 157, et d'en retenir l'écart avec des boulons de fer $p\ q$ même figure, cote O, qui passent au travers des deux montans et les tiennent liés ensemble par le moyen d'une broche ou goupille en fer, qui passe au travers de la queue du boulon à son extrémité, comme on peut le voir dans cette figure et dans la fig. 156; pour que ces boulons ne soient point apparens, on entaille leur tête dans un des montans, et on ne leur donne de longueur que ce qui est nécessaire pour qu'ils affleurent l'autre montant, du moins à peu de chose près; la goupille qui les retient entrant dans une rainure pratiquée dans le côté du montant, laquelle n'a de hauteur que ce qu'il en faut pour contenir la goupille, et la refuite nécessaire pour la faire sortir, lorsqu'on le juge à propos, comme on peut le voir dans la figure 156.

» Cette manière d'arrêter et de joindre ensemble les deux parties des colonnes est propre et très solide; c'est pourquoi on doit la préférer à celle dont on fait ordinairement usage, encore qu'elle soit plus coûteuse.

» Les extrémités des colonnes n'ont pas grand besoin d'être arrêtées par aucune espèce de ferrure quand elles entrent dans la base et le chapiteau, qui en retiennent suffisamment l'écart, comme aux fig. 114, 115, 117, 120, 121, 122, 124; mais quand au contraire, c'est la base et le chapiteau qui entrent dans le fût de la colonne, comme aux fig. 128 et 141, il faut nécessairement arrêter les extrémités du fût: ce qu'on peut faire de différentes manières, soit en y mettant des crochets entaillés dans l'épaisseur du bois, ou, ce qui est encore mieux, en y rapportant des tenons en fer, dont un des bouts est arrêté à demeure dans l'une des courbes, et dont l'autre est percé pour recevoir une broche ou goupille de fer, par le moyen de laquelle on arrête les deux courbes ensemble, et qu'on retire pour les séparer quand on le juge à propos, ce qui oblige d'y faire une petite tête saillante qu'on puisse saisir, soit avec des tenailles ou autrement. »

Le treillage peut, jusqu'à un certain point, entretenir l'écart des montans et conserver la forme du fût de la colonne, mais quand les compartimens n'embrassent qu'un ou deux montans, ou que les lattes qui forment ces compartimens sont coupées à la rencontre de ces montans, il n'est guère possible d'empêcher qu'ils ne varient, et surtout qu'ils ne se redressent lorsqu'on a détaché ces colonnes de dedans les moules; c'est pourquoi il est bon d'assujettir ces montans sur des plateaux placés de distance en distance dans l'intérieur de la colonne. Si les compartimens présentent des parties horizontales, on peut faire les plateaux avec un cercle d'environ cinq centimètres de largeur, dont l'intérieur est rempli par une croix qui leur donne de la force. L'axe en fer de la colonne doit passer au milieu de cette croix dans l'embranchement; mais si, comme cela a lieu le plus communément, les compartimens ne présentent aucune partie horizontale, il faut que les plateaux ne présentent aucun plein, mais bien des rayons divergens dont chacun vient appuyer contre un montant, après lequel on le fixe au moyen d'une pointe.

Ainsi se font les pilastres et les colonnes; il ne nous reste plus qu'à dire deux mots des bases et des chapiteaux.

BASES.

112. Nous aurons peu chose à dire relativement aux bases. Nous avons déjà fait connaître quelle est celle de ces bases le plus généralement adoptée (Voy. 80); la base toscane composée simplement d'un tore et d'un listel est très facile à exécuter, et les fig. 104, 105, 110, 111, 112, 113, 122, 123, 124, 126, 127, 141, parlent assez aux yeux pour nous dispenser de tout détail verbal; soit qu'on veuille les faire pleines, soit qu'on préfère la claire-voie du treillage. Mais si l'on veut faire la base plus compliquée nommée *attique*, il faudra s'attendre à rencontrer plus de difficulté : et nous devons à cet égard entrer dans une explication indispensable. Cette base est présentée vue en coupe verticale par la fig. 158, tous les membres sont à jour. Les bâtis doivent être asemblés à trait-de-Jupiter et tournés, pour plus de perfection : ils sont soutenus par des montans qui les tiennent à la hauteur nécessaire, comme on peut le voir dans cette figure où

se trouvent en coupe trois cercles D E F qui composent les bâtis de cette base, ainsi qu'une partie du plateau de la plinthe G H, représentée en plan, fig. 159, et les cercles ci-dessus qui y sont cotés des mêmes lettres que dans la fig. 158. Les membres de moulures de cette base, du moins ceux qui sont garnis de treillages sont au nombre de trois ; savoir : les deux tores I et M et la scotie L; la garniture du petit tore s'attache d'un bout sur la cerce D, puis on la reploie pour l'attacher de l'autre sur le tasseau *e* qui est ployé circulairement (V. 83); la garniture de l'autre tore s'attache d'abord sur le plateau de la base, un peu plus loin que le centre de ce même tore, indiqué par la ponctuée *g h*, ensuite on relève la garniture pour l'attacher sur un tasseau *f*, construit de la même manière que celui *e*. La garniture de la scotie L, s'attache immédiatement sur les deux cerces E et F, et forme avec ces derniers, une espèce de bâtis à part. On commence par attacher la partie supérieure en *i* : puis, après avoir donné la courbe, on attache en *l*.

Ces trois parties peuvent être faites séparément et être ensuite liées ensemble au moyen de pointes ou de coutures, c'est même la marche ordinairement suivie ; mais rien n'empêche de garnir les trois membres en même tems. Quand les parties qui sont composées de plusieurs membres de moulures sont cintrées sur leur plan, ainsi que la base, fig. 158 et 159, on doit avoir soin de placer sur ce plan toutes les parties qui composent, tant les bâtis que les remplissages ou garnitures des moulures, dont les saillies sont indiquées par les lignes ponctuées *m n o* et *p q* H. Il faut aussi tracer sur ce plan les divisions des compartimens ou ornemens des moulures et les faire tendre aux divers centres du plan s'il y en a plusieurs. Il faut faire ces divisions tendantes au centre N, et les disposer de manière à ce qu'elles correspondent au milieu des cannelures ou des listels de ces dernières, selon la forme et la grandeur des ornemens de la base, afin que ces derniers soient correspondans les uns aux autres et aux cannelures qui ornent le fût de la colonne. Nous n'en dirons pas davantage sur cette partie, qui nous paraît maintenant établie assez clairement pour que l'exécution en soit facile.

CHAPITEAUX.

113. Si l'on ne veut faire que des chapiteaux doriques, on n'aura qu'à consulter les fig. 104, 105, 106, 107, 108, 114, 115, 116, 117, 118, 119, 128 ; elles sont assez détaillées pour que le treillageur, déjà assez fort pour entreprendre ces sortes d'ouvrages, ne puisse s'y tromper. Là, où nos explications ne sont pas absolument nécessaires, nous nous abstenons de les donner ; mais, si plus ambitieux, on veut établir des chapitaux ioniques ou corinthiens, ce que nous venons de dire ne saurait suffire, et il faudra bien que le constructeur ait recours à d'autres moyens. Nous ne parlerons pas de la partie purement architecturale de ces chapitaux ; nous nous occuperons de suite de la manière dont on les construit en treillage ; quant aux feuillages dont ils sont parfois ornés, nous ne les avons conservés dans nos figures que pour faire voir jusqu'à quel point on peut pousser l'imitation : mais nous ne conseillons nullement au treillageur d'employer cet ornement. Ces feuilles, faites avec des planches très minces courbées au feu, sont de vraies niches à poussière : exposées à l'alternative de la pluie et du soleil, du chaud et du froid, elles se gercent, se pourrissent promptement et donnent un air de vétusté, de délabrement à une construction dont les autres parties sont encore bien conservées ; nous ne parlerons donc pas des moyens de façonner ces feuilles, moyens nombreux, difficiles, nécessitant un grand nombre d'outils qu'il faudrait décrire, et d'opérations qu'il faudrait expliquer : et cela pour un objet de mauvais goût dont nous ne conseillons pas l'emploi. Nous croyons qu'il sera plus agréable au lecteur de nous voir consacrer au remplissage à claire-

voie, les pages que nous aurions employées pour les feuillages. Nous disons *remplissage* à claire-voie, car nous ne prétendons pas astreindre à l'imitation servile de nos modèles, l'imagination peut sans peine trouver quelque chose de mieux : c'est donc particulièrement sur les bâtis et non sur les remplissages que nous appelons l'attention.

114. Les fig. 160 et 161, représentent la coupe et la face d'un chapiteau ionique antique, dont le tailloir est fait en plein bois, ainsi que la baguette de dessous l'ove et son filet, et l'astragale du chapiteau, dont le boudin fait partie de ce dernier. L'ove ainsi que le gorgerin sont disposés pour recevoir des garnitures de treillage, ainsi que l'intérieur des révolutions de la volute, fig. 161. Cette volute est la partie du chapiteau la plus difficile à exécuter en treillage, à cause de la régularité qu'exige la circonvolution de son listel, qu'il n'est guère possible de bien faire avec du bois ployé; ce qui a quelquefois obligé les treillageurs de faire construire le listel en fer, l'exécution des volutes est devenue par là plus parfaite, et beaucoup plus solide, et aussi plus coûteuse; c'est ce qui fait que, plus ordinairement on fait la volute découpée dans une planche, et remplie intérieurement de divers ornemens, comme cela a lieu lorsque la volute est en fer. Il est cependant prudent d'attacher avec des pointes la volute après le treillage qui est derrière, à tous les endroits où elle le croise, car sans cela ces volutes faites à bois tranché, ne sont nullement solides.

On éprouvera beaucoup moins de difficultés lorsqu'il s'agira de faire les coussinets, qui se construisent très facilement en treillage, et pour que tout l'ensemble des coussinets et des volutes ne fasse qu'un, on peut prolonger les axes des volutes de l'un à l'autre, en passant en travers, et sur la longueur des coussinets, ou pour mieux dire, prolonger l'axe des coussinets autant qu'il est nécessaire pour qu'il entre par chacun de ses bouts dans les anneaux de bois qui servent d'œils aux volutes, qui, dans le cas d'un chapiteau antique, peuvent être arrêtés avec le tailloir, et se revêtir ensuite, ainsi que ce dernier, sur le tambour qui porte les oves et qui termine le fût supérieur de la colonne. Les volutes du chapiteau ionique moderne, représenté en face, fig. 162, et en coupe, fig. 163, se construisent de la même manière que ceux dont je viens de parler, à l'exception qu'il faut qu'elles soient creuses sur leurs faces verticales, en suivant à peu près le plan du tailloir, soit qu'elles soient arrasées sur leurs faces, ou saillantes en forme de limaçon.

On peut faire les volutes adhérentes au tailloir du chapiteau, ou bien au fût supérieur de la colonne; mais dans ces deux cas, elles seront toujours jointes deux à deux à chaque angle par des garnitures de treillage, qui en suivent extérieurement le contour; et pour que le centre des volutes ne puisse pas rentrer en dedans ni sortir en dehors, il est bon de mettre entre deux un faux axe arrêté avec les pièces qui forment l'œil.

Dans les deux chapiteaux, antique ou moderne, le tailloir se fait d'assemblage et porte sur des montans qui font partie du fût supérieur de la colonne, ou pour mieux dire du tambour qui termine ce fût, soit que ce tambour porte une partie de l'astragale, comme à la fig. 160, soit que ce dernier appartienne tout-à-fait au fût de la colonne, comme à la fig. 163.

Comme on ne met presque jamais d'astragale aux fûts des colonnes ioniques; le fût de la colonne monte jusqu'au dessous de la baguette de l'ove du chapiteau, et le filet du dessous de la baguette reste adhérent avec le fût supérieur de la colonne, comme il est observé à la fig. 163, en A.

115. Le chapiteau corinthien représenté par les fig. 164 et 165 est composé de trois parties principales : le tailloir, le vase ou tambour, et enfin les feuilles ou autres ornemens dont il est décoré.

La fig. 166, représente en F le tailloir vu en dessous, cette même figure le représente vu en dessus en G.

Il est composé de quatre pièces de bois assemblées d'onglet, de manière que le joint passe par le milieu des faces des angles comme on peut le voir dans cette figure, où le joint est bien fait et peu apparent. Cependant on pourrait éviter de le faire ainsi au milieu de cette face en y faisant deux coupes : l'une d'onglet, qui irait jusqu'à la rencontre du profil, et l'autre qui suivrait la coupe, ou pour mieux dire, l'angle de ce même profil, soit en *a*, soit en *b*, figure 167, ce qui serait égal; mais cette précaution n'est pas fort nécessaire pour l'ouvrage dont il est ici question, où la solidité des assemblages est la partie la plus recommandable.

Le dessus du tailloir D, fig. 165, et G, fig. 166, est disposé en chanfrein pour faciliter l'écoulement des eaux pluviales, et le dessous est fouillé circulairement pour recevoir la pièce qui forme le dessus du tambour, laquelle entre dans le tailloir et y est, par ce moyen, arrêtée fixément. Dans le milieu du vide du tailloir on assemble une croix, ou tout simplement une traverse, comme à la fig. 166, dans le milieu de laquelle passe l'axe de la colonne (les treillageurs nomment cet axe mandrin, lorsqu'il est fait en bois), et pour que les assemblages qu'on ferait dans les pièces du tailloir pour recevoir cette croix ou cette traverse, n'en diminuent pas la force; on peut les supprimer tout-à-fait et mettre simplement ces dernières en entailles dessus, et les attacher avec des vis comme dans la fig. 165.

Mais si l'on ne doit faire que des chapiteaux de moyenne grandeur, les tailloirs se font ordinairement à bois apparent, comme en D, fig. 164, ainsi qu'il est indiqué, fig. 166 et fig. 165, en D. S'ils sont très grands et que l'on puisse craindre que leurs masses ne produisent trop de plein, on fait très bien de les armer de garnitures de treillage, comme en C, fig. 164, où il n'y a que le filet qui sépare les deux moulures du tailloir, qui, seul, est plein. Dans ce dernier cas, on dispose le profil du tailloir, pour recevoir les garnitures de treillage, ainsi qu'on peut le voir en E, fig. 165, en observant de lui laisser toujours sa hauteur ordinaire, afin qu'il soit toujours solide tout en ayant une apparence de légèreté.

Deux cerces composent le vase du chapiteau, l'une, comme en D, fig. 165, vient se reposer sur l'astragale de la colonne, ou bien fait partie de cet astragale, comme en E, même figure ; l'autre termine la partie supérieure du tambour est très large, afin de déborder autant que l'exige la saillie des lèvres du vase; quant à son épaisseur, elle est aussi déterminée par l'épaisseur de la lèvre du vase, plus qu'il ne faut pour entrer en-dessous du tailloir, ainsi que la figure le représente. Cette cerce est représentée en place, et vue en dessous en H, fig. 167, et vue en dessus en I, même figure : elle est assemblée avec l'autre cerce du bas du vase du chapiteau, par le moyen de huit montans qui répondent aux huit points du plan, de manière qu'ils se trouvent en partie cachés par les feuilles ou autres ornemens du chapiteau. Toute la surface extérieure du tambour est garnie de treillages à compartimens, qui en forment une espèce de corbeille, comme en B, fig. 164. Il faut, autant qu'il est possible, qu'il se trouve un milieu de compartiment, aux huit points principaux du plan, afin que ce qui reste apparent se trouve au milieu des huit faces.

Les volutes et les feuilles qui font la décoration du chapiteau se placent au-dessus de cette espèce de vase, selon l'ordre prescrit par les règles de l'architecture. Les volutes et les hélices peuvent se construire avec du bois ployé; elles sont plus solides que si elles étaient sculptées. Toutes ces pièces se construisent à part, et on les réunit par le moyen des coutures ou liens de fil de fer, pour les parties qui n'ont pas besoin d'être clouées. Quand elles sont toutes prêtes, on commence par mettre en place les volutes et les hélices, dont les tiges se réunissent en une seule à l'endroit des caulicoles; cette tige doit être très menue par le bas et amincie presqu'à rien, afin de ne pas nuire à la feuille qui se trouve placée dessus; les feuilles se placent ensuite en commençant par celles de derrière qui sont les plus longues, et en finissant par celles du bas qui sont plus courtes, comme en C, fig. 164. Toutes les pièces doivent être arrêtées très solidement, mais cependant de manière à pouvoir être enlevées soit lorsqu'il s'agit de les peindre, soit pour les réparer ou les remplacer quand il le faut.

DEVANTURES EN TREILLAGE.

116. Si la mode des grands ouvrages en treillage a passé, elle s'est conservée pour les devantures des maisons situées sur les promenades, ou sur les voies publiques. Tantôt c'est un petit parterre qui sépare la maison de la route; d'autres fois c'est un berceau sous lequel les habitans trouvent de l'ombre lorsqu'ils veulent s'asseoir sur leur porte. Cet espace réservé entre le seuil de la porte d'entrée est de bon goût et de bonne construction: les allans et venans ne peuvent s'arrêter à regarder dans la maison par les fenêtres du rez-de-chaussée; les personnes qui entrent ont un espace à franchir avant d'arriver à la porte d'entrée, et l'on est prévenu de leur venue, c'est un lieu convenable où l'on peut attendre, si les maîtres sont absens. Ces berceaux ou jardins, en éloignant la maison d'habitation de la rue, ont en outre l'avantage d'éloigner le bruit et les mauvaises odeurs. Ces raisons et d'autres encore ont fait conserver l'usage de ces jardins ou berceaux extérieurs qui sont toujours ou presque toujours enclos de barrières en treillages ou palissadés. Nous avons donc dû en dire quelques mots.

La fig. 168 représente en *a b c d*, la porte et les croisées d'un rez-de-chaussée, telles qu'on en voit sur les boulevarts; le berceau doit s'élever au-dessus de ces portes et croisées et régner au-dessous des fenêtres du premier étage. Nous ne dirons rien sur la manière d'exécuter; après avoir construit les ouvrages plus difficiles que nous lui avons déjà fait connaître, le treillageur ne sera pas embarrassé lorsqu'il s'agira d'établir ceux-ci. Nous devons seulement lui expliquer quelles sont les diverses parties de cette construction.

Entre la porte a et la fenêtre b, est un pilastre qu'on peut faire régner tout le long de la devanture; de l'autre côté de cette porte, le pilastre est remplacé par une espèce de thyrse qu'on peut faire en fonte de fer (nous avons réuni dans cette figure plusieurs manières de faire, pour ne pas multiplier inutilement les planches.) Ce thyrse, coté c, descend jusque sur la barre d'appui de la palissade f; il entre dans le pilier g, qui soutient la palissade. La barre d'appui f peut être faite en fer. Nous avons représenté en h une colonne tournée en plein bois, et en e un pilier en fer en forme de caducée. On conçoit qu'on peut varier à l'infini ces supports. Les cintres $a\ b\ c\ d$ sont en fer, ainsi que les deux barres horizontales qui forment le bandeau. Quant aux remplissages, on peut voir dans cette figure que nous avons réuni plusieurs des mille méthodes entre lesquelles on peut choisir : il nous est impossible d'entrer dans aucun détail de fabrication; nous serions entraînés trop loin.

TENTE EN TREILLAGE.

117. Tel art que le treillageur puisse déployer, il y aura toujours quelque chose de mesquin, de *colifichet* dans les imitations avec des échalas des grands bâtimens de marbre et de pierre : il n'en sera pas ainsi s'il s'attache à reproduire des édifices frêles et légers, tels que tentes, cabanes, chalets, etc. Placés au détour d'une allée, sur un endroit élevé, d'où la vue porte au loin, ou bien encore dans ces endroits ombragés et mystérieux, qui semblent inviter à la méditation, ces constructions légères et non régulières auront un attrait d'originalité que n'ont pas les imitations symétriques. La tente dont nous offrons la figure d'ensemble sous le chiffre 169, pourra parfaitement remplir ce but; ce n'est pas un édifice solide que le treillage reproduit ici;

c'est une toile qu'il remplace, et si le chèvre-feuille, l'aristoloche-sipho, le houblon, le volubilis, la clématite, le cobca, le jasmin et autres plantes de cette nature recouvrent cette tente, elle deviendra impénétrable aux rayons du soleil, et on y trouvera, même contre les ondées d'un orage soudain, le même abri qu'on trouverait sous la tente en toile. Placée au-dessus du salon creux, dont les fig. 63 et 64 offrent l'élévation et le plan (v. pour l'explication 78), elle produira un effet admirable.

L'inspection de la figure suffirait presque à un ouvrier intelligent pour qu'il reproduisît fidèlement ce modèle. Il verra de suite qu'il doit commencer par la barrière d'enceinte circulaire qui doit s'élever de quatre à cinq décimètres, et dont tous les échalas doivent être entrés profondément en terre. Pour lui donner plus de force, il sera convenable de mettre des poteaux d'espace en espace, comme nous en avons mis deux, un à chaque côté de l'entrée. Les racineaux après lesquels sont attachées les cordes figurées, ne sont pas là seulement pour la complète imitation; ils sont nécessaires pour donner de la solidité, de l'assiette à l'ensemble; ils doivent être profondément enfoncés en terre, et entaillés sur le côté pour recevoir l'échalas qui doit être aussi entaillé à tiers de bois, et être cousu par un double tour de gros fil. Quant à la courbure de ces échalas, elle se donnera naturellement si les ceintures au-dessus de la frange sont, ainsi qu'elles doivent l'être, fort robustes, et que les échalas y soient fortement et solidement attachés. De plus, les échalas-cordes doivent également être entaillés et cousus à double tour sur l'appui de la barrière d'enceinte et après les échalas plantés en terre, et de préférence après les poteaux. Si la tente devait être très grande, les échalas-corde seraient en fer, et alors, au lieu de les mettre de trois en trois mailles, on les mettrait de huit en huit, ou même encore plus écartés, cinq échalas-corde pouvant alors suffire; un de chaque côté de l'entrée, un à l'opposé par derrière, et un à droite et à gauche. Le chapeau est fait en toit de ruche : il doit être solidement cousu sur le cercle du haut qui doit être en fer ou en bois d'assemblage ; on aura soin d'apointir les échalas montans et ceux du chapeau. Ce croisement des bouts est d'un bon effet : c'est aussi ce qu'on doit faire relativement aux échalas de l'enceinte, et à ceux qui se trouvent entre les cordes ; ces pointes sont d'un aspect agréable, et elles ôtent aux enfans l'envie de grimper sur la tente. Les échalas-corde ont en outre l'avantage de défendre les approches de la tente et de protéger le pied des plantes grimpantes qui doivent tapisser le treillage.

La figure 170 offre l'aspect d'une espèce de girouette à sonnettes ou à grelots, qu'on peut placer au sommet de la tente ; lorsque le vent la fait tourner, elle fait entendre un petit carillon qui n'est pas sans agrément.

118. Nous donnons, fig. 171, un dessin composé, dans lequel se trouvent réunies diverses constructions en treillages, cabanes et autres : elles pourront fournir des idées au treillageur. Dans le petit chalet qui se trouve situé sur la hauteur, on remarquera qu'il y a un cabinet élevé au-dessus du pavillon. Le plancher de ce cabinet est en bois plein, supporté par quatre ou six poteaux avec traverses d'assemblage. L'échelle de meunier est également en bois plein avec des limons crémaillés : tout le reste est en treillage. Nous ne croyons pas qu'il soit nécessaire de dire comment s'établissent ces constructions ; nous avons vu des choses plus difficiles : au point où nous en sommes, un modèle suffit.

CLOTURES ET BARRIÈRES RUSTIQUES.

119. On nomme ainsi des treillages faits avec des baguettes rondes couvertes de leur écorce. On fait quelquefois des treillages rustiques avec des baguettes rondes et polies dépouillées de leur écorce, et dressées au

moyen de la machine-outil dont nous avons parlé au commencement de cet ouvrage (25, 26, 27, fig. 16 à 20), ils sont beaucoup plus propres et plus durables que ceux particulièrement nommés *rustiques* ; mais nous n'aurons rien de spécial à en dire, le travail étant le même dans l'un ou l'autre cas. Toutes les palissades du Jardin des Plantes, (nous voulons parler de celles récemment faites), sont des *rustiques* dont les dessins agréables sont très variés, on en fait dans les parcs et jardins particuliers, et chacun a inventé des entrelacemens nouveaux; il nous est impossible de reproduire tous ces caprices du goût ; nous avons choisi une série de modèles faciles à comprendre et à exécuter. Nous les donnons, figures 172 à 182. Il ne faut pas tout-à-fait juger ces dessins sur la première inspection, chaque carré ne doit pas être pris isolément ; on doit songer à ce qu'il produira, lorsqu'une succession de carrés semblables formera une longue palissade.

Fig. 172 et 173, entrelas. On forme ces nœuds avec des baguettes entées les unes au bout des autres, et pour terminer, on met à un bout une forte pointe de fil de fer qu'on fait entrer dans le bout opposé, après avoir fait prendre au bois, par le moyen du feu, la courbure voulue.

Fig. 174, Cercles enchevêtrés; fig. 175 et 176, portes battantes; fig. 177, palissade; fig. 178, dessin formé avec des cercles et des losanges.

Les fig. 179, 180, 181 et 182, sont d'une exécution plus facile, ce sont quatre applications de l'emploi du demi-cercle choisies entre beaucoup d'autres; ces palissades ne nécessitent point l'emploi du feu pour courber les baguettes, la grandeur des cintres dispense de ce soin. Dans la figure 179, le dessin est formé par des portions de cercle placées concentriquement et entrelacées. On doit préparer les bois en les coupant de quatre longueurs déterminées par les longueurs des portions de cercles. Dans les exécutions, fig. 180, 181 et 182, les baguettes des demi-cercles sont toutes de longueur égale. On taille les bouts en bec-de-flûte, si l'on veut que les courbes en se réunissant par les bouts, forment moins de grosseur : on peut aussi tailler ces bouts en pointes si on veut enfoncer en terre chaque demi-cercle debout. Quant aux demi-cercles renversés, on peut aussi appointir les bouts et les faire sortir au-dessus de la barre d'appui, par ce moyen on rend la palissade moins facile à franchir (V. fig. 182). Pour placer convenablement les demi-cercles, fig. 180, on laisse entr'eux l'espace d'un rayon ou demi-diamètre : c'est ce qu'on nomme de *deux en deux*. Dans la fig. 181, on divise le diamètre en trois parties : d'où vient le nom de *trois en trois* donné à cette manière de faire. Dans ces deux exemples il y a des demi-cercles debout et d'autres renversés. Dans la fig. 182, le diamètre est divisé en cinq ou en six. On ne met les demi-cercles que sur un sens, ou tous renversés ou tous debout : cette figure peut se regarder dans les deux sens. Lorsqu'on veut que les bas soient bien garnis, pour que les petits animaux ne puissent pas passer à travers la palissade, on renverse les demi-cercles ; dans le cas contraire, on l'établit telle qu'elle est dessinée dans le modèle. Il y a encore une observation essentielle à faire : c'est que, dans notre dessin, nous avons coupé chaque demi-cercle en deux, comme cela se fait assez communément lorsqu'on veut que des pointes dominent sur la barre d'appui de la palissade ; on a aussi, en suivant cette méthode, beaucoup plus de facilité pour enlacer que lorsqu'on conserve les demi-cercles d'une seule pièce, et l'on fait également la pose avec plus d'aisance ; mais la palisade est moins élégante : nous n'avons point donné le dessin de la palissade *en six* avec demi-cercles d'un seul morceau, parce qu'on pourra facilement se la figurer en regardant attentivement la fig. 182, avec laquelle elle a beaucoup de similitude.

On emploie les clous et les liens de fil doux pour attacher ces palissades ; il faut toujours avoir soin de serrer très fortement la couture, car ces bois, en grume ou sans écorce, ont un retrait considérable ; souvent même quand on n'emploie pas le noisetier, qui est cher et rare, l'écorce quitte, et alors il faut coudre de nouveau au bout d'un an ou deux.

120. Les fig. 183, 184, 185 et 186, offrent quatre modèles de barrières rustiques de notre invention, on en trouvera beaucoup d'autres que nous ne pouvons donner, le nombre de nos figures étant déjà très considérable, dans *l'art de composer et de décorer les jardins* dont il sera question plus bas. Les barrières fig. 183 et 184 sont à un seul battant ; celles 185 et 186 sont à deux battans.

Clôtures et barrières en bois dressé et assemblé.

121. Ces sortes de travaux paraissent être plutôt du ressort du menuisier proprement dit, que dans les attributions du treillageur ; cependant, comme nous avons conseillé à ce dernier d'être un peu menuisier : comme il a entre les mains presque tous les outils nécessaires, et que les outils sont la moitié de l'ouvrage, nous pensons que la même main qui aura exécuté les travaux assez compliqués que nous avons passés en revue dans le cours de cet ouvrage, pourra aussi exécuter ceux qui nous restent à décrire. C'est ici que commence, à proprement parler, la *menuiserie des jardins*. Les modèles dont nous allons donner une série s'exécutent en chêne ou en sapin, et sont destinés à être recouverts de peinture. Les cadres ou bâtis s'assemblent à tenons et mortaises chevillés : les remplissages s'entaillent à mi-bois dans les endroits où ils se croisent ; ils se fixent avec des pointes à tête perdue. Les parties courbes telles que cercles, S, demi-cercles, se font avec des échalas dressés d'abord au rabot, mis d'épaisseur, puis courbés au feu. Nous allons passer en revue les dessins divers, en notant les particularités qui peuvent s'appliquer à chacun d'eux.

122. Les fig 187 et 188 sont deux portes battantes faites avec des échalas ; si on les continue elles peuvent

former des palissades; mais ces dessins sont plus spécialement affectés aux portes. Rien ne s'oppose à ce que la couture ordinaire soit employée comme moyen de consolidation. On fait les croisés au moyen d'entailles à mi-bois; les pointes rivées sont employées seules comme moyen de fixation. Ces mêmes observations s'appliquent aux portes battantes fig. 195 et 196. Il n'en est pas de même des modèles représentés fig. 189, 190, 191, 192, 193 et 194, qui peuvent également, étant continués, former des palissades; ils sont entièrement exécutés en bois dressé et mis d'épaisseur; les cadres seront en bois de chêne ou de hêtre, assemblés et chevillés; les remplissages pourront être faits en sapin, mais plus communément c'est le hêtre qu'on emploie de préférence. Dans tous les endroits où il y a croisement, on entaillera à mi-bois comme nous venons de le dire.

123. Les palissades, fig. 197, 198, 199, 200, 201, 203 et 204, sont toutes assemblées à mi-bois; dans quelques-unes, les échalas corroyés sont employés avec plus de succès que le bois de sciage, attendu qu'ils sont plus flexibles. Pour certaines d'entr'elles on fait un moule, et à l'aide de l'eau et du feu, on donne aux échalas la forme convenable. Pour produire l'assemblage à mi-bois qui forme les grands et les petits cercles, on ne fait les entailles qu'après les avoir tracées, les échalas étant posés l'un sur l'autre dans la position qu'ils devront avoir en définitive. Nous ne pouvons pas entrer dans un détail circonstancié de ce travail, nous espérons que, sur le vu du dessin, le treillageur saura comment il doit s'y prendre pour l'exécution. S'il voulait d'autres modèles, il pourrait consulter avec fruit l'*Art de composer et de décorer les jardins*, par M. BOITARD, accompagné d'un atlas contenant 132 planches gravées par l'auteur, 2 volumes oblongs: Prix, 15 francs. A Paris, chez Roret libraire, rue Haute-Feuille, n° 10 *bis*, au coin de la rue du Battoir. Quant aux portes ou barrières à deux battans, les fig. 205 et 206 donneront une idée de ce qu'elles peuvent être.

Bancs, chaises, tabourets, fauteuils de jardin.

124. Le treillageur est souvent appelé à construire tous ces meubles qui, étant destinés à rester exposés à à la pluie et aux rayons ardens du soleil, exigent dans leur fabrication des soins particuliers. Ces meubles se font de deux manières, d'abord pour être peints, puis en bois couvert de son écorce. Ceux en bois massif, destinés à être peints, ne sont plus guère de mode, parce qu'ils sont lourds, peu maniables, et ordinairement posés à demeure. Restant l'hiver entier exposés aux intempéries de la saison, ils se pourrissent malgré la peinture dont ils sont recouverts. Les seconds sont maintenant plus de mode, il y a dans leur rusticité quelque chose qui plaît à l'œil et qui se trouve en harmonie avec le lieu; ils sont légers et maniables, et à la fin de la belle saison on les rentre sous le hangard ou dans tout autre lieu abrité. Nous dirons peu de chose des meubles massifs : ils sont, il faut en convenir, plutôt du ressort du menuisier en meubles, et même d'un menuisier habile, que de celui du treillageur. Quant aux meubles en rondins, c'est au contraire le treillageur qui les confectionne, et on en voit sur le quai aux fleurs et ailleurs qui sont dignes de fixer l'attention. Commençons par ceux destinés à être peints.

125. Le plus simple des bancs est celui qui est construit avec trois planches, deux plantées en terre dans une position verticale, et l'autre posée dessus en travers et fixée avec des clous. La fig. 207 représente ce banc sur lequel nous n'avons rien à dire, sinon que le bois en doit être bien uni, que le sommet des planches servant de pieds, doit être fait un peu en cintre, afin que le banc bombe du milieu. Cette disposition est nécessaire pour que l'eau de pluie n'y séjourne pas. De mètre en mètre on doit placer un pied afin que le banc ne fléchisse pas sous le poids des personnes qu'il doit supporter ; la flexion d'un banc est une cause active de détérioration.

126. Indépendamment de ce banc, on en fait encore un autre du même genre qu'on peut rentrer à volonté, parce qu'il n'est pas fixé en terre; les figures 208, 209 et même 210, serviront à faire comprendre comment il s'établit, soit qu'on fasse les pieds pleins, soit qu'on les fasse d'assemblage, comme les pieds de tréteaux. La figure 209 représente le banc vu en dessus. Dans les deux cas, à chaque bout, se trouve la double mortaise dans laquelle s'emmanche le pied. Dans le cas de la fig. 210, les tenons des pieds doivent être faits avec épaulemens.

127. Assez souvent, dans le cas de la fig. 208, on construit ce banc de manière à ce qu'il puisse se démonter; alors l'entre-toise représentée à part, figures 211 et 212, est à clé entrant dans une mortaise. Toutes ces constructions sont tellement simples que l'inspection de la figure suffira.

128. Les fig. 213 et 214, ainsi que les fig. 215 et 216 représentent des bancs à dossiers plus ou moins ornés. Dans ces sortes de travaux tous les assemblages doivent être faits *à chapeau*. On ne doit employer que du chêne bien sec et n'ayant aucune gerce, car le moindre défaut ne tarderait pas à devenir plus grave sous l'influence de la pluie et de la sécheresse; les bois employés pour les pieds auront au moins six centimètres de grosseur, ceux des bras et des dossiers environ de quatre à cinq; les planches de remplissage seront épaisses, étant dressées, de deux centimètres et demi à trois et demi; les assemblages seront chevillés. Le grand art de ces constructions est de les faire telles, qu'elles ne présentent nul part le bois debout à l'action de l'eau qui tombe, et pour que ce même principe trouve aussi son application relativement aux pieds qui reposent sur le terrain humide, on fait ordinairement porter ces pieds sur des patins ayant de sept à huit centimètres de grosseur.

129. Assez souvent, pour éviter que les bancs se voilent et qu'alors ils ne forment des gouttières dans lesquelles l'eau s'amasse, on les fait avec des cartéls. On nomme

ainsi des madriers ayant de dix à douze centimètres d'épaisseur, sur trois ou quatre décimètres de largeur, et deux mètres à deux mètres et demi de longueur. On fait une moulure sur le champ dont on arrondit la partie supérieure. Les pieds se font en fer comme cela a eu lieu dans le jardin du Luxembourg; mais aussi quelquefois on se contente d'enfoncer en terre de forts madriers : la partie sortant hors de terre, qui peut s'élever à trois décimètres, est sculptée en encorbellement ou de tout autre manière. Ces pieds s'assemblent à chapeau dans le madrier qui fait le dessus, dont le poids dispense de tout autre moyen de fixation; la fig. 217 représente ce banc.

130. On voit souvent dans les jardins le trépied représenté fig. 218 : c'est tout simplement une pelle en bois dont on coupe le manche, on y met trois pieds et l'on fait un trou dans l'endroit le plus creux pour l'écoulement des eaux. Quelquefois on y met une espèce de dossier en béquille, qui sert à la prendre et à la transporter plus facilement.

Les mêmes en bois sous écorce.

131. Les meubles rustiques, c'est-à-dire composés de bois en grume, sont devenus très à la mode, et, à Paris, leur fabrication est devenue l'objet d'une industrie particulière. On conçoit d'après cela qu'il nous est impossible de suivre dans les caprices de leur imagination les artisans qui font ces meubles; chacun s'applique à varier ses modèles à l'infini, et à produire ce qu'un autre n'a pas encore eu l'idée de faire; car, chez nous, l'amour de la nouveauté est poussé bien loin, et, trouver du neuf, est assez souvent une source de succès, ce neuf ne valût-il pas le vieux. Nous avons donc dû choisir dans des produits nombreux, non pas ceux le plus à notre goût, mais ceux dont le dessin serait tellement simple, qu'il serait compris dès l'abord, et nous dispenserait de longues explications. Une fois la méthode connue, on pourra en varier à l'infini les

applications, et apporter dans l'exécution telle variété de formes qu'on jugera convenable.

132. Parmi ces meubles il en est qui se construisent sur place, en profitant des vieux arbres, des troncs, des racines qui se trouvent adhérentes à la terre, d'autres sont mobiles comme les meubles de nos habitations. Dans le premier cas, assez ordinairement on ne se sert que de liens pour réunir ensemble et pour courber les branches; dans le second ce sont presque toujours les pointes en fil de fer qui servent à lier les pièces entr'elles; en y joignant la couture lorsque cela est nécessaire. Le bois employé pour leur fabrication est le plus communément les pousses ou scions des aunes; le noisetier peut aussi être employé, le troëne, le cornouiller, si l'on peut s'en procurer; à défaut de ces bois de première qualité et qu'on préférerait même à l'aune s'ils étaient plus communs, on prendra des branches de chêne et même de saule; mais le premier est difficile à courber, et l'autre casse s'il n'est pas absolument verd. Le bouleau est également fort bon, et est souvent employé. Les figures 219, 229 sont consacrées à faire comprendre comment ces meubles s'établissent; nous allons les passer en revue, en faisant mention, pour chacune d'elles, de ce qui pourra faciliter l'exécution.

133. La fig. 219 représente un fauteuil mobile; les assemblages se font à tenons ronds, comme s'il s'agissait de mettre des bâtons à une chaise ordinaire; on cheville ces assemblages avec des pointes en fil. En assemblant, il faut avoir soin de n'ôter l'écorce qu'à l'endroit du tenon, quant aux remplissages du dessus, ils ne sont pas assemblés, mais seulement liés par des pointes en fil; il n'y a d'assemblé que l'encadrement.

La chaise fig. 220 peut être faite à demeure, comme elle peut être mobile; le siége est une planche solide; il peut être fait en bâtons, comme celui de la figure précédente, les liens se font en osier; mais comme ils ne suffiraient pas, on met par dessous des liens en fil de fer, qui sont encore consolidés par des pointes.

Le banc à dossier, fig. 221, est posé à demeure. Si on ne trouve pas naturellement les branches plantées à la demande, on les plante en ayant soin de mettre beaucoup de bois en terre et d'assembler autour des pierres et autres corps durs pouvant consolider le terrain. Si les barres de ceinture sont très fortes, on peut mettre le remplissage du siége en travers, comme dans la fig. 219 et dans la fig. 222.

Cette dernière figure représente un banc à dossier à bras : c'est le canapé des jardins, il est mobile, les encadremens de ceinture et ceux du dossier doivent être assemblés et chevillés comme il a été dit plus haut. Les remplissages sont maintenus avec des pointes en fil, coudées ou droites, selon le besoin.

Le monopode, fig. 223, est une planche pleine et ronde posée sur un tronc d'arbre coupé à un mètre de terre. On fait à l'entour de ce tronc, avec des racinaux et des bordures, une plinthe *a*. S'il se trouve des branches naturelles, on les coupe toutes à hauteur, et elles servent à supporter la table, sinon on en pose d'ajoutées ainsi que cela est représenté dans la figure.

La fig. 224 représente une table mobile. Le dessus peut être un marbre ou un disque de pierre.

134. Mais ces tables à dessus massifs sont moins de mode que celles faites avec des bâtons courbés. C'est dans la façon de ces tables que l'imagination des treillageurs s'évertue le plus; celle figure 125 est d'une façon assez difficile, et nous ne conseillons pas de commencer par elle l'apprentissage de ces sortes de travaux; la fig. 226 fera mieux comprendre comment on les établit. On commence par faire le *noyau* que l'on peut faire carré, sauf à le rendre rond en clouant sur ses côtés des morceaux de rondins taillés en bec-de-flûte par les deux bouts. On commence alors à rouler autour, en spirale, une branche flexible que l'on fait tenir en y enfonçant d'espace en espace des pointes ayant en longueur un peu plus que deux fois leur diamètre; par ce moyen on consolide l'ouvrage; nous avons indiqué ces

pointes en *a a*, fig. 226. Indépendamment de ces pointes, on met encore en dessous une croix solide en bois d'assemblage, sur laquelle on cloue le dessus avec des pointes à tête perdue. Quant au noyau de la figure 227, il se fait avec des bâtons coupés d'onglet dans la *boîte à onglet*. On assemble ces onglets au moyen d'une pointe coudée à angle droit et pointue des deux bouts; on pique les pointes dans le cœur du bois, et l'on assemble le carré en frappant alternativement sur les quatre faces. Quand un carré est fait, on en fait un autre plus grand dans lequel on fait entrer le premier, et on les joint tous deux avec des pointes de deux diamètres et demi environ de longueur, et ainsi de suite jusqu'à ce que le noyau soit fait. Les parties courbes s'assemblent d'abord avec des pointes, puis lorsqu'elles forment à peu près un fichu, on les scie d'équerre à la demande de l'angle qu'elles doivent remplir. On met ces fichus en place et on les fait tenir en enfonçant une pointe dans chaque bâton, et ce, avant que les bâtons de remplissage cotés *b* soient placés. Ces bâtons sont également assemblés entr'eux avant leur pose. Avant de les mettre en place, on fiche dans chaque bâton, du côté qui doit toucher au noyau un clou à deux pointes, et l'on fait entrer ces pointes dans les côtés du noyau; on enveloppe le tout par la ceinture *c*, également maintenue avec des pointes.

On conçoit que la spirale, fig. 226., ne peut pas être faite avec une seule branche; mais alors on taille la branche qui finit en bec-de-flûte, qu'on raccorde avec le bec-de-flûte de celle qui commence, ou bien on ente les deux baguettes à plein bois, en se servant d'un long clou à deux pointes.

135. Le siége et la table représentés fig. 228 n'exigent aucune explication, on voit de suite qu'ils sont destinés à donner un but d'utilité à deux troncs qui seraient plus nuisibles qu'utiles, et qui peuvent de la sorte causer une surprise agréable.

136. Nous sommes contraints de passer sous silence

un nombre immense d'objets très ingénieux et très agréables à l'œil; il faut savoir se borner; mais nous ne pouvons nous dispenser de mentionner les corbeilles destinées à recevoir des pots à fleurs. On les fabrique avec des rondins coupés en deux. Le fond est tout simplement un disque en bois, épais de deux à trois centimètres, selon la grandeur de la corbeille. On cloue les demi-rondins sur le champ de ce disque; par le haut, à l'intérieur, on met quelquefois un cercle sur lequel on cloue également les demi-rondins. Ces corbeilles se posent ordinairement sur un pied détaché, qui n'est autre chose qu'un bâtis composé de quatre montans avec huit traverses, quatre en haut et quatre en bas. Dans d'autres circonstances, le pied est disposé comme dans la fig. 229, de manière à faire corps avec la corbeille. Alors ce pied est disposé de manière à recevoir par le bas quatre ou huit pots à fleurs, ce qui produit un très bon effet.

Construction des caisses.

137. Nous aurions pu nous dispenser de renfermer dans cet ouvrage ce qui a trait à la fabrication des caisses; c'est plutôt le menuisier que le treillageur qui est appelé à en faire; mais nous ne pensons pas en cela mériter un reproche de nos lecteurs. Nous avons supposé dans le cours de cet ouvrage, que celui à qui nous nous adressions n'était point propre seulement à faire les mailles d'un espalier; nous lui avons fait connaître qu'il pouvait élever ses prétentions beaucoup plus haut: et certes, celui qui aura exécuté les pièces difficiles que nous avons décrites, ne sera pas embarrassé pour faire une caisse; c'est ainsi que nous allons passer en revue une série de travaux qui s'écarteront plus ou moins de l'art du treillageur : les caisses étant la chose la plus facile, nous commencerons par elles. Nous nous servirons de la description de Roubo, qui est très convenable, en y ajoutant ce qui a été trouvé depuis.

138. Il y a des caisses de toutes grandeurs, depuis un

décimètre et demi en carré jusqu'à un mètre et demi et plus; en général elles forment une espèce de coffre (V. 230 et 234), dont le dessus est découvert et qui est composé de quatre pieds ou montans, de quatre côtés qui sont attachés sur les pieds, et d'un fond.

Aux petites caisses, c'est-à-dire celles depuis 15 centimètres jusqu'à 6 millimètres en carré: les côtés ou panneaux s'attachent dessus; et à celles qui sont plus grandes, ils sont disposés de manière qu'ils puissent s'ouvrir pour donner la facilité de changer les arbrisseaux. Parlons d'abord des petites caisses.

Après s'être rendu compte de la grandeur de la caisse qu'on veut construire, on commence par faire les côtés ou panneaux, qu'on équarrit et qu'on met de longueur, en observant d'en faire deux plus courts que les deux autres de l'épaisseur des deux côtés réunis, afin que la caisse étant montée, elle soit égale sur ses quatre faces. Quand les panneaux sont ainsi équarris, on les met d'épaisseur sur la rive de devant et par les deux bouts, en y faisant un ravalement d'une largeur suffisante pour que le pied de la caisse, étant placé sur le panneau, joigne contre le ravalement, comme on peut le voir fig. 135, qui représente un panneau ainsi ravalé, sur lequel le dehors des pieds est indiqué par des lignes ponctuées; ce panneau étant l'un des deux le plus long.

Les quatre panneaux étant préparés, les pieds étant corroyés et tournés par le haut comme ceux de la fig. 231, on attache l'un des panneaux les plus courts sur deux pieds qui l'affleurent en dehors, comme le représente la fig. 231; on en fait autant à l'autre panneau; après quoi, on attache sur les pieds, et en dedans de chacun des deux panneaux, un tasseau ab, fig. 232, qui sert à porter le fond de la caisse qui doit affleurer avec le dessous des panneaux, comme on peut le remarquer à la fig. 233. Ce tasseau s'attache tout à plat sur les pieds; cependant il vaut mieux faire à ces derniers une entaille de 4, 7, 10 ou même 15 millimètres, selon la grosseur dans laquelle on fait entrer le tasseau, qui par ce moyen se trouve soutenu, et n'est pas exposé à se détacher par la trop grande pesanteur de la terre qui est dans la caisse, comme cela arrive quelquefois. Quand les deux tasseaux sont attachés, on achève de bâtir la caisse en attachant sur les deux côtés déjà montés, les deux panneaux les plus longs, dont les extrémités doivent affleurer avec le nu des deux premiers comme on peut le voir aux figures 230, 231 et 234 et à la fig. 237, qui représente une partie de la caisse vue en dessus, et prête à recevoir le fond, fig. 236, qu'on y place ensuite.

Ce fond doit entrer un peu librement et être percé de plusieurs trous pour faciliter l'écoulement des eaux; il faut qu'il soit fait en bon bois dur et liant, et quand il est un peu grand, on y met une ou deux barres en dessous, attachées avec des clous qui doivent passer au travers, et dont les pointes doivent être repliées et rabattues sur l'intérieur du fond, afin qu'ils ne lâchent point quand le bois viendra à pourrir.

Quant aux côtés ou pourtour de la caisse, il faut qu'ils soient corroyés, et s'ils sont faits de plusieurs pièces, joints à rainure et languette. Quand ils sont d'une certaine grandeur, on met des clés dans les joints et une ou deux barres à queues en dedans, prises dans l'épaisseur du ravalement qu'il est bon de faire un peu profond, tant pour donner plus de prise aux barres à queue, que pour diminuer les saillies que font les côtés de la caisse sur les pieds où ils sont attachés.

Ces pieds doivent être faits avec un bois sain, sans nœuds ni fentes, parce que les clous qu'on enfonce dedans lorsqu'on attache les côtés de la caisse, ne manqueraient pas de les faire ouvrir davantage, ce qui occasionerait leur destruction. Le haut des pieds des petites caisses est ordinairement orné d'une boule, et aux grandes d'une boule et d'une gorge au-dessous, ainsi qu'on peut le voir par les figures 238, 239, 240, et 241.

Les caisses doivent être carrées sur plan, mais on ne les fait pas toujours exactement cubes, tantôt elles sont plus larges que hautes, tantôt on les fait plus profondes que larges : cela dépend un peu de la nature des racines des arbres auxquels on les destine. Il se fait aussi des caisses longues pour mettre sur les croisées, et le long des murs et des palissades; elles ont rarement plus de quatre à cinq décimètres de hauteur, leur longueur est déterminée par la place qu'elles doivent occuper. Quand cette longueur est un peu considérable, on y met de faux pieds sur la longueur, dans lesquels on assemble des barres à queue qui supportent le fond de la caisse, qui en empêchent l'écart, et donnent de l'air en dessous : ce qui garantit les fonds de la pourriture et d'une détérioration aussi prompte. Quant au haut, on empêche l'écart en y mettant une semblable barre à queue, ou mieux, une tringle de fer qui prend d'un côté à l'autre de la caisse.

La force des bois des caisses varie selon leur grandeur : à celles de trois décimètres en carré, les pieds doivent avoir quatre centimètres de gros, et les panneaux de treize à quatorze millimètres d'épaisseur. Pour celles de quatre décimètres à quatre décimètres et demi en carré, les pieds auront cinquante-cinq millimètres de gros, et les panneaux deux centimètres d'épaisseur. Pour celles de six décimètres en carré, les pieds auront huit centimètres de gros, et les panneaux de deux centimètres et demi à trois centimètres d'épaisseur, et ainsi des autres. Quant aux fonds, il est bon de les faire un peu plus épais que les panneaux du pourtour, parce qu'ils portent tout le poids de la terre, et qu'ils sont plus exposés à l'humidité.

139. Les grandes caisses sont celles qui passent six décimètres en carré, qui sont disposées de manière que leurs panneaux ou côtés peuvent s'ouvrir quand on le juge à propos. Ces sortes de caisses se construisent de plusieurs manières, entr'autres à feuillures, comme aux

figures 238, 239 et 242, ou à recouvrement, comme aux figures 240, 241 et 244.

140. La manière à feuillures est la plus usitée, et en quelque façon la plus propre; mais elle a le défaut d'être moins commode que l'autre. Quand on met les panneaux des caisses à feuillures, on assemble leurs pieds avec de fortes traverses dans lesquelles on fait des feuillures ainsi qu'à ces derniers, où les panneaux entrent de toute leur épaisseur et viennent affleurer le nu des pieds et des traverses. Les feuillures des pieds ne sont pas faites dans toute leur longueur; on les arrête par le bas à l'endroit des traverses et par le haut au-dessus des panneaux, comme on peut le voir à la fig. 238; ce qui conserve aux pieds toute leur force et n'en gâte pas la forme.

141. Les panneaux de ces caisses sont retenus en place par des barres de fer arrêtées avec un crampon, ou piton à vis, dans un des pieds, et qui vient s'accrocher dans un piton ou crampon placé dans l'autre; ce qui, non seulement empêche le panneau de sortir de ses feuillures, mais en même tems retient l'écart des pieds. On met deux barres de cette espèce à chaque panneau ouvrant, et cela vers leurs extrémités supérieure et inférieure, pour empêcher qu'ils ne se voilent; ce à quoi des barres à queue, qu'on met aussi à ces panneaux, obvient en partie. Cependant il serait bon, pour la solidité de l'ouvrage, de faire les feuillures des traverses qui reçoivent les panneaux, à l'intérieur comme à la figure 243, ce qui empêcherait les panneaux de se tourmenter par le bas, et l'humidité de la terre de passer dans la feuillure et d'y séjourner, comme il arrive presque toujours, ce qui la fait pourrir, ainsi que le bas du panneau.

Il y a beaucoup de ces sortes de caisses, où l'on ne fait ouvrir que deux panneaux; alors on met des traverses par le haut des panneaux dormans, et quelquefois même à ceux qui ouvrent: ce qui n'est pas bien, parce qu'elles nuisent lorsqu'on veut retirer l'arbre. De plus, les caisses qui n'ouvrent que de deux côtés, quand même il n'y aurait pas de traverse par le haut des panneaux ouvrans, sont peu commodes, parce qu'il arrive quelquefois que les côtés qui sont pleins se trouvent ceux qui doivent être ouverts, pour qu'il soit facile de voir la cause de la maladie de l'arbre qui est dans la caisse, ou pour le changer; ce qu'on fait plus aisément quand les quatre côtés ouvrent également : ce qui leur a fait préférer les caisses fig. 240, 241 et 242, dont tous les panneaux ouvrent soit ensemble ou séparément, selon qu'on le juge à propos, de manière qu'il ne reste plus que les quatre pieds de la caisse, le fond et les traverses qui le portent.

Ces traverses sont assemblées dans les pieds à l'ordinaire, et sont d'une épaisseur assez considérable pour déborder ces dernières et recevoir les côtés de la caisse, avec lesquels ils affleurent, et pour que ces traverses soient plus solidement assemblées dans les pieds, on fait entrer leur partie saillante, en enfourchement, dans l'épaisseur de ces derniers, comme on peut le voir dans la fig. 245, qui représente le bout d'une de ces traverses avec ses assemblages.

142. Les panneaux de la caisse, fig. 240, sont retenus en place par le moyen de deux espèces de pentures en fer, qui y sont attachées et qui tournent tout au pourtour de la caisse, aux angles ou aux joints d'épaisseur de laquelle elles s'assemblent les unes dans les autres, comme des charnières, dans lesquelles passent des broches de fer qui servent de goupilles à celles du haut et du bas, comme on peut le voir dans cette figure et dans la fig. 244; et pour que les côtés soient plus adhérens avec les pieds, on pose au milieu de la largeur de ces derniers et de celle du panneau, des loqueteaux à ressort qui passent au travers de l'épaisseur des panneaux, et les retiennent en place.

Le fond des caisses, fig. 238 et 240, portent sur des feuillures faites aux traverses du bas des bâtis, et pour qu'ils ne ploient pas, on assemble dans ces der nières de fortes traverses, qui les soutiennent sur leur largeur.

Les bois de ces grandes caisses doivent être proportionnés à leur grandeur; on fera les pieds depuis huit jusqu'à seize centimètres de carré, et les panneaux auront de trois à six centimètres d'épaisseur, selon les cas.

Les caisses doivent être revêtues, tant en dedans qu'au dehors, de trois couches de grosse couleur; on peut d'ailleurs peindre le dehors ensuite, avec une couleur fine.

143. On fait des caisses fort jolies et d'un bon usage, avec de grandes ardoises; elles ont l'avantage de conserver plus long-tems l'eau qu'on y verse pour les arrosemens. D'une autre part, les panneaux ne sont plus sujets à la pourriture, et les alternatives du froid et de la chaleur, de la sécheresse et de l'humidité, n'ont plus d'action sur eux. La seule figure 246 nous suffira pour faire comprendre comment elles se construisent: soit *a* une ardoise dont on aura trois pareilles, si l'on ne veut faire en pierre que le pourtour ou les panneaux, et dont il faudra une de plus, si l'on veut que le fond soit également en pierre; mais ordinairement on fait ce fond en bois; *b c* deux des quatre montans, faits en chêne et terminés au sommet par une pomme de pin ou tout autre ornement, assez étroit pour ne pas être atteint par les rainures dont il va être parlé; soit *d* l'une des quatre traverses du bas. On pratiquera sur les deux faces intérieures de ces pieds ou montans, une rainure *e* depuis le haut jusqu'à l'arrasement du dessous de la traverse *d*. Ces rainures seront assez larges pour que les ardoises puissent y glisser librement; on fera une rainure semblable à la traverse *d*. Cette rainure est indiquée dans la traverse et les montans par une ligne ponctuée. La traverse *d* est assemblée dans les montans à tenon et mortaise chevillés. Pour maintenir l'écart des montans, on met à l'intérieur, au-dessous du niveau de la terre qui doit rem-

plir la caisse, une tringle en fort fil de fer *f*, faisant le crochet par chaque bout, et entrant dans un piton fiché dans chaque pied, le tout à l'intérieur et de manière à ce que rien ne paraisse à l'extérieur.

Si l'on veut, on peut poser le fond sur l'épaulement que forment les traverses *d*; mais si on veut augmenter d'autant sa capacité, on peut, comme aux caisses ordinaires, clouer deux tasseaux *g g* sous les traverses *d*, et ce moyen, outre qu'il dispense d'échancrer les quatre coins de l'ardoise formant le fond, permet en outre de se servir d'une ardoise plus petite. C'est quand leur bâtis est assemblé et les tringles *f* en place, qu'on met les panneaux et le fond.

Construction des serres chaudes, bâches, orangeries, etc.

144. On ne s'attend pas à ce que nous reproduisions ici les serres ornées, les jolis jardins d'hiver qui ont été décrits ailleurs avec bien plus de raison que nous ne le ferions ici; l'utile est notre première mission, pour nous l'agréable n'est que l'accessoire : pour la beauté des dessins, nous renverrons encore à l'ouvrage que nous avons déjà cité, le matériel de la construction est notre affaire : quand on saura établir les châssis, les gradins dont nous allons parler, on n'aura pas de peine à exécuter les dessins *les plus brillans*; et ces dessins qui plaisent aux yeux, n'indiquéraient pas les moyens d'exécution. Nous pensons donc remplir exactement notre but, en ne nous livrant aucunement à ce qui a trait à la décoration, aux jeux plus ou moins heureux de l'imagination; mais en enseignant uniquement comment on construit. A chacun son terrain, le nôtre est aride et sec; mais il porte des fruits, que nous estimons préférables à tous autres; car l'utile est toujours nommé avant l'agréable. Nous entrons donc de suite en matière.

145. Nous n'avons que peu de chose à dire des orangeries; ce sont des bâtimens construits en maçonnerie, dans lesquels on rentre, pendant la saison d'hiver, les caisses et les arbustes qu'elles contiennent. Les parties vitrées et les croisées de ces bâtimens, dont la façade est toujours tournée au midi, sont du ressort du menuisier; mais c'est le manuel de cet art qui fournira les documens nécessaires. Le treillageur doit connaître un peu de menuiserie, mais notre prétention n'est pas d'en faire un menuisier accompli; quant aux autres conditions que l'orangerie doit remplir, elles rentrent dans les attributions du jardinier et nous devons encore sur ce point renvoyer au *Manuel du Jardinier*.

146. Commençons par le plus facile; par la description de ces planches rangées en gradins, sur lesquelles on range les pots et les petites caisses dans l'intérieur des serres. Les gradins ont une grandeur analogue à la place qu'ils doivent occuper, le nombre de leurs rayons est déterminé par la hauteur de la serre, il ne peut y avoir de mesures exactes pour cela; pour nous fixer dans notre démonstration, nous prendrons une grandeur moyenne d'après laquelle on pourra calculer en plus ou en moins pour les plus grandes et les plus petites. Ici encore nous aurons recours à Roubo, qui, en sa qualité de menuisier consommé, connaissait parfaitement ces sortes de constructions, nous ne changerons rien à son discours, ni à ses mesures, qu'il sera facile de ramener à nos mesures métriques.

La hauteur du gradin représenté en élévation, fig. 247, et en plan, fig. 248, a neuf pieds de haut, pris sur le sol de la serre au-dessous de son dernier rang ou tablette, et sa largeur est de sept pieds six pouces du devant de sa première tablette, de manière que le devant de ces gradins, indiqué par la ligne $a\,b$, forme avec celle de terre, un angle d'environ 53 degrés.

Ce gradin a douze rangs de tablettes qui sont inégales de hauteur et de largeur, lesquelles vont en décroissant jusqu'à la septième, cote A, qui est à cinq pieds et demi de hauteur, et recroissent ensuite dans la même proportion jusqu'à la douzième. Il n'est pas ordinaire de diviser ainsi inégalement les gradins des serres, et si on l'a fait ici, c'est que cette division a paru d'autant plus naturelle que les pots de terre qui renferment les plantes, sont d'inégale grandeur; or, il est donc plus raisonnable de faire la hauteur des gradins proportionnée à celle des pots, que de les faire tous égaux; de plus, la division proposée a cela d'avantageux, que les plus petits objets se trouvent le plus près de la vue, et que les autres s'en éloignent davantage à mesure qu'ils augmentent de capacité; du reste, la construction des gradins est toujours la même.

Les tablettes sont faites en bois de chêne, d'un pouce au moins d'épaisseur ou quinze lignes; elles sont portées par des supports d'assemblage, distans d'environ trois pieds les uns des autres. Ces supports, dont un est vu de face, fig. 247, sont composés d'une forte planche A B C, de bois de chêne de deux pouces d'épaisseur, taillée en crémaillère pour recevoir les tablettes qui forment le gradin; la partie inférieure de cette planche est assemblée à tenon et embreuvement dans un patin D E, dont la partie antérieure est prolongée pour porter la première tablette.

Ce patin a quatre pouces d'épaisseur sur six pouces de hauteur, et est évidé en dessous, afin qu'il porte mieux des extrémités, et que les inégalités du sol ne le fassent point vaciller. L'extrémité supérieure de la planche B C est soutenue par un montant F G, qui est assemblé d'un bout dans le patin, et de l'autre avec cette dernière, où il entre à tenon avec une barbe c, qui forme un point d'appui qui soulage le tenon, et assure la solidité de l'assemblage.

Le montant F G est incliné en dedans par sa partie supérieure, afin d'avoir plus de force pour résister au poids du gradin qui, lorsqu'il est chargé, ne laisse pas d'être très considérable et pour diminuer l'effet de ce poids, et par conséquent soulager le montant F G, on ajoute deux autres montans ou écharpes L M et N O, qui venant à buter contre la planche B C, en soutiennent tout le poids et l'empêchent de faire aucun mouvement en arrière. Ces deux écharpes sont assemblées à tenons et embreuvemens dans le patin D E, et simplement en entaille dans la planche D C, comme il est indiqué par des lignes ponctuées, ce qui est suffisant, parce qu'on peut les arrêter avec cette dernière par des clous, ou avec un boulon à vis, ce qui vaut encore mieux.

L'écharpe L M est moisée avec la traverse H I, c'est-à-dire, qu'elle est assemblée en entaille avec cette dernière, ce qui vaut absolument mieux que d'y faire des tenons et des mortaises : car cela obligerait nécessairement à couper l'une ou l'autre de ces deux pièces, ce qui en diminuerait considérablement la force et nuirait par conséquent à la solidité de l'ouvrage. Comme l'extrémité inférieure de l'écharpe N O porte à faux sur le patin D E, on ferait très bien de mettre une cale sous ce dernier quand l'ouvrage serait posé, afin qu'il se maintînt toujours dans la même position.

On entretient l'écart des supports du gradin, par deux entre-toises P P, figures 247 et 248, qui sont entaillées comme celle fig. 249, à l'endroit de chacun des patins, avec lesquels on les arrête par le moyen des boulons : on met aussi d'autres entre-toises Q Q, figures 247, 248, dans la partie supérieure du gradin, lesquelles sont entaillées, ainsi que celles du bas, pour recevoir les montans F G, avec lesquels on les arrête avec des boulons à vis, ainsi que ces dernières. La disposition des gradins, quant à leur plan, fig. 248, est toujours sur une ligne droite, quoique peut-être, ferait-on mieux de les construire sur un plan courbe, afin que les rayons du soleil fussent plus concentrés dans la serre, qui est supposée construite alors sur le même plan que le gradin.

147. Il arrive rarement que l'on fasse retourner les gradins en retour d'équerre, ce qui ne serait pas bien par rapport à leur destination ; mais s'il arrivait qu'on

y fût contraint par les localités, et qu'ils fissent un angle par leur plan, soit droit, comme à la figure 248, soit obtus, ce qui se rencontrera plus souvent ; il faudrait mettre dans cet angle deux supports joints l'un contre l'autre, ainsi que ceux RS et TU, fig. 248, afin qu'ils portassent les extrémités des tablettes, et qu'ils pussent se séparer dans le cas d'une restauration ou d'un changement ; et pour assurer ces deux supports ensemble, on peut les lier avec des boulons à vis ; ce qui est d'autant plus facile que leurs patins seront plus minces que ceux des autres, de manière qu'ils affleurent intérieurement la crémaillère et les montans qui la supportent. La construction de ces supports d'angle est la même que celle ci-dessus, à l'exception que les pièces qui les composent sont plus grandes : leurs dimensions et leur coupe doivent être relevées sur la ligne d'arête du plan, ce qui ne souffre aucune difficulté.

Si l'on craint que la distance qu'il y a de l'extrémité de l'angle du plan jusqu'au premier support droit soit trop considérable, il faut mettre dans l'intervalle des demi-supports comme ceux XX, fig. 248, afin de diminuer la portée des tablettes, qui ne doit pas être plus considérable que trois pieds et demi à quatre pieds ; ce qui est encore beaucoup pour des planches qui n'auraient qu'un pouce à quinze lignes d'épaisseur ; parce que le poids des pots, qui est considérable, les ferait plier. En général, la solidité est la qualité la plus recommandable de ces sortes d'ouvrages ; les bois doivent être très sains, pas trop secs, et corroyés sur toutes les faces sans aucune espèce de moulure, si ce n'est aux tablettes qu'on peut orner d'une moulure sur l'arête, quoiqu'un arrondi vaille mieux. Ces tablettes doivent être corroyées, afin qu'étant peintes, leurs surfaces soient plus unies ; elles sont clouées sur les supports à l'endroit où elles finissent, ce qui doit toujours avoir lieu à l'endroit d'un support ; on doit les entailler à moitié bois sur trois pouces de longueur, afin qu'en les attachant l'une avec l'autre sur le support, elles y tiennent plus solidement et gardent leur niveau. On ferait même mieux de se servir de vis, au lieu de clous, pour fixer ces tablettes sur les supports : cela apporterait de grandes facilités pour déposer, lorsqu'il faut faire cette opération.

La fermeture des serres, abstraction faite des portes, consiste en des châssis dont les bâtis sont réduits à la moindre largeur possible, afin de porter moins d'obstacles aux rayons du soleil, le meilleur moyen est de les construire en fer. Quand on les fait en bois, il faut que leur force soit sur leur épaisseur, soit qu'on les fasse ouvrans ou à coulisse, ou à demeure : et pour conserver plus de force et plus de jour, on ne met point de petits montans, ni de traverses de petits bois ; mais à la place de ces derniers des tringles en fer qui supportent les verres et maintiennent l'écart des battans. Il y en a même où l'on ne met point du tout de traverses en bois ou en fer, dans toute la hauteur du châssis, si ce n'est une ou deux petites tringles, que l'on pose en dedans des châssis pour retenir l'écart des battans. Dans ce cas, les vitres se recouvrent les unes les autres comme on le verra plus bas.

148. Les serres de la seconde espèce sont celles qui ne consistent qu'en une enceinte de murs d'appui, faite en terre pleine, et qu'on couvre avec des châssis vitrés. Ces châssis sont faits par le menuisier; nous n'avons rien de particulier à dire sur ce qui les concerne.

149. Les serres mobiles, c'est-à-dire, celles qu'on peut changer de place, sont composées de deux châssis et d'une espèce de caisse sans fond qui les supporte : les figures 250, 253 et 256 en donneront l'idée.

Cette caisse a environ six pieds de longueur sur quatre pieds et demi de largeur, sa hauteur par derrière est d'environ deux pieds, trois à quatre pouces, et par devant de douze à treize pouces seulement, de manière que sa surface supérieure est inclinée à l'horizon de seize degrés, comme on peut le voir à la fig. 250, qui en représente la coupe prise sur la largeur, comme celle 255 en représente la coupe prise sur la longueur, suivant la ponctuée *ab*, fig. 250. Cette caisse doit être faite d'un bois d'un pouce et demi d'épaisseur, jointe à rainure et languette, avec des clés; et pour qu'il ne se trouve pas de bois tranché aux côtés, qui doivent être d'inégale largeur d'un bout à l'autre, il faut y mettre une planche en dessus et une en dessous, et faire les alaises en biais, comme on peut le voir à la figure 150.

Les pourtours de cette caisse doivent être assemblés à queue d'aronde, et arrêtés avec de fortes vis à bois, après quoi on y met des équerres en fer, qui embrassent les angles et en empêchent l'écartement. Au milieu de la longueur de la caisse et à sa partie supérieure, est assemblée en entaille double, une forte traverse I, fig. 261, d'environ quatre pouces de large, laquelle sert à porter les châssis, et qui est creusée au milieu de sa largeur, pour faciliter l'écoulement des eaux qui tombent de dessus ces derniers. La caisse est garnie de quatre mains de fer placées sur sa longueur, deux de chaque côté, afin de pouvoir la transporter quand on le juge à propos, pour couvrir de nouvelles couches.

Ces serres portatives sont composées de plusieurs caisses semblables qu'on place à côté les unes des autres, et qui sont chacune couvertes de deux châssis qui les débordent au pourtour d'environ un pouce, tant pour faciliter l'écoulement des eaux, que pour qu'ils ne débordent pas trop en dedans de la caisse, dont l'intérieur est indiqué par les lignes ponctuées *cd*, *ef*, *ce* et *df*, fig. 253.

Chaque châssis est composé de deux battans, de deux traverses et de deux montans, disposés parallèlement à ces derniers, dans toute la longueur du châssis, dont les bois, du moins en partie, doivent avoir deux pouces ou vingt-une lignes au moins d'épaisseur, comme on peut le voir aux figures 256, 257, 258, 259, 260, 261 et 262, qui représentent les différentes pièces de ce châssis.

Les traverses du haut du châssis doivent être plus

épaisses que les battans de quatre à six lignes, qu'ils désaffleurent en dessous pour former un revers d'eau A, fig. 256, qui écarte les eaux du bord de la caisse. La traverse du bas, fig. 257, doit être d'une épaisseur à peu près égale à celle du haut, dont elle diffère non seulement par la forme, comme on peut le voir dans cette figure, mais encore en ce qu'elle désaffleure le dessus des battans indiqués par la ligne gh, de la profondeur de la feuillure : ce qui est nécessaire pour que les vitres qui portent sur cette dernière, portent sur la traverse, afin que l'eau qui tombe sur ces vitres ne s'y arrête pas et tombe tout de suite à terre; ce qui ne pourrait être s'il y avait des feuillures à cette traverse, lesquelles arrêteraient l'eau et la feraient passer en dedans du châssis, quelque bien mastiquées qu'elles puissent être.

En dessous de cette traverse, et d'après le nu du châssis indiqué par la ligne il, est réservé intérieurement une espèce de tasseau B, fig. 257, qui sert à retenir le châssis en place, en l'empêchant de glisser de dessus la caisse, comme la porte semblerait l'exiger. Le devant de cette traverse est terminé par un larmier C, lequel facilite l'écoulement des eaux en devant de la caisse.

Les montans du châssis s'assemblent dans la traverse du haut à l'ordinaire, et dans celle du bas à tenon et enfourchement, ce qui ne peut pas être autrement, vu que cette dernière passe au nu du fond des feuillures, tant des battans que des montans, comme on peut le voir à la figure 257, et plus particulièrement à la figure 262 qui représente la coupe d'un montant et celle de la traverse du bas du châssis avec leur assemblage.

La construction des battans de ces châssis n'a rien de particulier, si ce n'est qu'ils sont fouillés en dessous pour recevoir une languette observée au côté de la caisse H, qui entre dans le battant de rive D, fig. 258, comme les languettes de la traverse I, fig. 261, entrent dans les battans du milieu F G, même figure. Il faut faire attention que ces rainures sont moins profondes que les languettes ne sont hautes, afin que l'eau qui pourrait s'introduire de l'extérieur entre les deux pièces D et H, fig. 258, ou celle F et I, fig. 261, (ce qui est la même chose) n'y séjourne pas; et que n'étant pas arrêtée par le frottement des deux joues, elle s'écoule plus vite, à quoi elle est excitée par la pente de ces mêmes joues. Il faut aussi qu'il y ait beaucoup de jeu sur la largeur de ces rainures, afin que les châssis puissent se lever facilement lorsque cela est nécessaire.

Les montans EE, fig. 259 et 260 doivent être très droits, toute leur force étant sur leur épaisseur, et pour que le poids du verre qu'on pose dessus ne les fasse pas ployer, on met en dessous du châssis et dans la moitié de sa longueur, une tringle de fer $m\,n$, fig. 254, qui représente un châssis, vu en dessous, qui les soutient et en même tems en empêche l'écart, ainsi que des battans sur lesquels elle est attachée avec des vis, de même que sur les montans, comme on peut le voir dans cette figure. Les verres de ces châssis se posent à plat et à recouvrement les uns sur les autres : ce qui oblige à faire les feuillures plus profondes qu'à l'ordinaire, afin que le mastic ait plus d'épaisseur et, par conséquent, de force à l'endroit du recouvrement du verre, qu'on ne doit poser qu'après avoir enduit les châssis, surtout dans les feuillures, de deux fortes couches de peinture, en observant qu'il ne faut pas attendre que la dernière couche soit entièrement sèche, afin que le mastic s'incorpore plus parfaitement avec elle, et qu'il ne puisse se détacher du bois.

150. Il y a des ouvriers qui ne donnent que peu de profondeur aux feuillures de ces sortes de châssis, et qui disposent le mastic comme une espèce de bourrelet, qui porte autant sur le plat du battant que sur les verres, et cela par la raison que, quand les châssis sont disposés à l'ordinaire, l'eau s'introduit entre les feuillures et le mastic, qui se retire en séchant et se détache du bois ;

mais cela n'arrive pas toujours, surtout quand on a pris les précautions recommandées ci-dessus.

151. Les vitres ne seront pas rectangulaires sur leurs quatre côtés. La partie qui doit être l'inférieure doit être coupée en feston ou en pointe, et de manière à ce que cette pointe se trouve au milieu; cette disposition est très bonne pour ramener le courant des eaux au milieu des vitres, et empêcher que l'eau n'afflue du côté des battans.

152. Les serres dont le contour est construit en maçonnerie, comme celle représentée en coupe, fig. 251, sont quelquefois très longues sans être pour cela plus larges que celles dont nous venons de parler; elles sont également couvertes par des châssis dont la forme et la construction sont les mêmes qu'à ces derniers, et qui sont aussi portés dans la longueur de la serre par des pièces de bois semblables à celle I, fig. 261, et aux extrémités et sur la longueur de la serre, par des dalles de pierres taillées en revers d'eau, comme on peut le voir dans la figure.

153. On fait encore des serres chaudes, qui ne diffèrent de ces dernières qu'en ce que leur pourtour est formé par des châssis de menuiserie vitrés, du moins des trois côtés le plus exposés au soleil. Ces serres sont ordinairement plus élevées, et leur hauteur est telle qu'on y puisse entrer facilement.

154. Ces châssis qui forment le dessus des serres se lèvent tous les uns indépendamment des autres. On les entr'ouvre du derrière lorsqu'on veut simplement donner de l'air à la serre, et on les retient à l'ouverture convenable, au moyen d'une crémaillère en bois, fig. 252.

155. Des châssis ainsi construits, peuvent servir avec avantage à fermer les serres de la première espèce, en observant qu'il faudrait mettre des petits crochets en fer, attachés avec des vis sur le battant des châssis, et qui fussent recourbés en dedans pour supporter le poids

des vitres qui, étant posées verticalement, doivent être soutenues plus solidement qu'avec le mastic.

CONDUITE DES EAUX D'ARROSEMENT.

156. Lorsqu'il n'y a qu'un puits ou qu'une pompe dans un grand jardin, il serait très difficile de pourvoir à l'arrosement s'il fallait aller sans cesse tirer l'eau au même endroit pour la porter à bras à des distances souvent assez grandes, et qui, encore bien qu'elles seraient rapprochées, finissent toujours, au moyen des allées et venues, par être très fatigantes. D'une autre part, le tems passé en parcours est un tems perdu. Dans ce cas, on établit auprès du puits ou de la pompe un réservoir élevé, d'où l'eau s'écoule par des conduits dans d'autres réservoirs toujours de moins en moins élevés, et dont les derniers peuvent être situés au-dessous du niveau du sol. Presque toujours ces conduits sont faits en plomb, en zinc, ou en fer-blanc; mais il arrive aussi par fois qu'on les construit en bois : c'est alors un ouvrage que le treillageur peut entreprendre, et il convient de lui en dire deux mots.

On voit de ces conduits faits d'une seule pièce de bois : ce sont les meilleurs, mais aussi les plus dispendieux. On refend une longue perche d'aune ou de sapin, puis on creuse dans chacune des moitiés de cette perche un canal arrondi. La figure 265 représente la coupe d'une conduite de cette sorte. Plus communément, on compose le canal de deux planches dressées, posées l'une sur le champ de l'autre, formant à elles deux un angle droit. On les fait tenir dans cette position soit avec des vis, soit le plus souvent avec des clous. Si les bois, après avoir été dressés, venaient à se gondoler et que leur juxta-position devînt difficile, on aurait encore la ressource d'interposer entr'eux dans l'endroit de leur contact, des bandes de feutre, ou bien des lanières de vieux cuir, et même de la mousse pressée; les clous ou les vis opérant pression sur ces matières élastiques et imperméables, bouchent tout passage à l'infiltration des eaux.

157. Mais on ne se contente pas toujours de la juxtaposition; assez souvent on fait une rainure et une languette, comme nous l'avons représenté fig. 263 et 264; soit qu'on fasse le conduit angulaire, ce qui est préférable au carré qui est la plus mauvaise méthode. Dans l'un et dans l'autre cas, on peut recouvrir ces conduits avec des planches, afin de les garantir des terres et de la chute des feuilles, qui finissent par obstruer le passage, et exigent des nettoyages fréquens. Ces planches de recouvrement ne sont jamais posées à demeure, elles sont simplement posées sur les conduits; elles tiennent par leur propre poids et par des rainures ou des chanfreins que l'on fait sur les rives, et qui entrent dans la partie supérieure du conduit.

158. Nous ne pouvons entrer dans le détail des manières diverses de transmettre les eaux. Dans les beaux jardins, des conduits souterrains alimentent des bassins et des réservoirs; la connaissance de ces conduites d'eau est du ressort du *plombier et du fontainier*, et l'on peut à cet égard consulter le manuel de cet art; mais lorsqu'on n'a pas le moyen de faire des dépenses, le mode des conduits en bois a bien son avantage; il nous reste encore à expliquer comment se placent les conduits dont nous avons donné la coupe dans les fig. 263, 264 et 265.

Si on a une grande étendue de terrain à parcourir, il faut élever en conséquence le réservoir principal. Dans notre figure 266, nous avons outré cette élévation, afin de rendre la pente plus sensible, néanmoins il est des cas où il faut que le premier réservoir soit très élevé, et dans ce cas il faudra se servir d'une pompe, ou d'un système de seaux à bascule; supposons une pompe dont *a* sera le robinet.

b, premier réservoir, qui peut être une caisse en

bois, garnie de plomb à l'intérieur; ou qui peut être une cuve, une auge en pierre; mais alors soutenue par une maçonnerie; un tonneau, ou tout autre chose pouvant contenir l'eau.

d, bâtis supportant le premier réservoir. Si ce réservoir est élevé hors de la portée d'un homme ordinaire, on le construit de manière à ce qu'il puisse servir d'échelle ou de marche-pied, pour qu'il soit possible d'y monter.

e, tuyau en cuir ou en plomb, ayant son orifice dans un endroit quelconque du premier réservoir, au-dessous du niveau de l'eau, et servant à alimenter le second réservoir *f*. Si ce tuyau est en plomb, on y ajustera un robinet, s'il est en cuir, on pourra se contenter d'un lien de corde ou de cuir placé à l'endroit indiqué. Ce robinet, ou ce lien, servant à intercepter le conduit *e* aussitôt que le second réservoir *f* est plein.

f est, comme nous venons de le dire, le second réservoir enfoncé en terre à la portée de la main; c'est ordinairement un tonneau défoncé par un bout. Lorsqu'on enfonce ces tonneaux en terre, on doit toujours faire les trous plus profonds qu'il ne faut et mettre au fond, avant de placer le tonneau, quelques grosses pierres irrégulièrement taillées, ou deux chantiers en bois, sur lesquels le tonneau reposera; si on le mettait immédiatement sur la terre, le fond serait promptement pourri et le tonneau fuirait; posé sur des grosses pierres concassées, il dure presque le double de tems.

h, premier conduit. On le place dans une échancrure faite au bord de la caisse *b*, et de manière à ce que l'eau ne s'épanche pas en dessous. A cet effet on garnit la jonction de cuir ou de mousse, et on assujettit solidement le conduit, soit avec des vis ou des clous plantés dans le champ entaillé de la caisse *b*.

i, support du conduit. On met ces supports de distance en distance. On conçoit que, dans notre figure, nous avons de beaucoup trop rapproché les réservoirs, comme aussi nous avons fait la pente trop rapide, pour ne pas employer trop de place. Ces supports se font avec deux perches liées ensemble par le haut; les bouts sont enfoncés en terre et consolidés avec des racineaux ou coins en bois, ou même tout simplement avec des grosses pierres.

j, troisième réservoir, exhaussé sur un bâtis, auprès duquel on remarquera un marchepied *k* sur lequel on monte pour avoir la facilité de puiser l'eau dans le réservoir *j*.

l, second conduit. On doit observer que si la longueur de ces conduits était trop restreinte pour aller d'un réservoir à l'autre, il faudrait en ajouter plusieurs les uns au bout des autres; il y a plusieurs manières de faire ces jonctions; mais la plus simple et la plus usitée est de les croiser l'un en dessus l'autre en dessous. Si la pente n'est pas rapide, et que l'on puisse craindre le reflux de l'eau qui s'épancherait en dehors, on peut clouer un morceau de cuir, de feutre ou de ferblanc sur la jonction. Il faut toujours mettre un support à cet endroit.

m, fourche servant de support. Elle doit être enfoncée assez avant dans la terre, et être aussi consolidée par des racineaux, des coins ou des pierres.

n, quatrième réservoir. On l'a fait reposer sur deux chantiers en bois, qui l'isolent de terre et s'opposent à la prompte destruction du fond.

o, troisième conduit.

p, cinquième réservoir; il est entré en terre de la moitié de sa hauteur. On n'est pas contraint de faire de suite une si grande différence; on peut ne le faire entrer que d'un tiers ou d'un quart. On peut aussi faire aboutir à ce réservoir, comme aux autres assez élevés, plusieurs embranchemens portant l'eau dans d'autres directions; chaque réservoir peut en alimenter quatre autres autour de lui, à des distances plus ou moins rapprochées; cela dépend de la hauteur du niveau d'eau de ce réservoir.

q, quatrième conduit.

r, sixième réservoir. Il se trouve presque au niveau du sol ; il ne peut plus alimenter autant de réservoirs intermédiaires que les précédens dont le niveau d'eau est plus élevé ; mais il peut encore fournir de l'eau à quatre tonneaux situés plus bas que le niveau du sol ;

s, cinquième conduit. Il atteint le niveau du sol dès la moitié de sa longueur. On creuse alors un canal dans la terre et l'on couche le conduit dans ce canal. Pour que la terre n'éboule pas des deux côtés, on met des bordures et des racineaux de chaque côté (V. 73). On fera en sorte que le conduit en bois ne repose point sur la terre où il pourrirait, et à cet effet on fera le canal plus creux qu'il ne devrait être, et on posera de distance en distance des grosses pierres, sur lesquelles le conduit prendra ses points d'appui : son dernier point d'appui sera sur le tonneau lui-même ; et comme ce tonneau est beaucoup plus bas que le sol, on devra de même soutenir les terres par des perches plantées autour et des bordures courbées, ou simplement par une ceinture de douelles plantées en terre. Il est prudent d'entourer ce dernier réservoir d'une palissade en treillage *t* qui en garantisse les approches, de même que pour en approcher avec sécurité et y puiser facilement, on fait une marchette *v* en bois, supportée par des pieux ; et, comme on n'atteindrait que difficilement le fond du tonneau lorsqu'il n'y a plus guère d'eau, on se sert pour puiser d'un crochet *x* toujours planté à proximité de la marchette.

Il n'est pas besoin d'expliquer comment l'eau se transmet à tous ces réservoirs, seulement il n'est pas inutile de dire que, lorsque le premier tonneau *f* est plein, on doit de suite fermer le robinet, ou serrer la corde *g*, afin que le réservoir principal *b* puisse se remplir et renvoyer l'eau aux autres réservoirs *j*, *n*, *p*, *r*, *t*.

PONTS.

159. Nous ne prétendons pas conseiller au menuisier

et encore moins au treillageur d'entreprendre la construction d'un pont de quelque importance; mais s'il ne s'agit que de faire une passerelle pour traverser un petit ruisseau, ou bien même pour communiquer d'un endroit élevé à un autre, dont il serait séparé par un chemin creux, alors, bien certainement il peut entreprendre de faire lui-même son pont. Assez ordinairement voici la manière qu'on emploie : on place en travers trois poutres solidement fixées sur les deux berges, au moyen de pierres et de pieux; si les poutres ou les perches sont trop faibles pour la largeur de l'espace à traverser, on les supporte en dessous par des étais ou des poteaux. Lorsque ces trois poutres sont placées, on cloue dessus en travers de fortes planches de deux ou trois centimètres d'épaisseur, bien jointes les unes contre les autres et de chaque côté, on fait un garde-fou en treillage. Si l'on veut donner plus de grâce à ce pont, on le recouvrira, au lieu de planches, de bûches bien droites couvertes de leur écorce; mais cette méthode est plus dispendieuse que la première, et charge davantage le pont. Nous aurions pu donner le dessin d'une infinité de petits ponts ainsi construits; mais nous aurions augmenté inutilement nos figures déjà nombreuses; nous aimons mieux renvoyer à l'ouvrage de M. Boitard, *l'Art de composer et de décorer les Jardins* (1), où l'on trouvera tout ce qu'on peut désirer de mieux à cet égard. Nous n'avons qu'une recommandation à faire, c'est celle d'une grande solidité; un pont n'est pas une décoration pure et simple, c'est un passage, une communication souvent indispensable; il faut avant tout qu'elle soit sûre.

VOLIÈRES.

160. La volière faite dans un jardin est une espèce de tourelle en grillage, l'ouvrage que nous venons de citer en

---

(1) Chez Roret, libraire, 2 vol. dont un de 128 planches, prix 15 fr.

fournira d'heureux modèles, et d'ailleurs la figure 61 peut en donner une idée satisfaisante. Il ne s'agit dans ce cas, que de substituer le grillage au treillage. On fera si l'on veut le bâtis en bois ; mais il convient mieux qu'il soit en fer; l'air circule plus librement ; et c'est de l'air qu'il faut principalement aux habitans de la volière. On doit, autant que possible, la faire assez grande pour qu'il soit possible de s'y introduire lorsqu'il s'agit de la nettoyer ou d'y faire des changemens. De toutes parts doivent être placés des juchoirs faits en bois de sureau. On choisit ce bois parce que les mites se logent dans la moëlle, où il est ensuite facile de les détruire. Les juchoirs seront particulièrement placés dans le haut, dans la flèche ou le clocher qui la domine, afin que les oiseaux puissent se retirer dans cet endroit lorsqu'il sera nécessaire d'entrer chez eux. Le sommet de la volière, ou quelqu'autre endroit sera couvert en planches inclinées, et des juchoirs seront placés sous ces planches, afin que les oiseaux y trouvent un abri dans les tems de pluie. De plus il sera bon de réserver quelques coins isolés, quelques demeures particulières, où pourront se retirer *les couples qui veulent couver.* La volière doit être située dans un lieu aéré et bien exposé aux rayons du soleil, mais en même tems abrité des vents ; il sera bon qu'un grand arbre l'avoisine et et la couvre de son feuillage par le haut et du côté du nord. On plantera alentour, et dedans même, des arbustes dont les feuilles attireront les *mouches,* dont *les oiseaux sont avides, et dont la* verdure plaira à leurs yeux. *Le sol de la volière doit être sablé* ; mais la terre nue devra se trouver dans quelqu'endroit, et si elle ne s'y trouve pas, il faudra en mettre dans des pots. De plus dans un endroit où les ordures ne pourront parvenir, on fera un petit bassin large et peu creux : un grand plat, par exemple, dans lequel on mettra l'eau qui sert au bain, et dans d'autres endroits, et de manière à ce qu'on puisse les atteindre du dehors, des mangeoires et des vases recouverts, dans lesquels les oiseaux trouveront l'eau à boire. Quel que soit le dessin qu'on veuille donner à la volière, il faut que ces conditions y trouvent accès, et il faudrait plutôt sacrifier la grâce à l'utilité. Une volière est une prison : qu'elle soit au moins commode; et que ses pauvres habitans y trouvent une partie de ces biens que la nature leur donne à deux mains lorsqu'ils jouissent de leur liberté. La santé des oiseaux enfermés est beaucoup plus délicate que celle des oiseaux libres, et cette santé sera bientôt détruite s'ils ne trouvent pas dans leur habitation de l'eau fraîche incessamment renouvelée, une nourriture abondante, du sable, de la terre, des bains. Les mangeoires seront construites de telle sorte que l'oiseau pourra y prendre sa nourriture; mais non l'éparpiller, il est naturellement gaspilleur. Si on lui met de la nourriture pour deux jours et qu'il puisse la répandre, il le fera sans y manquer, parce qu'il est imprévoyant; il mangera le premier jour *tout* ce qu'il y aura de meilleur, et le lendemain il pâtira. Les mangeoires seront donc faites en trémie, et de manière à ce que la graine ne descende qu'au fur et à mesure qu'elle est employée. Ces mangeoires peuvent être facilement confectionnées avec de cette planchette de hêtre que les boisseliers emploient, et qu'on trouve toute refendue chez les marchands de bois : les assemblages se font avec des pointes en fil de fer, des clous aplatis ou des coutures en fil de fer doux.

Grillage.

161. Quant au grillage qui entoure la volière, s'il doit être peint, on le fera en fer, sinon en fil de laiton. Voici comme on s'y prend pour le faire. Si le haut de la volière est en bois, on cloue sur une même ligne une rangée de clous d'épingle à tête plate, qu'on n'enfonce pas d'abord tout-à-fait : ces trous seront espacés régulièrement et ces espaces correspondront à la grandeur des mailles qu'on voudra faire. Assez ordinai-

rement, surtout lorsqu'on n'a pas beaucoup d'habitude, on marque les espaces avec un compas afin qu'ils soient plus réguliers. Quand le bâtis est en fer, on fait avec une lime tiers-point une petite encoche sur la traverse du haut, à chacun des endroits où l'on aurait enfoncé un clou d'épingle si cette traverse eût été en bois. Si la traverse est en bois, on peut commencer immédiatement à placer les bouts de fil après les pointes; mais assez souvent on bâtit le treillage sur un cadre en gros fil de fer, et à cet effet on place une traverse de ce gros fil sur les clous. Que l'on agisse de l'une ou de l'autre de ces trois manières, après avoir fait la préparation qui vient d'être expliquée, on s'occupe de la division du fil. C'est ici le plus difficile du métier lorsqu'on ne veut point faire de perte; mais comme les plus habiles grillageurs ne sont pas sûrs d'arriver juste, il convient de mettre les fils plutôt plus longs que plus courts; plus longs on en est quitte pour couper les bouts excédant; plus courts il faut faire des *reprises* ou *ralonges*, ce qui produit toujours un fort mauvais effet, et ne présente pas de sécurité. Dans l'évaluation de la longueur qu'il faut donner aux fils, on doit avoir égard, non seulement à *la longueur* des surfaces qu'il s'agit de grillager, mais encore à leur largeur; moins cette largeur sera considérable, plus il faudra que les fils soient proportionnellement longs : ceci semble singulier au premier abord, mais l'étonnement cessera si on considère que les fils allant toujours en diagonale, et se repliant sur eux-mêmes lorsqu'ils ont atteint *les montans*, font plusieurs *allées et retours*, lorsque le grillage est étroit comparativement à leur longueur. Les grillageurs sont habitués à évaluer ces surfaces longues en carrés parfaits, et font le calcul de combien de carrés parfaits se compose la surface alongée. (Nous parlons dans la supposition que la volière est faite sur plan polygonal; si le plan était circulaire ou seulement octogone, on ne ferait point de retour, et la maille se continuant en hélice, l'observation que nous venons de faire, serait sans objet.) Après s'être rendu raison de combien de carrés parfaits se compose le carré long, ils calculent ainsi leurs longueurs d'après celle qu'il leur faut pour remplir un carré parfait. Or, pour remplir ce carré, il faut que chaque fil soit long comme la diagonale, plus une moitié de cette diagonale. Si cette règle était invariable, on pourrait se baser dessus; mais elle ne l'est pas, parce que la grandeur des mailles y apporte des modifications; plus la maille sera serrée, et plus il faudra donner de longueur aux fils. Nous le répétons, cette évaluation n'est pas chose facile pour celui qui n'a pas l'habitude d'établir des grillages.

162. Une fois l'évaluation faite, on coupe le fil avec ces pinces nommées *coupe-net* qui servent à couper les fils métalliques. Chacun des fils doit être double, c'està-dire, avoir une longueur double de celle réputée nécessaire. On plie ce fil en deux et on le met à cheval soit sur le clou d'épingle, soit sur la traverse de gros fil de fer, en le faisant entrer dans l'encoche faite avec le tiers-point, soit enfin sur la traverse et le clou d'épingle réunis, si on veut faire le grillage sur un cadre de gros fil de fer, indépendant du bâtis de la volière. Lorsque tous ces fils doubles sont placés, on peut commencer de suite à grillager; mais assez souvent, hors le cas où l'on ne met que des clous sans traverse dessus, on donne de suite un tour pour fixer les fils en place. Lorsque les fils sont fixés, on commence à grillager. Voici comment on opère. Le pouce de la main droite et l'index de la gauche étant garnis de deux doigtiers en forte peau ou en cuir, on prend de chaque main un fil simple, on croise les mains, c'est-à-dire que la main droite va chercher le fil qui est à gauche en passant derrière la main gauche, tandis que cette dernière prend le fil qui est à droite, en passant entre la main droite et la poitrine de l'ouvrier : ces deux fils étant tenus entre le pouce et l'index de chaque main. Lorsque les fils sont ainsi tenus, on tire un peu dessus pour les tendre et en même tems, en tenant toujours le raide,

on ramène la main droite du côté de la poitrine, tandis que la gauche passe derrière la droite. Le croisement est fait alors. Dans cette opération c'est le pouce de la main droite qui donne l'impulsion au fil, tandis que l'index de la main gauche la donne de son côté, ou simplement reçoit la pression. Les bons grillageurs ne se servent que des pouces garnis de doigtiers pour faire les croisemens. C'est une habitude qu'il faut prendre si l'on doit faire souvent et long-tems du grillage; mais si on n'en fait qu'accidentellement, on peut se servir de l'index de la main gauche comme il vient d'être dit. Cette opération est plus facile à faire qu'à décrire, et comme elle se fait aisément, nous pensons que le peu que nous venons de dire sera suffisant pour la faire comprendre. On fait ainsi tout le premier rang de mailles, en allant de gauche à droite. Quand ce premier rang est fait, on en commence un second, et ainsi de suite.

Lorsqu'on arrive aux montans du cadre, on passe le fil par dessus et l'on ramène le tour. Assez ordinairement on fait un double tour sur le montant, ou bien on se contente de ne faire le double tour que de deux en deux rangs de mailles. Quand il n'y a pas de cadre en gros fil de fer, on est obligé de planter des clous le long du montant, comme on l'a fait sur la traverse du haut, en les espaçant de même; c'est sur ces clous que l'on fait les retours, qui dans ce cas seront toujours simples du haut jusqu'en bas. Lorsqu'on a atteint la traverse du bas. On fait un *double* tour sur elle et l'on croise en dessous, puis avec une pince coupe-net, ou même la tenaille de treillageur, si le fil est gros, on coupe tous les bouts et l'on rabat les croisemens. Si on a mis un cadre, on peut enlever le grillage pour l'aller ensuite poser, s'il n'a pas été fait sur place. Si on n'a pas mis de cadre, l'usage est de le faire sur l'endroit qu'il doit occuper, et alors on le fixe à demeure en enfonçant tous les clous d'épingle du pourtour, qu'on avait laissé saillans pour pouvoir y passer les fils. En enfonçant ces clous, il faut avoir soin que la tête rencontre le fil et le pince sur le bâtis.

163. Nous pourrions, en prévoyant diverses situations, donner encore d'autres préceptes; mais nous venons de faire connaître le matériel de l'opération; l'usage enseignera le reste.

GIROUETTES.

164. Nous avons parlé d'une girouette que l'on place sur le haut de la tente en treillage. (V. 117.) Le treillageur est souvent appelé à en construire d'autres sur les kiosques et les boulingrins. Nous devons lui fournir quelques idées générales sur cet objet, qui d'ailleurs rentre tout-à-fait dans les attributions du serrurier. Une girouette remplit *toutes les conditions voulues* lorsqu'elle est légère, solide et qu'elle tourne facilement à tout vent. On ne se douterait pas de toutes les recherches que cet objet si simple au premier aperçu a fait faire : il y a telle girouette à laquelle nous ne faisons nulle attention, et dont le mécanisme est connu de plus de vingt lieues à la ronde par tous les serruriers de plusieurs départemens limitrophes. Il y a telle girouette de cathédrale qu'on m'a fait remarquer, qui ne frotte *contre aucun corps fixe*, et ici je ne veux pas parler du frottement sur des galets tournant sur des axes fixes, car ici encore il y a un corps fixe et il faut que les axes soient lubréfiés de tems en tems, ce qui ne peut se faire sur le haut d'une flèche de clocher, où l'on ne peut aller mettre de l'huile; mais je veux parler de sphères parfaitement libres, roulant sur tous les points de leur périmètre. Ce n'est pas ici le lieu de faire connaître ces travaux de l'imagination des artistes. Il ne s'agit pas de tant de perfection, il ne faut qu'une girouette sensible et on peut facilement l'obtenir.

165. Nous ne nous occuperons nullement des formes;

tantôt c'est un coq, tantôt un chasseur et son chien, tantôt un dragon, etc., etc., tout ce qu'on voudra: l'important est qu'il y ait force, légéreté, sensibilité. On nomme ainsi la mobilité, la faculté d'être mue par le moindre souffle. La force, on l'obtient en employant le fer au lieu du bois; la légèreté, de deux manières : 1° en n'employant que des matières très minces comme le fer blanc et la tôle; 2° en mettant les pièces en équilibre; la sensibilité s'obtient en évitant les contacts, les frottemens. La plus simple de toutes est celle représentée fig. 267 et 269. Soit *a*, fig. 267, le bout de la perche qui domine la tente, le boulingrin, le kiosque; on la consolidera par le haut au moyen de la douille ou virole *b*, puis on fera au centre un trou destiné à recevoir le grand clou *c*, terminé par le haut par un champignon *d* affectant la forme de la tête des clous dorés, c'est-à-dire que cette tête sera concave en dessous. Soit la fig. 269, le pavillon en tôle ou en fer blanc, on y pratiquera une espèce de douille *f*, en reployant la feuille sur elle même; on fera entrer dans cette douille la tige *c* du clou ou de la broche *c*, comme on voudra la nommer, et l'on plantera cette broche dans le bout de la perche *a*, en ayant soin que la perche elle-même et le clou *c* se trouvent tous deux dans une position absolument verticale, ce dont on s'assurera à l'aide d'un niveau rapporteur ou d'un *aplomb*, qui n'est autre chose que le plomb suspendu par une corde dont se servent les maçons. La tête *d* sert à garantir le dessus de la douille des eaux de pluie et de l'oxidation qui est la conséquence de leur introduction dans la douille.

166. Les fig. 268 et 270 représentent la même girouette plus soignée, plus sensible; *a b* sont également le bout de la perche et la douille qui la renferme; *c* est la tige qui supportera le pavillon et lui servira d'axe. On remarquera que cette tige *c* est amincie dans l'endroit où elle porte le pavillon, qui s'appuie alors sur l'épaulement produit par l'amincissement, au lieu de s'appuyer sur le bois de la perche comme dans

la figure 267 : il y a alors un frottement de fer contre fer, qui est bien plus doux que le frottement fer contre bois qui est bien l'un des plus mauvais que l'on puisse avoir. La tête à demeure d, fig. 267, est remplacée par l'écrou d, fig. 268, qu'on peut faire à chapeau et qui, étant fort étendu, garantit également des eaux pluviales. Lorsque la douille f, fig. 270, est passée dans l'axe c, on met l'écrou sur la vis qui termine cet axe, et le pavillon est solidement maintenu; on remarquera que nous avons fait deux échancrures, une en dessous, l'autre en dessus, à ce pavillon, fig. 270. Ces échancrures ont pour objet de diminuer d'autant le poids.

167. Mais ces girouettes ont un défaut: toute leur pesanteur est d'un seul côté, et cela occasione le long de l'axe et sur l'épaulement des frottemens qui sont durs et qui font crier la girouette lorsque le corps lubréfiant est absorbé. Il convient donc mieux de mettre le pavillon en équilibre, c'est une girouette de ce genre que la fig. 271 représente. On fait en sorte que le pavillon a fasse équilibre avec le fer de flèche b. Le bois de cette flèche pourra être en bois, ou mieux être un tube en fer blanc; il passera au travers de la douille c, dans laquelle il sera fixé. Cette douille horizontale c sera soudée sur une autre douille verticale, au fond de laquelle sera une crapaudine en cuivre. Le long de cette douille sera soudé un conducteur d en gros fil de fer, contourné par le bas e, en forme d'anneau. Il faut donner à ce conducteur une longueur raisonnable; plus il est long, plus le frottement est doux. On passera dans cet anneau e et dans la douille verticale, l'axe qui ne sera autre chose qu'une tringle en fer bien arrondie à l'endroit de son passage dans l'anneau e, et apointie par le bout qui doit entrer dans la crapaudine qui est au fond de la douille verticale. On aura une bonne girouette, car le mouvement de rotation se fera sur une pointe, et cette pointe au fond d'une douille à chapeau sera à l'abri de l'eau de pluie. Si l'on craignait qu'un

ouragan pût enlever cette flèche, on ferait la douille plus profonde, ou bien on passerait une broche dans un trou pratiqué dans la tige f un peu au-dessus de l'endroit où elle se trouve en contact avec l'anneau e. Avec cette précaution, et si l'axe f est planté dans une position absolument verticale, on aura une girouette aussi bonne que peuvent l'être ces appareils simples et peu coûteux.

RATEAUX, MANCHES DE BÊCHES, BROUETTES, CIVIÈRES.

168. *Rateaux*. Nous ne donnons point la figure d'un rateau, c'est un instrument que tout le monde connaît. Il y en a de deux sortes, les uns à dents de fer, les autres à dents de bois. Pour ceux à dents de fer, le manche est un bâton de frêne, arrondi avec la plane à deux poignées; il s'emmanche d'équerre dans une traverse de bois de hêtre ou de chêne plus ou moins longue, selon qu'on veut donner plus ou moins de portée au rateau. C'est dans cette traverse que sont implantées les dents, qui assez ordinairement sont courbes, la pointe dedans. Ces dents sont carrées et sont placées de manière à ce qu'un des angles soit tourné vers la personne qui se sert de l'instrument; dans cette position elles ont plus de force que si une des faces du carré de leur coupe était tournée de ce côté, parce que le fer oppose la diagonale à l'effort de la traction; elles sont rivées sur le dessus de *la traverse*. Quant à leur espacement, il dépend de la destination du rateau. Dans les grands rateaux, la distance entre les dents est de cinq à sept centimètres dans les petits elles sont quelquefois rapprochées jusqu'à quinze millimètres les unes des autres.

169. *Les rateaux à dents de bois*, dits aussi *fauchets*, servent à ramasser en tas les foins et autres herbes. Assez souvent ils ont des dents en dessus et en dessous. Le manche de ces grands rateaux est fait en fourche,

ce qui donne beaucoup plus de force et d'assiette, parce qu'alors la traverse ne risque plus de tourner sur le manche. La traverse n'est point droite comme dans les rateaux à dents de fer; mais elle est arrondie en segment de cercle, la courbure tournée de manière à ce que le bout du manche, ou un point quelconque de ce manche, se trouve au centre du cercle supposé dont la traverse ferait partie. Les dents sont des rondins de noisetier, de frêne, ou mieux, des branches de cornouillier; on fait des trous également espacés dans la traverse, et on y fait entrer à force les rondins qu'on appointit ensuite avec la serpette. On peut, si l'on veut donner plus de stabilité au manche, cheviller les deux branches de la fourche soit dans la traverse, soit en dehors dans la partie de ces branches qui excède.

176. *Les manches de bêche, de ratissoire, de houe, de mare* et autres outils de ce genre, sont faits en frêne ou en érable. Assez souvent on les fait confectionner par le tourneur; mais ils peuvent aussi être faits sur le chevalet avec la plane, puis adoucis avec la plane enfûtée, et enfin passés au papier de verre. On réserve ordinairement une pomme ou poignée au bout du manche. Ces manches, pour la longueur et la grosseur, doivent être appropriés à la taille et à la force de celui qui s'en sert. Quelques-uns doivent décrire certaines courbes; dans ce cas on a recours à l'eau et au feu, et au moyen *indiqué au commencement de cet ouvrage* (§ 73, v 3, fig. 60).

171. *Brouettes.* Tout le monde connait une brouette, nous n'avons pas besoin d'en donner la figure; une seule chose est difficile dans sa construction. C'est la roue, aussi conseillerons-nous au jardinier de l'acheter toute faite : ce n'est pas qu'avec un peu d'attention, *il ne puisse la faire lui-même*: cependant, lorsqu'on n'en doit faire qu'une ou deux dans un long espace de tems, on a peut-être tort de se livrer à l'étude que cette construction réclame, on peut employer son tems plus fructueu-

sement. Quant au surplus, l'inspection d'un modèle bien exécuté sera un meilleur guide que ce que nous en pourrions dire. Les modèles de M. Quantin Durand, sont justement renommés; quant aux civières, autre espèce de brouette, comme elle est moins connue, qu'elle a été toujours assez mal dessinée, et que d'ailleurs elle semble, par sa claire-voie, se rapprocher davantage de notre sujet, nous nous y arrêterons davantage.

172. *Civières.* Il y a plusieurs modèles de civières : nous avons choisi au hasard celui représenté fig. 272. Quand on saura l'exécuter, on ne sera pas arrêté par les changemens de formes. La brouette sert à transporter les terres, les gravois; la civière est plus légère, elle sert à transporter les arbustes, le bois, la paille, le foin, et autres objets que la brouette ne pourrait contenir. La civière a cela d'avantageux, qu'elle peut tenir lieu de la brouette, si on met dessus un baquet, un grand panier et autres ustensiles de cette nature pouvant contenir la terre, le sable et autres matières pulvérulentes, tandis que la brouette ne peut contenir les gros objets qu'on veut transporter, tels que tonneaux, caisses, etc., etc.

La fig. 272 représente une civière, vue en perspective. Nous le répétons, on ne doit avoir aucun égard à la forme, qui est susceptible de recevoir toutes sortes de modifications.

a a, sont les brancards : on les fait en frêne ou en orme : la cambrure peut être faite au feu ; mais on est plutôt dans l'habitude de les chantourner, et nous pensons que cela vaut mieux. On les répare avec la plane : *b* est la roue; assurément dans toute circonstance, une roue d'assemblage est préférable, elle est plus légère, elle se maintient plus long-tems ronde, elle dure bien davantage, elle fonctionne mieux ; ainsi donc, on fera toujours mieux de s'en procurer une en l'achetant du charron ; mais si l'on tient absolument à tout faire par ses mains, on fera la roue pleine. Le meilleur bois pour une roue, c'est l'orme : on choisit un madrier dans lequel on puisse trouver la circonférence de la roue, on le débite de manière à en faire une planche carrée, ayant environ cinq centimètres d'épaisseur; puis avec un compas, on trace un cercle exactement inscrit dans le carré. On répète la même opération des deux côtés de la planche; puis, si on a une bonne scie à chantourner, et qu'on sache s'en servir, on découpe, sur un seau renversé, à la manière des tonneliers, sa planche carrée, et on la convertit en un disque, qui sera la roue. Si on n'a pas de scie à chantourner, on abat carrément les quatre angles du carré, que l'on convertit en un octogone parfait, puis on abat les angles de cet octogone, et avec la râpe, on finit par arrondir la roue, en se servant du tracé pour se guider. Lorsqu'on n'a pas de bois assez large pour y trouver le diamètre de la roue, on fait cette roue de trois pièces, et alors elle acquiert une qualité, celle d'être moins sujette à la déformation qui est la conséquence du retrait des bois. La fig. 275 fera de suite comprendre comment s'assemblent les morceaux dont est fait le carré dans lequel la roue est prise. L'assemblage peut être fait à bouveture, comme en *a*, ou par entaille, comme en *b*. On peut même faire la réunion par simple approche, en mettant des clés en bois dans l'épaisseur des champs, ou des fers aplatis, comme le font les tonneliers pour les ronds avec lesquels ils foncent les baquets. Après avoir fait cette roue de trois morceaux, on l'enveloppe sur son champ d'une cerce fixée avec des clous, et recouverte ensuite par une bande de fer *a*, (V. *b*, fig. 272). Dans cette construction, le bois se présente partout de bout, et alors l'effet du retrait n'est pas sensible, puisque cet effet n'a lieu que sur le fil.

Il y a plusieurs moyens de monter cette roue sur son essieu, 1°, en inclinant les deux côtés des brancards, de manière à ce que cette roue se trouve maintenue dans une espèce de chape formée par les brancards; dans ce cas, le boulon servant d'essieu est très court : cette manière est peu usitée, et produit un mauvais effet; 2° en faisant un moyeu *a a*, fig. 273, dans lequel passe le boulon, fig. 274, on met à l'intérieur du trou, à chaque extrémité, une douille en fer qui frotte sur l'essieu et s'oppose à l'aggrandissement du trou. Dans ce cas, on fait au centre de la roue un trou *c*, fig. 275, de grandeur juste avec le plus grand diamètre de ce moyeu, sur lequel même, assez souvent, on réserve une embase, puis on chasse avec force la roue sur le moyeu, et on l'arrête avec un cercle en fer cloué sur le moyeu, ou bien simplement avec de gros clous à tête carrée; lorsqu'on ne fait point d'embase ou d'épaulement, on fixe la roue, soit au moyen d'un cercle de chaque côté, soit avec des clous; 3° en faisant au centre de la roue un trou de calibre avec l'essieu : on garnit ce trou en y passant une douille en fer ou en cuivre, un bout de canon de fusil, et pour prévenir tout balottement, on fait un moyeu de deux pièces (V. fig. 276), qu'on fixe sur la roue lorsqu'elle est placée, un de chaque côté, au moyen de vis, de clous, de broches, comme on voudra.

Dans tous les cas, il est bon de cercler la roue, et d'y mettre un bandage en fer.

173. Mais avant de mettre la roue en place, il convient de s'occuper de la fabrication du corps de la civière, c'est-à-dire de l'assemblage des deux brancards *a a*. A cet effet, on tracera en regard les unes des autres les mortaises, et on les percera avec un bédane de calibre. On fera avec la plane les lattes qui se termineront de chaque bout par un tenon destiné à remplir les mortaises. La première de ces lattes *e*, celle qui avoisine le plus la roue, sera une forte traverse, ayant une épaisseur égale à celle des brancards : sa largeur elle même sera un peu plus considérable que celle des lattes; ainsi les tenons qui terminent cette traverse auront des épaulemens, contre lesquels s'appuyent les brancards; il sera bon de cheviller les assemblages, principalement le premier et le dernier; les autres pourront ne pas l'être, la pression suffisant. Quant aux pieds *c c*, ils sont assemblés dans le brancard, en dessous, à tenons

et mortaises chevillés : de plus, assez souvent on les soutient par des potences.

Le dossier *d* est composé de cinq ou six bâtons de cornouiller, ou bien de lattes semblables à celles qui forment le fond de la civière, si ce n'est qu'elles sont terminées par les bouts par des tourillons, ou tenons ronds. Des trous percés dans la traverse *e* reçoivent ces bâtons par le bas; par le haut ils entrent dans des trous percés dans le revers de la dossière *d*. Assez souvent on tient plus forts et carrés les deux bâtons verticaux des côtés, et c'est contre les bâtons, plus forts que les autres, que viennent buter les arcs-boutans *f*, qui sont faits en fer, et entrent par le bas dans les brancards, et par le haut dans les gros bâtons du dossier.

174. Au moyen de la cambrure donnée à ces brancards, les objets que l'on charge sur la civière, conservent encore leur équilibre lorsqu'on l'élève pour la faire mouvoir. Lorsque les brancards sont droits, les objets chargés se trouvent de suite sur un plan incliné, et le dossier en supporte tout l'effort; on fera donc bien de préférer notre dessin, quoique d'une exécution un peu plus difficile, à ceux dans lesquels ces brancards sont représentés droits. On fait aussi des brouettes et des civières ayant deux roues, côte à côte, et cela pour leur donner plus d'aplomb et s'opposer au déversement : cette méthode entraîne à plus de frais, et la marche de l'instrument en est entravée. On préfère généralement une seule roue, parce qu'alors la brouette se manœuvre plus facilement.

175. On fait aussi des civières qui ne sont destinées qu'au transport du fourrage, elles n'ont point les traverses qui forment ordinairement le fond ; on y met deux claies en bois de noisetier ou de cornouiller, assemblées par le bas dans une dossière qui sert de pieds à la civière; les deux lignes ponctuées *g h*, indiquent la position de ces claies. On ne met point non plus de dossières. Ces claies tiennent lieu de tout; dans l'angle qui se trouve au-dessous des brancards on dépose les corps

pesans et peu volumineux qu'on veut aussi transporter. Nous donnons, figure 277, le dessin d'une civière à bois portée par deux hommes, qui est fort commode pour le transport des fardeaux, des caisses et autres objets qui craignent l'ébranlement que produit la roue. On fait aussi dans ce cas des brancards; mais nous n'avons point besoin d'en donner la figure : il sont universellement connus.

Nous ferons connaître plus bas la civière-échelle de M. Bonafous, agronome à Turin.

ÉCHELLES.

176. On aura assurément meilleur marché, si on doit compter son tems, d'acheter une échelle toute faite que de la faire soi-même; cependant, cette considération ne doit point nous empêcher de donner quelques conseils généraux sur cette fabrication. Ce n'est pas le tout d'acheter une échelle, il faut l'entretenir, et l'on est souvent bien malheureux si on est condamné à attendre le bon vouloir d'un ouvrier qui vous fera languir huit jours pour une petite réparation que vous pouvez faire en une heure. D'une autre part, il passe par la tête des gens dont l'imagination est vive, mille projets, mille idées, qui resteront long-tems et presque toujours idées, s'ils attendent que la réalisation ait lieu par le ministère d'un tiers. On veut une échelle de telle dimension, le marchand n'en a pas de toutes faites, demandez-la à l'ouvrier, vous attendrez long-tems, et vous la paierez bon prix; et puis il est des hommes que l'activité dévore, qui ont besoin d'avoir toujours un aliment à donner à cette activité. Ces hommes veulent tout faire, assez souvent même ils font tout bien, parce qu'ils y mettent de l'amour propre, du goût, de la persévérance, et nous devons le dire, une chose achetée ne vaut jamais la chose que l'on fait soi-même; le

marchand ménage sur le bois, sur les ferrures, sur la façon. Quand on se fait quelque chose pour soi, on y fait entrer des matériaux de première qualité; on fait les choses plus robustes, et en même tems plus légères, plus maniables, lorsqu'on doit soi-même s'en servir. Ces considérations que nous pourrions faire suivre de beaucoup d'autres encore, nous semblent assez concluantes pour motiver notre chapitre *échelle*.

177. Les bois propres à faire les échelles, sont ceux qui produisent de longues perches, tels que l'aune, l'érable, le frêne. Pour les échelles d'assemblage, le chêne et le sapin peuvent être employés avec succès. Les échelles sont de deux sortes, celles faites en bâtons, celles faites en bois carré et dressé; nous parlerons d'abord des plus simples.

178. Pour faire une *échelle simple*, on choisit deux perches d'aune bien dressées à la plane ou avec ce rabot rond que les menuisiers nomment *mouchette*. Lorsque ces deux perches sont préparées, on tire dessus une ligne parallèle à l'axe, avec un cordeau enduit de charbon pulvérisé, tenu d'un bout par un clou planté dans le centre de la perche, et de l'autre par la main gauche qui le tend sur la perche: de la main droite on pince le cordeau entre le pouce et l'index, on le soulève un peu et on le laisse retomber bien droit. Cette ligne tracée sur les deux perches, on ouvre un compas, et l'on donne aux pointes de deux décimètres et demi à trois décimètres d'écartement, plus ou moins d'ailleurs, selon la volonté, et, sur la ligne noire, en partant du bas des perches, on pointe des indications de distances. Ces distances marquées sur une perche, on les marque de même sur l'autre. Quand les distances sont marquées, on perce aux endroits pointés avec une mèche à trois pointes, de deux centimètres environ de portée, des trous qu'on a soin de faire le plus droit possible.

Quand tous les trous sont percés, on ajuste les échelons, qu'on peut faire avec des bâtons de frêne ou d'érable, mais qui sont meilleurs s'ils sont faits en cornouiller, en épine, en branchages de sauvageons et autres bois durs. On fait communément le premier échelon plus fort que les autres ; quand tous les échelons sont préparés, c'est-à-dire, qu'ils sont arrondis par les deux bouts à la demande des trous faits sur les perches, on commence par les placer tous dans une perche que l'on pose à cet effet à plat dans un lieu uni ; puis on pose dessus ces bâtons, qui se tiennent dans une position verticale, l'autre perche, et on fait entrer un peu les bâtons dans les trous, en pesant sur la perche et en allant d'un bout de l'échelle à l'autre. Lorsque la perche est prise, c'est-à-dire, lorsque tous les bâtons ont commencé à pénétrer dans les trous, on frappe à petits coups de distance en distance pour faire entrer davantage : on retourne l'échelle, en mettant en dessus la perche qui posait à terre, et l'on frappe de nouveau, toujours en allant et venant, d'un bout de l'échelle à l'autre. Quand on peut craindre que les bâtons trop faibles dans les tenons ne quittent les trous, on fend le bout de ces tenons, et l'on y fait entrer un petit coin en bois dur, qui fait écarter les deux moitiés du tenon, et le fixe invariablement. Après avoir enfoncé tous les bâtons, on rogne avec une scie à main les bouts qui peuvent dépasser, et on passe le rabot-mouchette sur le tout.

179. Il y a certaines échelles que l'on consolide en y mettant deux échelons en fer, le second par le bas et l'avant-dernier par le haut : ces échelons en fer sont des boulons ayant une tête d'un bout et une partie filetée de l'autre, sur laquelle on fait entrer un écrou, qui opère pression sur les montans de l'échelle. Souvent on ne se donne pas autant de peine : ces deux échelons sont fendus par les bouts, après leur passage dans les trous, on écarte la partie fendue et on refoule les bouts à gauche et à droite en les faisant rentrer dans le bois.

180. *Les échelles doubles* qui servent à l'élagage des arbres se font de la même manière ; mais pour leur donner de l'assiette, ce qui est nécessaire puisqu'on ne les appuie pas contre des murs ou autres appuis solides; mais qu'elles sont destinées à être isolées et à se tenir par leur propre poids ; on fait les échelons du bas beaucoup plus longs que ceux du haut, et conséquemment on les fait aussi plus forts, surtout par le milieu, afin que leur longueur ne soit point une cause de flexion. On prépare les montans de la même manière que pour les échelles simples dont nous venons de parler ; mais lorsqu'il s'agit de percer les trous, on trace la direction inclinée qu'ils doivent avoir, en posant à terre les deux montans dans la situation qu'on veut leur donner en définitive, et en se servant d'une règle posée en travers, à l'endroit des points de division. On perce ces trous, comme il a été dit, et on ajuste dedans le bout des bâtons, qui vont toujours en diminuant de grosseur et de longueur : l'assemblage se fait comme pour l'échelle simple. Une de ces deux échelles doit être moins large par le haut que l'autre, de l'épaisseur des deux montans, et dans ce haut, le dernier échelon est formé par un boulon en fer qui passe par les quatre trous : ce boulon joue là le rôle de la broche d'une charnière ; il est l'axe sur lequel se meuvent les deux parties de l'échelle lorsqu'on les ouvre ou qu'on les ferme. Pour prévenir un trop grand écartement, on attache au quatrième ou au cinquième échelon, une sangle ou une corde qui va d'une échelle à l'autre et maintient cet écartement dans des proportions convenables.

181. On fait des échelles de jardin en forme d'échelles de bibliothèques ; elles sont roulantes sur quatre grands galets en bois. Au haut est une plate-forme entourée d'un garde-fou ou balustrade à claire-voie ou en treillage : nous n'en parlons que pour souvenir. L'ouvrier qui saura faire une échelle ordinaire saura faire ces échelles roulantes, qui sont d'ailleurs, lorsqu'on veut les exécuter, semblables à celles sur lesquelles on

promène les élagueurs dans les jardins publics de Paris, une machine dispendieuse et qui ne peut être exécutée que par un menuisier expert.

182. *Les échelles en bois équarri* se font en chêne et sapin, les montans sont en chêne, les échelons en sapin, les uns et les autres carrés sur leur coupe. Comme ces échelons sont carrés, et qu'ils s'assemblent à tenons carrés dans des mortaises carrées, le tracé de ces tenons et mortaises exige quelques précautions pour que l'échelle étant inclinée dans sa pose contre un point d'appui, l'angle des échelons ne se trouve pas en dessus; il faut que le pied repose sur un des côtés, et que ce côté soit horizontal. Il y a des échelles dont les échelons sont assemblés à double enfourchement, on conçoit qu'à cet égard nous ne pouvons entrer dans des détails qui s'éloignent entièrement de notre sujet, et qu'ici encore nous devons renvoyer le lecteur au Manuel du Menuisier, dans lequel il trouvera des documens qui sont là bien à leur place.

183. *Les échelles en bois équarri doubles* ne sont pas à proprement parler des échelles doubles puisqu'il n'y a des échelons que d'un côté et que l'autre côté est un cadre servant seulement pour l'appui. Ces échelles ne rentrent pas l'une dans l'autre comme les échelles en bâtons, elles sont assemblées par le haut, par des charnières en fer faites exprès et posées avec des vis. Le haut des montans est taillé en bec-de-flûte afin que les deux becs venant à se rencontrer il ne soit point possible que l'échelle s'ouvre plus qu'il ne faut : elle est d'ailleurs retenue par un crochet en fer entrant dans un piton.

184. *Échelles d'espaliers.* On nomme ainsi des échelles ordinaire auxquelles on ajoute par le haut deux crochets en fer ou deux appuis en bois de deux ou trois décimètres de longueur, pour que l'échelle, lorsqu'elle prend son point d'appui contre un espalier, ne soit point exposée à rompre les lattes et les jeunes

branches qu'elles supportent ; ce qui a souvent lieu sans cette précaution : et comme ces échelles sont destinées à être placées dans les plates-bandes qui longent les murs, on cloue sous leurs pieds une planche de deux centimètres environ d'épaisseur, large d'un décimètre, et longue comme la largeur de l'échelle : ou bien encore on enfonce les deux pieds dans deux boules en bois semblables à celles des grands jeux de quilles. Au moyen de ces boules, l'échelle n'enfonce pas dans la terre bêchée, et ne risque pas de rompre les racines des jeunes plantes.

185. *Echelle-brouette de M. Bonafous.* Nous en donnons le dessin de mémoire : n'ayant plus sous les yeux la gravure publiée par la Société d'Agriculture de Lyon, à laquelle on pourrait dans tous les cas recourir ; elle se trouve à la suite d'un mémoire sur la culture du mûrier blanc. Elle peut être exécutée telle que nous la donnons, nous en avons assez bien saisi l'esprit, pour être assuré qu'on ne trouvera point d'erreur capitale dans notre dessin et dans la description.

Explication des figures 278, 279 et 280, représentant l'échelle-brouette.

Dans la fig. 278, elle est représentée comme échelle simple appuyée contre un mur ;

Dans la fig. 279, la partie supérieure est repliée, et elle forme échelle double.

Enfin, la fig. 280 la représente dans la situation où elle se trouve lorsqu'on veut l'employer comme brouette.

a a, montans de l'échelle inférieure. On voit dans la figure que ces montans sont façonnés par le haut en poignées, qui servent lorsqu'on emploie l'échelle comme brouette. Dans la position figure 278, ces poignées ont encore leur utilité en ce qu'elles servent de point d'appui lorsqu'on est monté sur le dernier échelon.

d d, taquets posés en dessous des montans *a a*. Ces taquets sont d'une haute importance dans la construction de cette échelle, car ce sont eux qui excentrent la roue, et font qu'elle ne porte plus à terre quand on veut s'en servir comme échelle, et qu'elle touche seule à la terre lorsqu'on veut s'en servir comme brouette.

b est la roue, *e* est le moyeu, traversés par un boulon en fer servant d'essieu. Cette construction n'offre rien de particulier qui la distingue de la roue de la brouette ordinaire. (V. 172.)

c c c, sont les échelons. On peut les faire tout simplement ronds, comme aussi on peut leur donner par la partie inférieure la forme indiquée dans la fig. 279; dans la partie du haut, ils doivent être simplement ronds.

f, échelon en fer. C'est sur lui que se fait le mouvement de brisure; il doit être solidement maintenu soit par des *S*, soit par des clavettes, soit par des écrous.

g g g, premier échelon de la seconde partie de l'échelle. Il joue aussi un grand rôle dans cette construction, c'est pourquoi il faudra qu'il soit fort et fait en bon bois de cornouiller ou épine. Il doit dépasser des deux bouts : c'est lui qui forme l'appui de l'échelle et l'empêche de fléchir quand on s'en sert comme d'une échelle simple (V. fig. 278); ce sont encore les bouts de cet échelon qui font que la partie supérieure *h h* de l'échelle ne peut se fermer entièrement et venir frotter sur la roue, quand, comme dans la fig. 280, on a retourné l'échelle et qu'on s'en sert comme d'une brouette; dans l'échelle double, fig. 279, l'utilité de ces deux bouts est moins immédiate ; mais encore dans ce cas, ainsi que dans celui de l'échelle simple, celui qui est dans l'échelle est bien aise de trouver ces bouts saillans pour y suspendre certains objets dont il n'a pas un besoin continuel, mais qui le forceraient à descendre souvent de l'échelle s'il ne les avait pas sous la main.

h.h., partie supérieure de l'échelle; elle doit être plus légère que la première, et moins large de l'épaisseur des montans, afin de pouvoir entrer entre les deux montans *a a*.

Nous croyons superflu d'entrer dans aucun détail sur les avantages que présente cette échelle, ils seront tout d'abord compris.

PEINTURE.

186. Nous avons souvent prescrit dans le cours de cet ouvrage, de recouvrir d'une peinture à l'huile solide, les bois exposés à l'air : c'est en effet un puissant moyen de conservation; mais ce conseil serait difficile à suivre pour beaucoup de personnes, si nous ne leur disions en même tems comment il faut s'y prendre pour faire cette peinture. Quel que soit notre désir, il ne nous est point possible de rapporter ici tout ce qui a trait à la peinture en bâtimens, il faudrait pour cela refaire le Manuel du Peintre : et ce Manuel qui est parvenu en assez peu de tems à sa sixième édition, est mieux fait que nous ne saurions le faire; nous y renvoyons donc le lecteur avec toute assurance (1); cependant pour les personnes qui n'ont pas la collection, il convient d'extraire de cet ouvrage ce qui a trait à l'objet qui nous occupe; nous ne changerons rien à la rédaction de l'auteur : c'est ainsi qu'il s'explique § XXII, page 124.

Emploi de la peinture à l'huile simple, pour ouvrages extérieurs.

187. *Portes, croisées, volets.* 1° On donne une couche

---

(1) *Manuel du peintre en bâtiment, du fabricant de couleurs, du vitrier, du doreur, du vernisseur et de l'argenteur*, par M. VERGNAUD, sixième édition revue et augmentée. Un volume in-18. prix 2 fr. 50 c. A Paris, chez Roret, libraire, rue Hautefeuille, n° 10 bis, au coin de la rue du Battoir.

de Blanc de céruse broyé à l'huile de noix et pour que cette couleur couvre mieux le bois, on détrempe le blanc un peu épais avec de la même huile dans laquelle on met du siccatif.

2° On donne une seconde couche d'un pareil blanc de céruse broyé à l'huile de noix et détrempé de même. Si on désire avoir un petit gris, il faut ajouter à ce blanc un peu de bleu de Prusse et du noir de charbon qu'on aura broyé à l'huile de noix ou mieux une pointe de laque garance. Si par dessus ces deux couches on veut en ajouter une troisième, il sera convenable de la détremper de même à l'huile de noix pure, en observant que les deux dernières couches soient détrempées moins claires que les premières; c'est-à-dire qu'il y ait moins d'huile : la couleur en est plus belle et moins sujette à bouillonner à l'ardeur du soleil.

188. *Murailles*. Il faut d'abord que la muraille soit bien sèche avant d'y donner une couche ou deux d'huile de lin bouillante pour durcir les plâtres. On dessèche ensuite ces couches en y mettant, selon ce qu'on voudra y peindre, deux ou trois couches de blanc de céruse ou d'ocre broyée un peu ferme, en détrempant avec de l'huile de lin ; quand ces couches seront sèches, on pourra peindre la muraille.

189. *Tuiles en couleur d'ardoise*. Après avoir broyé du blanc de céruse à l'huile de lin, et aussi du noir d'Allemagne à la même huile, on mêle ces deux couleurs ensemble de manière à ce qu'elles produisent un gris d'ardoise, et on les détrempe à l'huile de lin. On donne ensuite une première couche fort claire pour abreuver les tuiles. Il conviendra de donner encore trois autres couches qu'on tiendra plus fermes ; car, pour la plus grande solidité il en faudra au moins quatre.

190. *Balcons et grilles de fer en dehors*. On broye avec de l'huile de lin du noir de fumée d'Allemagne qu'on détrempe avec trois quarts d'huile de lin et un

quart d'huile grasse. On peut pour donner du corps à cette couleur y mêler de la terre d'ombre ; mais en très petite quantité. On pourra mettre de cette couleur autant de couches qu'on voudra.

191. *Treillages et Berceaux.* 1° Il faut donner une couche d'impression de blanc de céruse broyée à l'huile de noix détrempée dans la même huile, dans laquelle on mettra un peu de litharge ; 2° on donne deux couches de vert de treillage (*voyez plus bas*) broyé et détrempé à l'huile de noix. On fait un grand usage à la campagne, de ce vert en huile pour peindre les portes, les contrevents, les treillages, les bancs de jardin, les grilles de fer et de bois, enfin *tous les ouvrages en fer et en bois qui doivent être exposés aux injures de l'air.*

192. *Vert-de-gris.* Cette matière, qui se fabrique ordinairement à Montpellier, est un poison très violent et bien connu ; c'est une combinaison de deutoxide de cuivre avec l'acide acétique, et l'on ne saurait prendre trop de précautions, soit pour sa fabrication, soit pour l'emploi de cette matière colorante. Le procédé qu'on suit à Montpellier pour sa préparation est celui qu'indique Chaptal dans sa *Chimie appliquée aux arts* et que voici : On prend du marc de raisin dont on fait une couche plus ou moins étendue et toujours épaisse ; on la recouvre de lames de cuivre, par dessus lesquelles on établit une nouvelle couche de marc. Au bout d'environ un mois ou six semaines, les lames de cuivre se trouvent tapissées d'une assez grande quantité de vert-de-gris, que l'on sépare afin de pouvoir de nouveau exposer le cuivre non attaqué à l'action du marc. Cette opération se fait chez presque tous les particuliers, dans un coin de la cave ou dans tout autre lieu humide et chaud : la théorie en est facile à concevoir. Le marc contient toujours une certaine quantité de vin qui s'aigrit par le contact de l'air ; le cuivre absorbe en même tems l'oxigène de ce fluide, sans doute en raison de l'affinité de son oxide pour l'acide acétique. A me-

sure qu'il se forme de l'oxide et de l'acide, ils s'unissent et de là résulte le vert-de-gris. Il ne faut pas confondre le vert-de-gris avec la substance verte qui se forme sur les vases de cuivre qu'on n'a pas soin de nettoyer : cette substance que l'on appelle aussi *vert-de-gris* est un carbonate de deutoxide de cuivre avec excès de ce métal. Le vert-de-gris est une couleur verte très brillante dont on fait grand usage dans la peinture d'impression et pour peindre les treillages des jardins.

193. *Statues, vases et autres ornemens de pierre en dehors et en dedans.* Pour blanchir les vases ou figures, ou pour en rafraîchir le blanc, il faut d'abord bien nettoyer le sujet, donner une ou deux couches de blanc de céruse broyé à l'huile d'œillette pure, et détrempé à la même huile; on donne ensuite une ou plusieurs couches du même blanc broyé à l'huile d'œillette et employé à la même huile.

194. *Nettoiement des marbres blancs.* On a proposé pour nettoyer les marbres exposés à l'air et les conserver, une dissolution très étendue d'acide sulfurique qu'on applique immédiatement et qu'on remplace par de l'eau de barite; mais ce moyen n'a pas été mis en usage assez souvent et depuis assez long-tems, pour qu'on puisse le regarder comme infaillible.

195. VERNIS. Si après la peinture on veut vernir les grilles et autres objets exposés à l'air, voici la recette du vernis que nous conseillons d'acheter tout fait, mais qu'on pourra cependant faire soi-même.

Sandaraque .... 18 à 19 décagrammes (6 onces).
Laque plate.......... 6....id..... (2 id.)
Poix-résine...... 12 à 13....id..... (4 id.)
Térébenthine claire 12 à 13....id..... (4 id.)
Alcool.......... 97 à 98....id..... (32 id.)
Verre pilé...... 12 à 13....id..... (4 id.)

Machine à puiser l'eau.

196. La figure 281 représente une machine hydraulique, l'une des plus simples que l'on puisse voir. Le menuisier peut la construire facilement, nous la lui donnons moins comme un modèle que comme un objet pouvant faire naître en lui des idées nouvelles.

Manière de palissader la vigne, empruntée à un ouvrage anglais.

197. Nous trouvons dans l'*Encyclopædia of Gardening* de J. C. LOUDON, une espèce de treillage non employé en France, à notre connaissance du moins, et qui sera facilement exécutée par le treillageur. Pour y parvenir on plante de distance en distance entre les ceps, et même auprès de ces ceps des fourches sur lesquelles on bâtit le treillage. La grande simplicité de cette construction nous dispense de plus amples explications, la figure 282 sera bien suffisante pour la faire comprendre.

CONNAISSANCES THÉORIQUES.

Dans notre traité, entièrement pratique, nous n'avons compris que des exécutions et moyens d'exécution; parce que nous avons pensé que c'était d'abord ce qu'il fallait enseigner à celui qui veut de suite se mettre à l'ouvrage, et qu'elles peuvent lui suffire, s'il ne se livre pas entièrement et uniquement à la profession de treillageur. Mais, celui qui voudra en faire son état, aura besoin en outre des connaissances théoriques, parce qu'il sera contraint de se conformer dans l'exécution à des dessins fixes; tandis que celui qui travaille pour son propre jardin, et qui est en même tems l'architecte et l'exécutant, peut changer une courbe qui lui présenterait trop de difficultés et la remplacer par une autre forme. Il faut donc que le treillageur de profession ait une connaissance du trait qui lui donne la possibilité de faire sûrement, sans épreuves, sans tâtonnemens, toutes les courbes imaginables. Il doit aussi savoir faire le développement de ces courbes, afin de pouvoir en établir le toisé dans son mémoire.

Il n'est pas nécessaire, pour parvenir au but que nous nous proposons, de prévoir toutes les surfaces gauches ou cintrées que le treillageur peut être appelé à exécuter, leur nombre est varié à l'infini, et n'a de bornes que celles de l'imagination : il suffit de démontrer comment on opère pour une série de surfaces principales qu'on pourrait appeler *formes-mères*, pour qu'il devienne facile ensuite, par induction, et en suivant les mêmes erremens, de produire toutes les autres surfaces et de déterminer leur développement. Nous allons donc, d'après cette considération, donner le moyen de trouver ces surfaces mères, et de déterminer leur développement. Nous empruntons ces détails à Roubo.

La figure 283, planche dernière, représente le plan d'un berceau en angle, dont les faces représentées en élévation, figures 284 et 285, sont d'inégale largeur, quoique d'une même hauteur, et dont la courbe d'arête représentée en plan par la ligne A B, fig. 383 se trace de la manière suivante. Le cintre de l'élévation de face, fig. 284, étant donné, on le divise en un nombre de parties quelconques, comme aux points a, b, c, d, e, puis on abaisse de chacun de ces points des lignes perpendiculaires sur le plan, et que l'on prolonge jusqu'à ce qu'elles rencontrent la diagonale A B, fig. 383, aux points f, g, h, i, l, desquels, ainsi que de celui B, on élève autant de perpendiculaires dont la hauteur étant égale à celle de la fig. 384 donnent les points m, n, o, p, q, r, par lesquels on fait passer une ligne courbe, qui est celle d'arête demandée et représentée en plan par la ligne A B.

Si cette courbe, au lieu d'être placée directement dans l'angle comme celle A B, s'étendait davantage sur la longueur du berceau, comme par exemple, la ligne A C, on se servirait toujours de la même méthode pour tracer la courbe élevée sur cette ligne, laquelle ne différerait de celle élevée sur la ligne A B que par son étendue, ainsi qu'on peut le voir à la figure 287, où cette courbe est représentée avec les lignes qui ont servi à sa construction.

Les côtés du plan représenté fig. 283, sont d'une largeur inégale, comme je l'ai dit plus haut; ce qui a été fait afin de fournir l'occasion, et cela sur la même figure, de démontrer la manière de tracer le cintre de la face d'inégale largeur; ce qui se fait ainsi qu'il suit.

Le cintre de face étant donné comme la figure 284,

on abaisse des divisions de ce cintre des lignes qu'on mène jusqu'à la diagonale du plan, aux points de rencontre de laquelle on les fait retourner parallèlement à l'autre côté du plan, et on les prolonge au-delà jusqu'au travers de l'élévation du petit côté représenté fig. 286, dont on a le cintre, en donnant à chacune des perpendiculaires qui la traversent, une longueur égale à celles de la figure 284, qui leur sont correspondantes : c'est-à-dire, que la distance 6 *s*, fig. 286, doit être égale à celle 1 *a*, fig. 284; celle 7 *t*, égale à celle 2 *b*; celle 8 *u*, égale à celle 3 *c*; celle 9 *x*, égale à celle 4 *d*; celle 10 *y*, égale à celle 5 *e*; et celle G *z*, égale à celle E H. Si, au lieu d'avoir le cintre du grand côté donné, on avait celui du petit côté, cela ne changerait rien à la manière d'opérer, puisqu'au lieu de prendre des mesures sur la figure 284, on les prendrait sur la figure 286.

Il faut cependant observer qu'il vaut mieux déterminer la forme du grand côté le premier, surtout quand elle est régulière comme la figure 284, qui est un quart de cercle : si au contraire, c'était le petit côté qui fût de forme régulière, ainsi qu'à la figure 285, on commencerait dans ce cas par déterminer la forme de ce petit côté pour avoir ensuite celle du plus grand, représenté fig. 288, comme il a été fait dans notre dessin, où la fig. 284 sert également de cintre original à la figure 283 et à la figure 285 dont elle est le petit côté, et par le moyen duquel le grand côté, fig. 288 a été tracé.

Lorsqu'au lieu du cintre, comme dans la figure 284, on n'a qu'une ligne inclinée comme de D à H, on a la longueur de cette ligne dans l'angle du plan, fig. 283, par la même méthode que la courbe de cet angle : c'est-à-dire, qu'il faut élever sur la ligne A B une perpendiculaire B *r* dont la longueur soit égale à celle E H, fig. 284 : puis du point A, fig. 283, on mène une ligne droite au point *r* dont la longueur est celle de la ligne d'arête développée selon l'inclinaison de la ligne D H, fig. 284.

Quand les berceaux sont d'une forme circulaire ou ovale sur le *plan*, comme dans la figure 285, on trace sur ce plan autant de cercles ou d'ovales concentriques qu'on a de points donnés par les perpendiculaires de l'élévation de face, ou, pour mieux dire, prise sur un des axes du plan, si ce dernier est de figure ovale, comme à la figure 285; et par le moyen de ces cercles ou ovales concentriques on a le cintre, non seulement du grand côté représenté fig. 288; mais encore des courbes prises à tel point du plan qu'on le juge à propos, comme par exemple, celle L I N, prise sur la ligne M N, toujours par la méthode ordinaire.

Quand les plans supérieurs et inférieurs des voûtes ne sont pas parallèles entr'eux, et par conséquent de formes semblables, comme à la figure 289, dont la partie supérieure A B C est un cercle, et la partie inférieure D E F un carré long, de manière que la distance D A soit plus grande que celle C F, on commence par déterminer les deux cintres de face, figures 290 et 293, suivant la méthode donnée ci-dessus, fig. 283, 284 et 286, ce qui donne sur le plan les points a, b, c, d, e, d'une part, et de l'autre f, g, h, i, k : ensuite sur la diagonale du plan prise de l'angle E, au milieu du cercle I B M, on trace une courbe de la même espèce que celle des cintres de face; c'est-à-dire une portion d'ovale; ensuite des *points de division du cintre de face*, fig. 290 (ou de l'autre fig. 293, ce qui est égal), on trace, fig. 290, les lignes horizontales $l\ m$, $n\ o$, $p\ q$, $r\ s$, $t\ u$, qu'on porte sur la figure 289, en observant que leurs distances à la ligne E B soient égales aux distances des premières à la ligne F C, et des points 1, 2, 3, 4, 5, où ces lignes horizontales, ou, pour mieux dire, parallèles à la ligne E B, fig. 289, rencontrent la courbe d'arête, on abaisse autant de perpendiculaires à la ligne E B, lesquels la rencontrent aux points x, y, z, &, +. Ces points sont nécessaires pour avoir sur le plan, des lignes par le moyen desquelles on trouve des courbes prises à telles parties du plan qu'on le juge à propos. Comme les extrémités supérieure et inférieure du plan ne sont pas parallèles entr'elles, et sont par conséquent de nature différente, il faut que les lignes que l'on trace sur le plan, dont les extrémités ont été données par la retombée des trois courbes de face et d'arête; il faut que ces lignes approchent plus ou moins de la nature de celles des extrémités du plan, en raison de ce qu'elles seront plus ou moins éloignées de ces mêmes extrémités: c'est pourquoi dans le cas dont il est ici question, les lignes du plan sont autant de portions de cercle qui passent par les points donnés, et dont les centres sont toujours placés sur les lignes A G et C G, prolongées autant qu'il est nécessaire, de manière que les dernières lignes, comme celle fx, ou xa deviennent presque droites.

Si le plan intérieur, ou pour mieux dire supérieur, était un ovale au lieu d'être un cercle, comme celui A B C, il faudrait que toutes les lignes fussent elliptiques, du moins celles qui approcheraient le plus de la partie intérieure du plan.

Les lignes fx, gy, hz, etc. étant tracées, on a le cintre de toutes les courbes prises sur le plan, en suivant la méthode indiquée ci-dessus, et par le moyen de laquelle on a trouvé le cintre de la courbe de la figure 294 prise sur les lignes H I ou L M, lesquelles lignes divisent le plan en parties égales, tant à l'intérieur qu'à l'extérieur.

Si le cintre de la voûte représentée en plan, fig. 289, au lieu d'être cintré en demi-cercle ou en demi-ovale surhaussé comme le petit cintre de face, fig. 290, ou surbaissé comme la courbe prise sur la diagonale E B, si ce cintre était en S, cela ne changerait rien à la manière d'opérer ; car, après avoir tracé à part les deux cintres des bouts, figures 291 et 293, et celui de la diagonale, fig. 292, on diviserait la hauteur de ces cintres en un nombre de parties égales quelconques, et des points où ces divisions rencontrent les cintres de ces courbes, on abaisserait autant de perpendiculaires qui donnent la naissance des lignes intermédiaires du plan ; ce qui est très facile à comprendre, si on fait attention aux démonstrations précédentes.

Il faut observer que toutes les opérations sont faites de la face intérieure des courbes, parce qu'on suppose que c'est la partie apparente de l'ouvrage. Si, au contraire, c'était la face extérieure qui fût appparente, on mettrait l'épaisseur des courbes en dedans, au lieu de la mettre en dehors, comme on l'a fait dans le dessin.

Tout ce qui concerne les arêtes des berceaux supposés de même hauteur, est renfermé dans ce qui précède, il faut maintenant donner la manière de tracer la courbe que produit la rencontre de deux berceaux d'inégale hauteur de cintre : ce qui se nomme en architecture une voûte *formant lunette* ; ce qui s'entend de la moins haute, laquelle se trace de la manière suivante.

Le cintre de face du grand berceau étant donné, comme dans la figure 295, on le divise comme à l'ordinaire en un nombre quelconque de parties égales qu'on trace sur le plan, commeci-dessus, et ainsi qu'on peut le voir dans la fig. 298, on trace également sur l'élévation le petit cintre A B C, fig. 295, dont le diamètre est déterminé par le plan, fig. 298 : ce qui étant fait, des points de division du cintre de face du grand berceau, on mène autant de parallèles, jusqu'à ce qu'elles rencontrent le petit cintre A B C aux points C, a, b, c, d, desquels on abaisse autant de perpendiculaires au plan, et que l'on prolonge jusqu'à ce qu'elles rencontrent les lignes de ce dernier qui leur sont correspondantes, c'est-à-dire, qui proviennent des mêmes points de division du grand cintre de face, fig. 295, et par chaque point de rencontre de ces lignes, on fait passer une courbe D E F qui forme l'arête de la lunette vue en plan, dont on a la véritable longueur en développant la partie du grand cintre de face, dans laquelle le cintre de la lunette est compris, ainsi qu'à la figure 296, où la distance qu'il y a entre chaque ligne parallèle est égale aux divisions du grand cintre de face, fig. 295.

Ce développement étant ainsi fait, des points F, e, f, g, h, du plan, on élève autant de perpendiculaires qui, venant à rencontrer les lignes de l'élévation développée, fig. 296, donnent le cintre de la courbe de la lunette développée dont on a la véritable longueur, en développant ensuite cette dernière courbe sur une ligne droite; ce qu'il est quelquefois nécessaire de savoir, surtout quand ces sortes de courbes sont construites en fer; ce qui est la meilleure façon de les faire.

Lorsqu'à la rencontre de deux voûtes, ou pour mieux dire, de deux berceaux qui se croisent à angle droit, on fait une voûte plus élevée, soit en dôme, soit en calotte, dont le plan circulaire prend naissance au-dessus du cintre des berceaux, ainsi que celui G H I, fig. 298; en plan et en élévation, fig. 297, coté des mêmes lettres, l'espace qui reste du point H au point L, qui est l'angle du plan inférieur, se nomme *pendentif* ou *queue de paon*, par rapport à l'évasement que forme cet angle pour regagner la différence des plans supérieur et inférieur; la ligne du milieu de ces pendans ne forme pas une ligne droite en élévation, mais une courbe dont on a le cintre de la manière suivante.

Le cintre de face d'un des berceaux étant donné et divisé comme il a été dit plus haut, de chacune de ces divisions on abaisse sur le plan autant de perpendiculaires, jusqu'à ce qu'elles rencontrent la ligne M I du plan, fig. 298, laquelle représente l'extrémité de l'un des berceaux, et qui fait, par conséquent, tangente avec le cercle G H I du plan supérieur : de chacun de ces points de rencontre et du centre N, on décrit autant de portions de cercle, lesquels venant à couper la ligne L H, donnent sur cette dernière autant de points d'après lesquels on trace sur le plan même, ou bien à part, comme on le voit, fig. 299, la cerce de la courbe du milieu du pendentif, cotée des mêmes lettres que sur le plan et sur l'élévation, fig. 297.

Si, au lieu d'une seule courbe, on voulait en avoir plusieurs, on se servirait toujours de la même méthode, ce qui ne souffre aucune difficulté, du moins tant que cette courbe formera une ligne droite sur le plan, comme celle $i\ l$, fig. 298 : ce qui ne peut pas toujours être, comme quand, par exemple, on veut que ces lignes divisent en parties égales chaque cerce du plan, comme celle m, n, o, alors il arrive que cette cerce devient cintrée sur le plan, comme on peut le voir dans cette figure.

Il arrive souvent qu'il se trouve des voussures de diverses sortes dans des parties de treillage, lesquelles sont données par différentes hauteurs de berceaux, ou par des ouvertures de portes ou autres. Prenons un exemple de celles qui sont le plus compliquées, d'après lequel on pourra en construire d'autres d'une forme différente, et cela en suivant la même méthode que pour celle-ci.

Soit figure 300 l'élévation d'une arrière-voussure en queue de paon, ou contre-partie de Marseille. Soit pareillement son plan, fig. 304, la moitié étant prise pour le tout, comme ci-dessus, et la coupe prise au milieu, fig. 301, on commence par diviser cette dernière en un nombre de parties égales à volonté, et de chaque point de division on abaisse autant de perpendiculaires qu'on porte sur le plan pour y tracer les lignes parallèles $a\ 4$, $b\ 3$, $c\ 2$, $1\ d$, cotées de même que sur la coupe, et à chaque point où ces lignes rencontrent le côté du plan, on élève autant de lignes jusqu'à la naissance du cintre de l'élévation. Cette première opération étant faite, de chaque point de division de la coupe on mène autant de lignes horizontales sur la ligne du milieu de la voussure, où elles donnent les points i, l, m, n, par lesquels et par ceux e, f, g, h on fait passer autant de demi-cercles ou de demi-ovales, surhaussés ou surbaissés selon la distance qu'il y a de chacun de ces points à celui I, centre de la voussure. Ces cercles étant tracés représentent en élévation les lignes parallèles du plan, et servent à donner la cerce de toutes les coupes qu'on voudra faire à la voussure, comme par exemple la ligne A B, fig. 300 ; ce qui se fait de la manière suivante.

On trace à part, fig. 302, un parallélogramme dont un des côtés D M est égal à la largeur du plan, ou à la saillie de la coupe, ce qui est la même chose, et l'autre C D égal à la ligne A B ; on trace sur ce parallélogramme autant de lignes parallèles et à même distance que sur le plan, ensuite on prend sur la ligne A B, fig. 300, tous les points de rencontre qu'on porte sur la ligne C D, fig. 302, où on fait la distance C s, égale à A o ; celle C t, égale à A p ; celle C u, égale à A q ; celle C x, égale à A r, puis des points s, t, u, x, on abaisse autant de perpendiculaires ; et où elles rencontrent les lignes parallèles a 4, b 3, c 2, d 1, elles donnent des points par où passe la courbe demandée, représentée en élévation par la ligne A B. Si on veut avoir une seconde cerce comme celle E F on fait un second parallélogramme dont le petit côté G H, fig. 303, représente la longueur de la cerce vue de face et le reste comme à l'autre qui vient d'être démontré, ce qui est général pour toutes les voussures dans lesquelles on voudra placer des cerces de fer, pour en maintenir la forme et la rendre plus parfaite.

Il faut observer que lorsque les cerces représentent une ligne droite sur l'élévation, elles deviennent courbes sur le plan, ainsi que celles tracées sur la figure 304, lesquelles ont été données par des perpendiculaires abaissées de l'élévation sur le plan, et que ces lignes ne peuvent être droites sur le plan, que quand elles sont tracées sur l'élévation perpendiculairement à ce même plan.

Les trompes, fig. 305, s'exécutent rarement en treillage, cependant comme cela arrive quelquefois, il est nécessaire d'en donner au moins une idée. Leur figure est semblable à un cône (V. fig. 61, 62, 169 et autres dans lesquelles le cône est employé) dont l'axe est horizontal; ou, pour parler plus clairement, elles représentent la moitié d'un entonnoir couché sur le côté, et dont les bords sont échancrés soit par une ligne droite comme celle A C, soit par une ligne courbe comme celle C G B, de manière que la coupe transversale d'une trompe de A à B présente un demi-cercle, sur lequel on prend des points de division à volonté, desquels on abaisse des lignes perpendiculaires jusque sur la ligne A B, où ils donnent les points a, b, c, d, par lesquels, et de l'angle D du plan, on fait passer autant de lignes qu'on prolonge jusqu'à celle A C, qui est le dehors du plan de la trompe; ensuite des points e, f, g, h, on trace des lignes horizontales parallèles à celle E C qu'on prolonge jusqu'à ce qu'elles rencontrent le côté du plan de la trompe prolongé jusqu'en E; et, à chaque point de rencontre on abaisse des perpendiculaires sur la ligne E C, à la rencontre de laquelle elles donnent naissance à des demi-cercles dont le centre est en C. L'extrémité du plan de la trompe qui est en élévation se termine en un point, parce que le côté du cône ou de l'entonnoir est coupé; car s'il était continué jusqu'en E, sa face serait un demi-cercle comme celui E y F, et ainsi des autres lignes horizontales tracées sur l'excédent du plan de la trompe et représentées en élévation par autant de demi-cercle concentriques à celui E y F.

Ces différentes opérations étant faites donnent le

moyen de tracer la cerce de la courbe d'arête de la trompe représentée en plan par la ligne A C, ce qui se fait de la manière suivante :

Des points e, f, g, h, C, on abaisse autant de perpendiculaires à la ligne E C, qu'on prolonge jusqu'aux cercles qui sont leurs correspondans, ensuite de ces mêmes points e, f, g, h, C, on élève d'autres lignes perpendiculaires à celle A G dont la longueur doit être égale à celle des premières provenant des mêmes points. C'est-à-dire qu'on fait la longueur C y, égale à celle C F ; celle $h x$, égale à celle $n r$; celle $g u$, égale à celle $m q$; celle $f t$, égale à celle $l p$; et celle $e s$, égale à celle $i o$; puis par les points A, s, t, u, x, y, on fait passer une ligne qui est la courbe demandée, c'est-à-dire le cintre de la face d'un des côtés de la trompe, lequel sert également pour les deux, lorsqu'il est d'une forme régulière par son plan.

Si les côtés de la trompe, au lieu d'être coupés droits par leur plan comme la ligne A G, étaient terminés par une ligne courbe comme celle C G B, on se servait toujours de la même méthode pour tracer le cintre de son élévation, comme on peut le voir dans cette figure, et, pour avoir la vraie longueur de cette courbe, il faudrait développer son plan C G B sur une ligne droite, ainsi qu'on l'a vu ci-dessus en parlant des courbes des lunettes.

Il arrive quelquefois que le plan des trompes est d'une forme irrégulière comme dans la figure 306 ; dans ce cas la courbe de chaque côté se prend à part et le centre de chaque demi-cercle représentant l'élévation des coupes parallèles de la trompe est donné par des perpendiculaires abaissées de la rencontre de ces parallèles avec l'axe $a b$ de la trompe, ce qui donne sur la ligne $c d$, qui est l'extrémité de cette dernière, les points e_1, f_1, g_1 centres des demi-cercles $h i$, $l m$, et *n o*, représentés en plan par les lignes *p q*, *r s*, *t u*.

Voici à peu près tout ce qui est indispensable au treillageur pour construire toutes sortes d'ouvrages et même pour le travail du serrurier auquel appartient la construction d'une partie des courbes dont il vient d'être question, qui pour être parfaites doivent non-seulement être faites en fer et assujetties à la forme et à la grosseur des bois du treillage; mais encore en faire partie, du moins autant que cela est possible.

Manière de faire le développement des surfaces des treillages cintrés et d'en disposer les compartimens.

Il est nécessaire aux treillageurs de savoir faire le développement des surfaces cintrées de leurs ouvrages, non-seulement pour en faire le toisé, mais encore pour disposer les compartimens de ces mêmes parties, et déterminer au juste la longueur des pièces dont elles sont composées : nous devons donc donner quelques exemples de ces développemens applicables à tous les cas, du moins les plus ordinaires.

Soit, par exemple, figures 311 et 313 le plan d'un cabinet d'une forme carrée et voûté en arc de cloître dont on veut avoir le développement de la voûte, ou du moins d'une partie, ce qui est égal, la partie pouvant être prise pour le tout; on commence par tracer sur le plan la diagonale A C; ce qui étant fait on élève, perpendiculairement à la ligne B C, le cintre de face de la voûte, fig. 312, qu'on divise en un nombre de parties égales à volonté aux points *a*, *b*, *c*, *d*, *e*, *f*, *g*, *h*, *i*; desquels points on abaisse autant de perpendiculaires sur la ligne B C, fig. 311, et on les prolonge jusqu'à ce qu'elles rencontrent la diagonale A C aux points *l*, *m*, *n*, *o*, *p*, *q*, *r*, *s*, *t*, puis on trace le développement de la partie de la voûte représentée en plan, fig. 311, de la manière suivante.

On trace à part la ligne A B, fig. 308, d'une longueur égale et parallèle à celle A B, fig. 311, à l'extrémité de laquelle on élève une ligne perpendiculaire B i dont la longueur est égale au développement de l'arc B e i, fig. 312, on divise cette ligne en autant de parties que l'arc, aux points $a, b, c, d, e, f, g, h, i$, par lesquelles on fait passer autant de parallèles à la ligne A B, fig. 308, dont la longueur doit être égale à celles du plan qui leur sont correspondantes, c'est-à-dire qu'on fait la ligne $l a$, fig. 308, égale à celle l 1, fig. 311; celle $m b$, égale à celle m 2; celle $n c$, égale à celle n 3; celle $o d$, égale à celle o 4; celle $p e$, égale à celle p 5; celle $q f$, égale à celle q 6; celle $r g$, égale à celle r 7; celle $s h$, égale à celle s 8; enfin celle $t i$, égale à celle t D; puis, par les points A, $l, m, n, o, p, q, r, s, t$, on fait passer une ligne courbe qui termine la surface demandée.

Que les angles des voûtes soient dirigés à 45° comme dans la figure 311, ou qu'ils soient plus ou moins ouverts, on se sert toujours de la même méthode pour en tracer le développement, laquelle est très facile; cependant quand les côtés, ou pour mieux dire, les cintres de face des voûtes sont d'une largeur inégale, comme dans le plan, fig. 321, leur développement devient un peu plus compliqué, comme on le verra ci-après, lorsque nous aurons donné la manière de disposer les compartimens des surfaces dont le développement est tracé fig. 308.

Si le berceau, au lieu d'être cintré comme dans la figure 312, n'était couvert que par une surface inclinée, comme de B à i, on aurait le développement de cette surface en portant la distance B i de B à P, fig. 308, par lequel point on tirerait une ligne horizontale O P, d'une longueur égale à celle $t i$, ou à celle t D, fig. 311 ce qui est la même chose; puis du point A, figure 308, on mènerait une ligne droite au point O, ce qui terminerait la surface demandée.

De quelque manière qu'on dispose les compartimens formés par des lignes droites, ces dernières sont toujours disposées horizontalement et perpendiculairement ou diagonalement; le premier cas est le plus ordinaire, et c'est celui par lequel nous devons commencer.

Lorsqu'on veut faire des compartimens carrés à la naissance des voûtes, on commence par les tracer sur le plan, fig. 311, en faisant tendre toutes les divisions à son centre C; puis, les lignes horizontales de l'élévation développée, fig. 308, étant tracées, on porte sur chacune d'elles des distances prises sur le plan, depuis la rencontre de chacune des lignes tendantes à son centre C, avec les lignes horizontales provenant des divisions du cintre de face jusqu'à la ligne B C, ce qui donne sur l'élévation développée la courbure de chacune des lignes montantes, lesquelles servent à former les carrés qui sont tous d'une même hauteur et qui vont tous en diminuant également de largeur jusqu'au haut, où ils finiraient en un seul point, si le milieu de la voûte n'était pas supposé vide depuis D jusqu'à C.

Cette manière de diviser les carrés des voûtes est la plus ordinaire; cependant elle n'est pas sans défaut, parce que les carreaux du haut deviennent très alongés, à quoi on peut remédier de différentes façons. La plus simple est de faire tous les carreaux de l'élévation développée, fig. 310, parfaitement carrés et parallèles entr'eux, ce qui ne souffre de difficulté qu'à la rencontre des angles où il y a des carreaux qui se trouvent coupés, ce qui fait un très mauvais effet; aussi ne se sert-on de cette méthode qu'aux ouvrages les plus communs. Il n'y a d'autre moyen d'éviter la trop grande inégalité de la division des carreaux de la fig. 308, qu'en les divisant sur la hauteur par une progression arithmétique, ce qui peut se faire de deux manières. La première représentée, fig. 307, est la moins heureuse, et se fait de la manière suivante.

Après avoir tracé la surface développée et les divisions montantes, comme on l'a remarqué dans la fig. 308, on construit à côté de l'élévation développée un trapèze $a\,b\,c\,d$ dont la hauteur moyenne $e\,f$ est égale à la hauteur des carreaux de la fig. 308, laquelle se trouve comprise neuf fois dans la hauteur G H, et par conséquent dans la longueur de la base du trapèze, qu'on divise ensuite en neuf parties égales, y compris les deux points des extrémités, et à chaque point de division on élève une perpendiculaire sur la ligne $a\,c$; et la longueur de chaque perpendiculaire prise entre les lignes $a\,c$ et $b\,d$, donne la hauteur des carreaux, de manière que la hauteur H 1 est égale à celle $c\,d$; celle 1 u égale à celle $s\,t$; celle u 2 égale à celle $q\,r$; celle 2 x égale à celle $o\,p$; celle x 3 égale à celle $e\,f$; celle 3 y égale à celle $m\,n$; celle y 4 égale à celle $i\,l$; celle 4 z égale à celle $g\,h$; enfin celle z G égale à celle $a\,b$; puis par les points z, 4, y, 3, x, 2, u et 1 on fait passer autant de lignes horizontales parallèles à celle E H, lesquelles donnent la hauteur des carreaux, qui, par le moyen de cette division, deviennent tous oblongs proportionnellement les uns avec les autres.

La seconde espèce de division représentée fig. 314, fait beaucoup mieux, parce que tous les carreaux deviennent à peu près carrés à chaque rangée, et on a leur hauteur en faisant un trapèze, fig. 315, dont la hauteur du plus grand côté $c\,d$ est égale à la largeur des carreaux prise sur la ligne I N, fig. 314, et celle de son petit côté $a\,b$ est égale à la largeur d'un des carreaux prise sur la ligne L M; ensuite on divise la longueur de la ligne $a\,c$, fig. 315, en un nombre de parties quelconque, afin d'avoir autant de perpendiculaires dont toutes les longueurs ajoutées ensemble, y compris celle des deux bouts du trapèze, égalent celle de sa base. Cette division ne peut être exactement bonne que dans le cas où la surface développée serait elle-même en trapèze, et que, par conséquent, toutes les lignes de division montantes seraient des lignes droites, comme cela est indiqué par des lignes ponctuées dans la figure 314. Car, dans le cas dont il s'agit ici, plus les carrés approchent du milieu de la figure, plus ils deviennent barlongs, et cela par rapport au bombage du côté de la figure : c'est pourquoi on ferait mieux de prendre une largeur de carré sur la ligne I M et de la porter en contre-haut sur la ligne M N, de N à e, ce qui donnerait la hauteur de la première ligne que l'on diviserait en autant de parties que celle I N : et une de ces divisions partie de e en f donnerait la hauteur de la seconde, ainsi des autres. Cette manière de faire les divisions est très aisée; mais elle a le défaut de ne pas finir juste à son extrémité supérieure, où il ne reste quelquefois que la moitié d'un carré; car, s'il arrive qu'il s'y trouve un carré parfait, ce ne saurait être qu'un effet du hasard, et non un effet de la justesse de l'opération.

A ces sortes de compartimens, ainsi qu'à ceux faits par le moyen d'un trapèze, comme celui fig. 315, on ne peut tracer les divisions horizontales du plan fig. 318 qu'après avoir porté toutes les distances des lignes horizontales sur le pourtour du cintre de face, fig. 319, d'où on les abaisse sur le plan à l'ordinaire, comme cela est indiqué par des lignes ponctuées qui passent de la figure 319 à la figure 318.

Quand on veut faire des compartimens diagonaux, ou, pour mieux dire, en losange, ou carrés sur l'angle, et cela à des surfaces de voûtes développées, on commence par y tracer des compartimens carrés à l'ordinaire, par les angles desquels on fait passer des lignes courbes qui forment les losanges demandés, comme on peut le voir aux figures 309 et 316.

Quand les cintres de face des berceaux sont d'une largeur inégale, comme dans le plan, fig. 321, la distance des carreaux ne peut être égale que sur le développement de la surface, sur le cintre de surface de laquelle on fait la première division, comme on peut le voir ici. Le cintre de face du petit côté, fig. 322, étant divisé en parties, égales donne des distances égales sur le développement fig. 320, tandis qu'au développement, fig. 317, toutes ces distances sont inégales et vont en augmentant par le haut; ce qui est tout naturel, parce que le cintre de face de ce développement étant une demi-ellipse couchée sur son grand diamètre (on l'a dessiné dans la figure même pour ménager l'espace) l'arc le plus surbaissé de cette ellipse donne de plus grandes distances à mesure qu'il approche le plus de la ligne horizontale. Si, au contraire, cette ellipse était divisée en parties égales, le petit cintre de face, et par conséquent le développement, fig. 320, serait divisé en parties inégales qui augmenteraient en descendant en contre-bas. Si le grand cintre de face était un plein cintre et que, par conséquent, le petit cintre de face devint une demi-ellipse posée sur son petit axe, la différence des hauteurs deviendrait encore plus grande, soit que la division en parties égales fût faite sur le grand ou sur le petit cintre de face; ces difficultés sont insurmontables, c'est pourquoi on doit éviter autant qu'il est possible de faire des voûtes de berceaux dont la largeur des côtés soit trop inégale.

Quant aux lignes montantes des surfaces développées de ces voûtes irrégulières, on les dispose toujours à l'ordinaire, c'est-à-dire qu'on les relève de dessus le plan, au centre duquel on les fait toujours tendre : cependant s'il arrivait qu'il y eût un vide au milieu du berceau, et que ce vide ne fût pas en même raison que son plan extérieur, on ferait les divisions sur les lignes intérieure et extérieure du plan, et cela en parties égales à chacune d'elles, sans s'embarrasser si elles tendent au centre de ce même plan.

Tant que les plans des voûtes sont formés par des lignes droites, le développement de ces mêmes voûtes est très aisé à faire, comme on l'a vu ci-dessus; mais quand les plans et les coupes sont composés de lignes courbes leur développement en entier devient impossible et ne peut se faire que par parties, de sorte que les compartimens de ces sortes de voûte ne peuvent être tracés que géométralement, ce qui se fait de la manière suivante.

Quand une voûte ou calotte est de forme régulière, c'est-à-dire que sa hauteur égale la moitié de son diamètre comme aux figures 323 et 326, on trace à part, fig. 324, son cintre de face ou sa coupe, ce qui est la même chose, et on le divise en un nombre de parties égales, selon le nombre des carrés dont on a besoin, puis, de chaque point de division, on abaisse autant de perpendiculaires sur la base A B qui est égale à la longueur du demi-diamètre du plan C D, fig. 326, sur lequel on porte les mêmes distances que sur la première, c'est-à-dire qu'on fait la distance D r, fig. 326, égale à celle B h, fig. 324; celle D q égale à celle B g; celle D p égale à celle B f; celle D o égale à celle B e; celle D n égale à celle B d; celle D m égale à celle B c; celle B l égale à celle B b; enfin celle D i égale à celle B a: puis des points i, l, m, n, o, p, q, r, et de celui D comme centre, on décrit autant de demi-cercles qui représentent en plan les lignes horizontales de l'élévation, qui sont données par les points de division du cintre de face, fig. 324, d'après lesquels ils partent. Ces cercles concentriques étant tracés, on divise le pourtour du plan en un nombre de parties égales entr'elles, et, s'il est possible, aux divisions du cintre de face, en observant qu'il se trouve un vide au milieu, et que quand le plan est demi-circulaire ou demi-ovale, comme à la figure 327, il y ait une division pleine jusqu'à la ligne du devant du plan. Cette division étant faite, de chaque point on mène autant de lignes au centre du plan, lesquelles donnent la division de largeur des carreaux vus en dessus; puis, pour tracer ces mêmes lignes sur l'élévation, on prend la distance qui se trouve depuis la rencontre de chaque ligne tendante au centre du plan avec les cercles concentriques, jusqu'à l'axe du même plan, qu'on porte sur les lignes de l'élévation qui sont correspondantes aux cercles du plan, c'est-à-dire qu'on fait la distance $i\,9$, fig. 323, égale à celle $l\,a$, fig. 326; celle $h\,8$ égale à celle $m\,b$; celle $g\,7$ égale à celle $n\,c$; celle $f\,6$ égale à celle $o\,d$; celle $e\,5$ égale à celle $p\,e$; celle $d\,4$ égale à celle $q\,f$; celle $c\,3$ égale à celle $r\,g$; celle $b\,2$ égale à celle $s\,h$; et enfin celle $a\,1$ égale à celle $t\,i$, et de même pour toutes les autres cerces qui, toutes, doivent être relevées du plan sur l'élévation, ainsi que cette dernière.

Quand le plan d'une calotte est ovale, et que son élévation est plein cintre, comme aux fig. 327 et 329, on en fait le compartiment de la manière suivante. Le grand et le petit diamètres étant donnés, on trace à part le cintre de face E F G, fig. 325, sur lequel on fait les divisions à l'ordinaire, et par ces divisions ou fait passer autant de lignes horizontales; ensuite on trace la coupe de la calotte sur la même figure : or, comme cette coupe ne peut être qu'un demi-ovale E H I, elle coupe nécessairement les lignes horizontales en dedans du cintre de face, ce qui donne des longueurs à chaque ligne horizontale, qui, étant reportées sur le petit axe du plan, fixent le petit diamètre de chaque ovale concentrique du plan, fig. 327, dont le grand diamètre est pareillement donné par les mêmes lignes prolongées jusqu'à la rencontre du cintre de face E F G, ce qui n'a pas besoin d'explication, d'après ce qui a été dit en parlant de la calotte sphérique, et d'après l'inspection de la figure 325, où, à la rencontre des lignes horizontales avec les cintres de face et de coupe, on a abaissé autant de lignes ponctuées qui indiquent les distances qu'il faut porter sur le grand et le petit axe, lesquelles sont toutes cotées des mêmes lettres, tant sur le plan que sur l'élévation, fig. 325, et celles du grand axe marquées d'une $+$ pour les distinguer des autres.

Quand tous les ovales sont tracés, on divise le pourtour de l'ovale extérieur en parties égales, ainsi que le plus petit ovale, qu'on divise aussi en un même nombre de parties que le grand et égales entr'elles, et auxquelles divisions on fait tendre des lignes droites, sans s'embarrasser si elles tendent au centre du plan, ce qui ne peut pas être, vu que si on les y faisait tendre, les divisions du petit ovale deviendraient plus étroites sur son petit arc, que sur son grand, et cela en raison de la différence des diamètres de l'ovale du plan.

Quand les carrés du plan sont ainsi tracés vus en dessus, on les trace sur l'élévation, fig. 329, par la même méthode employée, figure 323, ce qui ne souffre aucune difficulté.

Si, au lieu de carrés, on voulait tracer des losanges, on commencerait toujours par tracer des carrés à l'ordinaire, par les angles desquels on ferait passer des lignes servant à décrire les losanges demandés, ainsi qu'on l'a pratiqué dans la moitié des figures 323, 326 et 329.

Quand, sur un plan rond, comme la figure 330, on élève une couverture conique, ainsi que nous l'avons représenté fig. 328, le développement s'en fait très facilement; car, après avoir déterminé la hauteur et la largeur, on commence par tracer le plan qu'on divise en un nombre de parties égales à volonté, mais toujours le plus près les unes des autres qu'il est possible; ensuite, d'une ouverture de compas égale au côté de l'élévation L M, fig. 328, on trace à part, fig. 331, une portion de cercle d'une longueur indéterminée sur laquelle on porte un pareil nombre de divisions et d'une distance égale à celle du plan, ce qui détermine la longueur de la partie inférieure du développement qu'on achève en menant de l'extrémité O Q, de la portion de cercle deux lignes droites à son sommet P.

Quant au compartiment des parties coniques, il est

très facile, car, après en avoir tracé le plan et l'élévation de face, on divise le pourtour du plan en autant de parties qu'on le juge à propos, relativement à la grandeur des carrés qu'on veut y faire; et, de chacune de ces divisions on mène une ligne droite au point de centre du plan; ensuite on divise pareillement un des côtés de l'élévation en un nombre de parties égales à celles du plan, et, par chaque point de division, on fait passer une ligne horizontale parallèle à celle L N, et la moitié de chacune de ces lignes horizontales donne chacune autant de rayons de cercles qu'on trace sur le plan, ce qui achève son compartiment vu en dessus; puis, de chaque division extérieure du plan, on élève autant de perpendiculaires à la base L N; de l'élévation et des points où elles rencontrent cette dernière, on mène des lignes au sommet M, ce qui donne la largeur des carrés vus géométralement.

Le compartiment de l'élévation développée, fig. 331, se fait en portant sur un de ces côtés les mêmes divisions que celles du côté L M de l'élévation, fig. 328, et de chacune de ces divisions et du point P, comme centre, on décrit autant de portions de cercle; ensuite, de chaque division de la portion de cercle extérieure, laquelle division doit être égale à celle du plan, on mène des lignes droites au centre P, lesquelles achèvent les carreaux sur la surface développée, qui ne sont, à proprement parler, que des trapèzes d'une égale hauteur, et dont la longueur va toujours en diminuant en approchant du centre, où les derniers sont réduits à une forme triangulaire, comme on peut le voir dans cette figure dont un des côtés est tracé en losange, ainsi qu'aux figures 328 et 330, ce qui se fait toujours à l'ordinaire, c'est-à-dire, après avoir tracé des carreaux, par les angles desquels on fait passer les courbes qui forment des losanges.

Quand les couvertures coniques, au lieu d'être droites comme dans la fig. 328, se trouvent renversées, cela ne change rien à la manière de développer la surface, ni d'y tracer les compartimens, parce que la fig. 330 devient l'élévation et que l'élévation devient le plan, ce qui ne fait aucune difficulté.

Dans le cas où le plan d'une calotte ou d'une couverture conique serait tronqué, comme à la figure 332, coté R, cela ne ferait non plus aucun changement à la manière d'opérer; mais si le côté du plan était coupé par une ligne circulaire, comme le côté S, les lignes de division tendant au centre du plan ne peuvent plus être droites, du moins pour que le compartiment soit régulier; mais ce sont autant de courbes dont la cerce est donnée par des points de division égaux pris sur chaque portion de cercle du plan, et en même nombre que sur la portion de cercle extérieure de ce dernier.

On a vu plus haut qu'il n'était pas possible de faire le développement entier d'une calotte, et généralement de toute partie cintrée sur le plan et sur l'élévation, et cela est vrai; cependant on peut faire le développement par parties, et par ce moyen se rendre compte de la véritable forme des compartimens, ce qui se fait de la manière suivante.

On trace à part, fig. 333, sur la ligne ab, dont la longueur est égale à la courbe du cintre de face, fig. 324, développée sur une ligne droite, et on divise la ligne ab en autant de parties égales que cette dernière; puis, par chaque point de division, on élève des lignes perpendiculaires en dessus et en dessous de la ligne dont la longueur doit être égale à celle de chaque portion de cercle compris entre deux lignes de division tendantes au centre du plan, fig. 326, puis par l'extrémité de ces perpendiculaires, on fait passer deux lignes courbes qui se réunissent au point b, et qui donnent la surface développée d'un des triangles du plan, fig. 326. On recommence la même opération pour chaque division du plan, et on a la surface développée, prise par parties, et plus ces parties sont multipliées, plus l'opération est juste.

Toutes les divisions de ces figures (323 à 333) sont faites en parties égales prises sur les cintres de face, parce que c'est la méthode la plus ordinaire; cependant on pourrait les diviser proportionnellement sur les développemens des figures comme on l'a enseigné ci-dessus, et qui ont été indiqués par des lignes ponctuées dans les figures 331 et 333, cotes T U.

Disposition des fers servant à soutenir les treillages.

Ce n'est certainement pas le treillageur qui s'occupe de la confection de ces fers; mais c'est lui qui les commande au serrurier, c'est lui qui les reçoit lorsqu'ils sont fabriqués, qui les contrôle, qui les fait poser devant lui et suivant ses plans et ses intentions. Il est donc très urgent qu'il connaisse la forme, la force qu'ils doivent avoir; nous devons donc, encore bien que cette partie de l'art ne se rapporte pas directement à sa manutention, lui en donner une connaissance, au moins générale, puisque le meilleur moyen de donner aux ouvrages de treillage toute la solidité possible, c'est de faire entrer le fer dans la construction des diverses parties qui les composent. En effet, c'est avec le fer qu'on les fixe en place, qu'on les lie les unes avec les autres, ou enfin qu'on les assujettit à une forme donnée, et qu'on leur fait conserver cette forme. Dans ce dernier cas les fers doivent faire partie du treillage, afin qu'étant revêtus de la même couleur on n'en puisse facilement faire la différence à la première vue.

Les parties de treillage où le besoin du fer se fait le plus impérieusement sentir, sont celles qui sont cintrées soit sur le plan, soit sur l'élévation, ou enfin sur l'un et l'autre sens, comme les voûtes ou couvertures de berceaux, les fers sont surtout nécessaires dans les angles de ces voûtes, quelle que soit leur conformation.

La construction et la forme des fers qui terminent les cintres de face des berceaux, comme celui figure 334, n'offre rien de particulier, vu que sa grosseur et sa courbure étant données, il doit être d'équerre sur tous les sens ; mais quand c'est une courbe qui doit occuper un angle soit rentrant comme la figure 337, soit saillant comme la figure 338, représentée en élévation fig. 335, il faut que la forme de cette courbe change à mesure qu'elle s'élève, et que d'un carré vu sur l'angle qu'elle représente par son plan à l'endroit de sa naissance, figures 338 et 340, cote A, elle devienne un exagone irrégulier, comme celui cote B, et se termine enfin par un parallélogramme, comme celui cote C. Ce changement de forme est donné par le reculement du calibre, qu'on mène de c à b, fig. 335, et toujours horizontalement, afin que les lignes de division prises sur la figure 334 et représentées en plan, fig. 337 et 338, se trouvent toujours de niveau et toujours d'équerre sur ce sens, pourvu que le plan soit à angle droit, comme on le voit dans ces figures 337 et 338.

Ce qui est dit pour le dedans de la courbe doit s'entendre pour le dehors, c'est-à-dire qu'après avoir tracé son calibre extérieur par la même méthode que celui du dedans, on rapproche ce calibre de a à b, fig. 335, ce qui lui donne la forme demandée, en observant de tracer le milieu de la courbe, tant en dessus qu'en dessous, comme l'indique la ligne $e f g h$, fig. 337 et 338, afin d'avoir la ligne d'arête, qui peu à peu s'efface et se termine à rien au haut de la courbe, fig. 335, tant en dessus qu'en dessous.

Cette courbe ainsi disposée peut également servir pour les angles saillans et rentrans, parce que lorsqu'on y appuie les échalas horizontaux, soit en dessus, soit en dessous, ils portent toujours également ; cependant si dans le cas d'un angle rentrant comme la figure 337, on voulait que la courbe représentât en plan un angle rentrant, comme celui $i\,f\,l$, on ferait la courbe de deux pièces sur l'épaisseur pour en faciliter l'exécution, et on en disposerait la courbure en reculant le calibre du dedans au dehors comme à la courbe précédente. *Voyez* fig. 336, représentant la partie inférieure de la courbe élevée sur le plan, fig. 337, et cotée des mêmes lettres qu'à ce dernier.

Chaque moitié de courbe forme par son plan un parallélogramme oblique, comme celui $i\,f\,g\,m$, fig. 337, de manière que le côté extérieur de la courbe se trouve de biais avec la face du plan, ce qui est indifférent pour le cas dont il est ici question. Cependant si l'on voulait que le côté de la courbe se retrouvât d'équerre avec la face du plan, comme de i à n, cela ne changerait rien à la manière d'opérer: il n'y aurait que la moitié de la courbe qui serait plus épaisse par le bas, en venant à rien du haut, comme l'indique la ligne $o\,n$, laquelle n'est pas une ligne droite; mais une courbe donnée par des lignes parallèles à celle $i\,n$ qui partent de la rencontre des divisions du plan, avec la largeur intérieure de la courbe, et dont la longueur est terminée par d'autres divisions du plan, prises à l'extérieur de la courbe, fig. 334, non pas à l'endroit des lignes parallèles provenant des divisions intérieures; mais aux points donnés par des lignes qui passent par chacun de ces points de division et tendant au centre de la courbe fig. 334.

Comme il est très rare qu'on fasse retourner d'équerre les courbes des angles rentrans du treillage, je n'entrerai pas dans un plus grand détail touchant la manière d'en tracer les équerres extérieurs, qui ne sont indiqués ici que pour en donner seulement une idée.

Quand les courbes des angles rentrans sont disposées comme il vient d'être dit, on les joint ensemble par le moyen de quelques clavettes qui passent au travers de leur épaisseur, et qu'on rive ensuite de manière qu'elles ne semblent faire qu'une seule et même pièce, ce qui vaut autant pour les ouvrages dont il est question, que si on creusait l'angle rentrant dans une seule pièce de fer qui deviendrait fort coûteuse, vu la difficulté de l'exécution.

Les courbes d'arête des lunettes représentées figure 339 doivent aussi changer de forme dans la longueur de leur contour, soit qu'on veuille que leurs côtés se retournent d'équerre en suivant le cintre de la voûte, comme dans la fig. 339 et à la fig. 341, qui représente en grand la coupe de la courbe fig. 339, ou que l'on se contente de faire le dessus de la courbe parallèle à sa face intérieure, comme l'indique la ligne $p\,q$. Dans le premier cas il faut, après avoir tracé le cintre de la courbe et son développement sur une ligne droite, pour en avoir la véritable longueur, renverser à peu près un des côtés de la pièce, pour qu'elle devienne dans son milieu comme la coupe $r\,s\,q\,t$ au lieu d'un carré parfait qu'elle doit présenter à ses extrémités, ainsi que celui $r\,u\,x\,t$. Dans le second cas, comme la surface du parallélogramme oblique $p\,r\,q\,t$ est moindre que celle du carré $r\,u\,x\,t$, et qu'il faut diminuer la pièce pour la réduire à la forme du parallélogramme oblique, on commence par lui donner cette forme qui l'alonge peu à peu, et on n'en termine la longueur que quand elle est tout-à-fait forgée; alors ses deux extrémités doivent être parfaitement carrées, comme dans le premier cas. Quand les courbes d'arête des lunettes sont ainsi préparées, on les cintre d'abord sur la face comme il a été dit ci-dessus, et ensuite sur le côté, c'est-à-dire suivant le cintre de la voûte, ce qui n'est pas très aisé à faire : c'est pourquoi, pour des ouvrages importans, on ferait peut-être bien de construire un modèle en plâtre ou en bois, cintré comme l'intérieur de la voûte, où serait tracée l'ouverture de la lunette, et sur lequel on cintrerait la courbe d'arête de cette dernière dont le développement, quant à ce qui regarde la manière d'en tracer les équerres deviendrait très compliqué s'il fallait qu'ils fussent faits avec beaucoup de précision, ce qui n'est pas nécessaire ici.

Quand les courbes des berceaux s'élèvent obliquement à leur plan comme les figures 342 et 343, on les cintre d'abord à l'intérieur et on refoule la matière sur l'angle qui s'évase, en observant que le second cintre soit parfaitement semblable au premier; puis on achève de mettre la courbe d'équerre toujours en tendant à son centre, et ainsi des autres courbes de quelque forme qu'elles soient dont il n'est pas besoin de donner d'exemples, parce que ceux qui viennent d'être donnés sont très suffisans pour que les treillageurs puissent avoir l'intelligence de ces sortes d'ouvrages qui, quelque compliqués qu'ils puissent être, se font toujours par les mêmes principes, à peu de différence près.

Après les fers des voûtes ceux qui servent à soutenir les corniches ou autres parties saillantes, sont ceux qui demandent le plus d'attention, parce qu'il faut non seulement qu'ils supportent ces mêmes corniches, mais encore qu'ils leur conservent la forme qui leur est donnée lors de l'exécution; c'est pourquoi avant que de rien déterminer touchant la forme de ces fers, il faut d'abord tracer en grand le profil de la corniche, comme par exemple les figures 344 et 345, et ensuite le détail de toutes les parties qui les composent; après quoi on dispose la branche de support F G, fig. 344, de manière qu'elle avoisine tous les membres le plus près possible, ce qui oblige quelquefois à la cintrer, comme dans la fig. 345. Quant aux parties saillantes; comme les larmiers, on les soutient par des brides de fer comme celle H, fig. 344, lesquelles passent par dessus la branche horizontale D F, et sont recourbées en dessous en forme d'un mentonnet qui entre dans l'épaisseur du bois et qui en supporte le poids. Cette même règle doit s'appliquer au larmier inférieur, ainsi qu'aux autres parties saillantes. Quand il y a de grandes parties cintrées comme celles J L, fig. 345, il faut ajouter à la branche du support d'autres fers plus légers qui suivent exactement la forme du cintre, comme cela est observé dans cette figure, ce qui est très nécessaire dans le cas d'une corniche d'une très grande étendue, afin qu'elle ne puisse pas se déranger. En général il faut avoir soin autant qu'il est possible, de faire la même chose à toutes les parties cintrées qui ont un peu de grandeur, et faire en sorte que toutes les pièces qui composent une corniche soient arrêtées avec les fers qui la soutiennent par le moyen des brides ou par des enfourchemens, comme le bout de la branche M, fig. 345; ce qui vaut mieux que des liens de fil de fer, qui ne sont pas capables de soutenir long-tems un fardeau un peu considérable.

Il faut aussi faire en sorte que tous ces fers ne soient pas apparens; à moins qu'ils ne fassent partie du corps de l'ouvrage, rien n'étant si ridicule que de voir les échafauds d'un bâtiment lorsqu'il est entièrement construit.

FIN.

VOCABULAIRE

DES TERMES EMPLOYÉS PAR LE TREILLAGEUR.

A.

Accoudoirs et *accotoirs*, bras et dossiers des bancs et des fauteuils.

Affiler, donner le fil à un outil.

Affiloirs, petites pierres minces servant à affiler.

Affûtages, varlopes, demi-varlopes, rabots, guillaumes, etc.

Affûter, rendre un outil tranchant, se dit aussi pour le mettre en concordance avec le fût.

Alaise, planche étroite ajustée dans un panneau pour compléter sa largeur.

Alette, pied droit d'une niche carrée.

Ane, chevalet sur lequel est placé un étau en bois : il sert au treillageur pour les découpures.

Appui, palissade ou autre ouvrage dont la hauteur ne dépasse pas un mètre et quart.

Apsichet, languette faisant saillie, destinée à retenir un châssis.

Arête et *arêtier*, pièce droite ou circulaire formant l'angle rentrant ou saillant du dessus d'un berceau.

B.

Bandes, planches préparées pour les bordures. (*V.* 71.)

Bâtis, bois carré assemblé qui supporte le treillage.

Berceaux, construction en treillage dont le faîte est arrondi.

Bois à recaler, moule à ajuster les pièces de treillage.

Bois de boisselerie, bois mince refendu au coûtre.

Boîte à mettre d'épaisseur. (*V.* 40 et fig. 21 et 22.)

C.

Cadre, assemblage de deux montans et de deux traverses rempli en frisage, treillage, ou autres ornemens.

Calotte, voûte cintrée sur plan et en élévation.

Canne, espèce de roseau servant à garnir les siéges.

Cannier, celui qui emploie la canne.

Cerce, bois plat, large et flexible avec lequel on fait les vases de boissellerie.

Cerceaux, cercles faits avec de longues pousses de châtaignier ou de tremble, fendues en deux.

Chambranle, plate bande ornée dont on entoure la baie d'une porte, d'une croisée ou d'une cheminée.

Champs, parties lisses que forment les bâtis au bas des cadres.

Champ se dit aussi de l'épaisseur d'une planche.

Chantourner, scier suivant une courbe déterminée par le tracé.

Châssis, bâtis, cadres sans moulure.

Chevalet. (*V.* 4, fig. 3.)

Chevron, pièce de bois de 8 centimètres carrés sur 3, 4 et même 5 mètres de long.

Coffiner ou *caussiner*, bois déjeté sur sa longueur.

Copeaux, petites pièces de bois fendues très minces, dressées à la plane, avec lesquelles on fait des fleurs imitées et autres ornemens.

Corbeille de terre, ouvrage de treillage qu'on place dans un parterre pour contenir les fleurs. Elles sont peu élevées.

Corroyer, dresser, mettre de largeur et d'épaisseur une pièce de bois.

Coudre, lier les échalas entr'eux au moyen d'une attache en fil de fer. (*V.* 56.)

Coulisse, pièce qui supporte un tiroir entrant dans des feuillures.

Coulisseau, la même pièce ayant une languette en saillie.

Coulottes, grandes pièces de bois que les scieurs de long mettent sur les trétaux pour porter le bois à scier.

Coûtre, *fendoir*. (*V.* 37 et fig. 39.)

Couture, lien de fil de fer. (V. *Coudre*.)

D.

Débillarder, dégrossir une courbe.

Dégauchir, ôter le gauche, dresser.

Demi-livre alongée, broquettes, petits clous. (V. *Clous* 34.)

Dosses, premières levées faites sur un arbre qu'on équarrit.

Dressoir. (V. 3.)

Drille, espèce de perçoir.

E.

Échalas. (V. 23.)

— *de marque.* (V. 50.)

Échantillon (*bois d'*), bois d'une longueur et d'une largeur déterminées.

Éneyer, ôter les nœuds d'une canne avant de la fendre.

Étau de treillageur. Il serre au moyen d'une pédale.

Éventail, partie supérieure du devant d'un berceau de treillage.

F.

Fendoir, petit coin en bois qui sert à fendre les cannes.

Fers de treillage, les bâtis en fer qui supportent le treillage.

Fil normand, c'est le même que le *fil à pointes*, fil non recuit. (V. 32 et 33.)

Fil nul, fil à coudre, fil recuit. (V. *Coudre*.)

Fleurs, ornement de treillage fait de plusieurs copeaux attachés avec des pointes sur une tige ou bouton de bois.

Foret, petit outil d'acier servant à percer les corps durs.

Frisage, treillage fait avec des lattes.

G.

Garnitures, parties de treillage remplissant les cadres ou les bâtis.

Gobriole, morceau de bois rond sur lequel on monte les diverses parties d'un vase de treillage.

H.

Habillure, joint de deux échalas taillés en bec-de-flûte.

L.

Latte, petite planche de chêne refendue au coûtre, et aussi tout échalas posé horizontalement.

M.

Mâchoire, équerre en fer placée sur le devant du dressoir.

Mailles, vides formés par les compartimens de treillage.

Marque (*échalas de*). (V. *Échalas*.)

Mâtinage, l'action de donner aux bois minces la courbe voulue pour représenter des feuilles, etc.

Mérin ou *cresson*, bois refendu au coûtre.

Moule, instrument à l'aide duquel on fait les ronds. En treillage il y a le moule *à entailler* et celui à mâtiner.

Moyeu, morceau de bois sur lequel sont placées les fleurs des vases en treillage.

O.

Ourdir, première passe de la canne dans la fabrication des dessus de siéges de jardins.

P.

Patin, pièce de bois dans laquelle on assemble les pieds des bancs de jardins et autres.

Parpain, massif de pierre sur lequel on élève quelquefois les constructions en treillage.

Peigne ou *herse*, extrémité des échalas qu'on fait entrer dans la terre, ou bien celle qui surpasse la dernière latte du haut.

Pièce, bûche de châtaignier ou de frêne, sans nœuds et bien de fil, destinée à être fendue au coûtre.

Plane, outil tranchant ayant deux poignées...

Pointes de frisage, bouts de fil de fer sans tête ni pointe.

Poteaux ou *pieux*, pièces de bois pointues et brûlées par un bout, servant de support au treillage.

R.

Racineaux, petits pieux plantés en terre pour soutenir les bordures.

Remplissages, garnitures. (V. ce mot.)

Retors, garnitures de moulures d'une forme demi-ronde et formant hélice.

Rond, cercle fait avec des bois fendus au coûtre.

S.

Semence, petite broquette à tête plate.
Simblo, l'action de déterminer le cintre d'une courbe.

T.

Tenailles. Celles des treillageurs sont garnies d'acier, la tête est petite et aplatie.

U.

U (*membre d'*), partie d'ouvrage longue et étroite, comme larmiers, bandeaux, remplis de chevrons brisés en forme de V.

Violon, espèce de touret à main, portant les forets avec lesquels le treillageur perce les trous. Il se meut avec un archet.

FIN DU VOCABULAIRE.

TABLE DES MATIÈRES.

CONTENUES DANS CE VOLUME.

	Pages.	Versets.	Figures.
INTRODUCTION	1		
LABORATOIRE	3	1	
OUTILS GÉNÉRAUX	ibid.	2 à 15	2, 28
Bois et autres matières	14	16	
Bois pour les bâtis	15	17	
Chêne	ibid.	ib.	
Chataignier	16	18	
Hêtre	17	19	
Frêne	ibid.	20	
Accacia, Erable, etc.	ibid.	21	
Bois pour les remplissages	18	22	
Échalas	ibid.	23	15
Lattes	20	24	
Baguettes	21	25	
— Bien rondes sans écorces	22	26	
Appareil pour les faire	ibid.	27	16, 17
Manière de se servir de l'appareil	24	28, 30	19, 20
Autres matières. — Fil-de-fer	26	31	
Fil à coudre	27	ibid	
Fil à pointes	28	32, 33	
Clous	29	34	
MANIÈRE de se servir des outils pour la préparation des matières	ibid.	35	1, 11
Plane	31	36	8
Coûtre	33	37, 38	9
Dressage	34	39	
Boîte à mettre de largeur	35	40	21, 22
A boîte aux habillures	37	41	23
Rabot à mettre d'épaisseur	ibid.	42, 43	24, 28
PREMIERS TRAVAUX du treillageur	40	44, 45	
Espaliers	41	46	
Treillage en blanc	ibid.	47	
Toisé évaluation	42	48	
Inspection des murs	ibid	49	
Echalas de marque	43	50	

	Pages.	Versets.	Figures.
Latte de marque....................	ibid.	50	..
Tracé de l'ouvrage.................	ibid.	51	..
Crochets...........................	44..	52	..
Pose...............................	ibid.	53,54	..
Couture............................	45..	55	29,30
Mailles............................	46..	56,59	31,39
Palissades.........................	49..	60	..
Frisages...........................	50..	61	40
— enchevêtrés......................	53..	62	41
— soignés..........................	ibid.	63	..
— plus soignés.....................	54..	64	..
Palissades en échalas..............	55..	65,66	42,43
— plus soignés.....................	56..	67	44,45
Berceaux en treillage..............	57..	68	..
Cabinets...........................	ibid.	69	46
Berceaux en tonnelle...............	60..	70	47 à 51
Bordures...........................	66..	71	52 à 59
— en treillage.....................	ibid.	72	..
— en plein.........................	67.	73	60
Racineaux..........................	69..	74	..
Escaliers en terre.................	ibid.	75,76	61 à 66
Plates-formes élevées..............	72..	77	..
Labyrinthes creux..................	ibid.	78	..
Treillage composé..................	74..	79	..
Architecture.......................	75..	80	..
Portiques..........................	76..	81	67
Pavillons, salons ornés............	77..	82	68
Cercles ou ronds...................	78..	83	69
Mandrins ou formes.................	79..	84,85	..
Moule..............................	80..	86	70
Autre mandrin......................	81..	87	71
Autre moule........................	82..	88	72
— plus compliqué...................	83..	89	73,75
Faire pénétrer les ronds l'un dans l'autre	84..	90	79 à 88
Ronds de grandeurs inégales........	ibid.	91	89 à 92
Autres ornemens pour remplissages...	86..	92	..
Dresser à la colombe...............	88..	93	..
Stylobates.........................	ibid.	94	93 à 99
Bandeaux ceintures, etc............	89..	95	100
Bandeau simple.....................	90..	96	101
Autre..............................	ibid.	97	102
Autre plus orné....................	ibid.	98	103
Pilastres, Colonnes................	91..	99	..
Ordres anciens.....................	92..	100	..
Manière de prendre le module.......	ibid.	101	..
Dénominations des membres des ordres	93..	102	..
Mesures pour le Dorique............	94..	103	..
— pour le Corinthien...............	95..	104	..
Portes et arcades sans piédestaux..	96..	105	..
Ordre Dorique......................	ibid.	ibid.	..
Ordre Corinthien...................	ibid.	106	..
Avec piédestaux. — Dorique.........	ibid.	107	..

	Pages.	Versets.	Figures.
Corinthien..................................	ibid.	108, 109	
CONSTRUCTION DES BATIS. — Pilastres...	97	110	104 à 113
Colonnes...............................	104	111	114 à 158
Bases.....................................	122	112	159
Chapitaux.............................	124	113	
— Dorique..................	125	114	160 à 163
— Corinthien.............	126	115	164 à 167
DEVANTURES EN TREILLAGE..................	129	116	168
TENTE EN TREILLAGE......................	130	117	169, 170
Cabanes, Pavillons.......................	132	118	171
CLOTURES, BARRIÈRES RUSTIQUES............	ibid.	119	172 à 186
— En bois dressé...............	135	120, 121	
Portes battantes..........................	ibid.	122	187 à 196
Palissades...............................	136	123	197 à 206
BANCS, CHAISES, TABOURETS, etc............	137	124	
Banc simple.............................	ibid.	125	207
Autre mobile............................	137	126	208 à 210
— à entretoise à clé...........	ibid.	127	211, 212
Autres mobiles à dossiers................	138	128	213 à 216
— massifs................	ibid.	129	217
Trépied.................................	139	130	218
MEUBLES EN BOIS SANS ÉCORCE..............	ibid.	131	
Modèles divers..........................	140	132	219 à 229
Fauteuils................................	ibid.	133	
Tables..................................	141	134	
Sièges à demeure........................	142	135	
Corbeilles...............................	ibid.	136	
CAISSES..................................	143	137	
— simples.............................	ibid.	138	230 à 246
— compliquées........................	146	139	
— à feuillures........................	147	140	
— à battans...........................	ibid.	141	
— autre manière......................	148	142	
— en ardoise..........................	149	143	
SERRES-CHAUDES, ORANGERIES, etc.........	150	144	247 à 262
Idem....................................	151	145	
Idem....................................	ibid.	146	
Idem....................................	153	147	
Idem....................................	155	148	
Idem....................................	156	149	
Idem....................................	158	150	
Idem....................................	159	151	
Idem....................................	ibid.	152	
Idem....................................	ibid.	153	
Idem....................................	ibid.	154	
Idem....................................	ibid.	155	
CANAUX D'ARROSEMENT....................	160	156	263 à 266
Idem....................................	161	157	
Idem....................................	ibid.	158	
PONTS...................................	165	159	
VOLIÈRES................................	ibid.	160	
GRILLAGES..............................	167	161	

	Pages.	Versets.	Figures.
Idem.	169	162	..
Idem.	171	163	..
GIROUETTES.	ibid.	164	267 à 271
Idem.	ibid.	165	..
Idem.	172	166	..
Idem.	173	167	..
RATEAUX, Brouettes, Civières.	174	168	..
— à dents de bois.	ibid.	169	..
Manches de bêche.	175	170	..
Brouettes.	ibid.	171	..
Civières.	176	172	272 à 276
Idem.	178	173	..
Idem.	179	174	..
Idem.	ibid.	175	..
ECHELLES.	180	176	..
Bois pour les faire.	ibid.	177	..
Echelles simples.	181	178	..
Idem.	182	179	..
— doubles.	183	180	..
— roulantes.	ibid.	181	..
— en bois écarri simples.	184	182	..
— — doubles.	ibid.	183	..
— d'espalier.	ibid.	184	..
Echelle-brouette M. de Bonafous.	185	185	277 à 280
PEINTURE.	187	186	..
Portes, Croisées, Volets.	ibid.	187	..
Murailles.	188	188	..
Tuiles en couleur d'ardoise.	ibid.	189	..
Balcons et grilles de fer.	ibid.	190	..
Treillages en berceaux.	189	191	..
Vert de gris.	ibid.	192	..
Statues, vases, etc.	190	193	..
Nettoiement des marbres.	ibid.	194	..
Vernis.	ibid.	195	..
MACHINE A PUISER L'EAU.	ibid.	196	281
MANIÈRE ANGLAISE DE PALISSADER.	191	197	282
CONNAISSANCES THÉORIQUES.	193	..	283 à 333
Manière de faire le développement des surfaces.	204	..	334 à 345
Disposition des fers, etc.	215	..	..
VOCABULAIRE	221		

FIN DE LA TABLE.

TOUL, IMPRIMERIE DE Vᵉ BASTIEN.

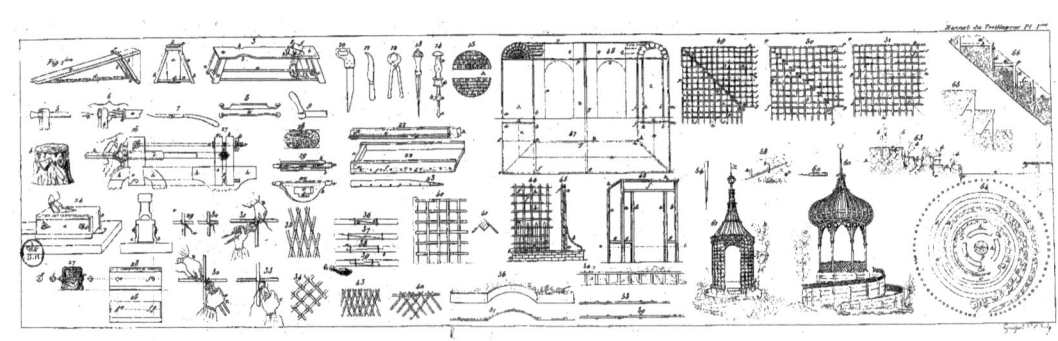

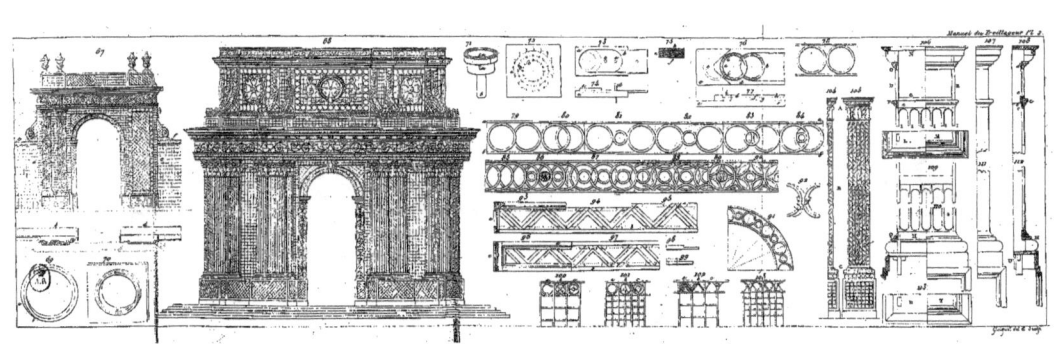

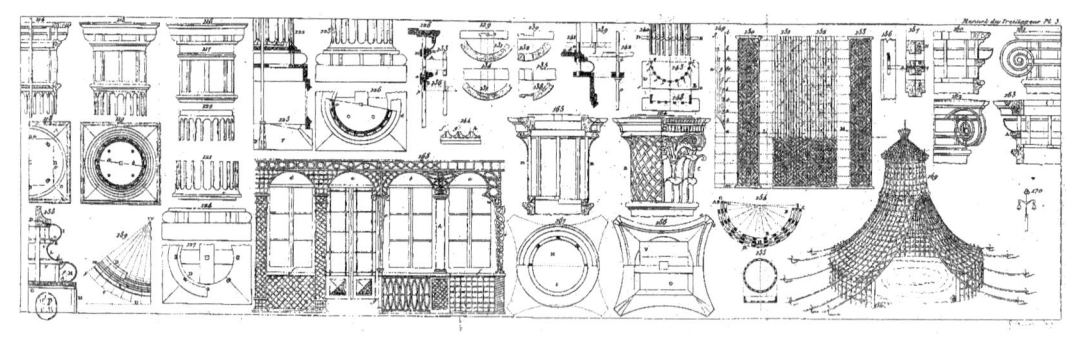

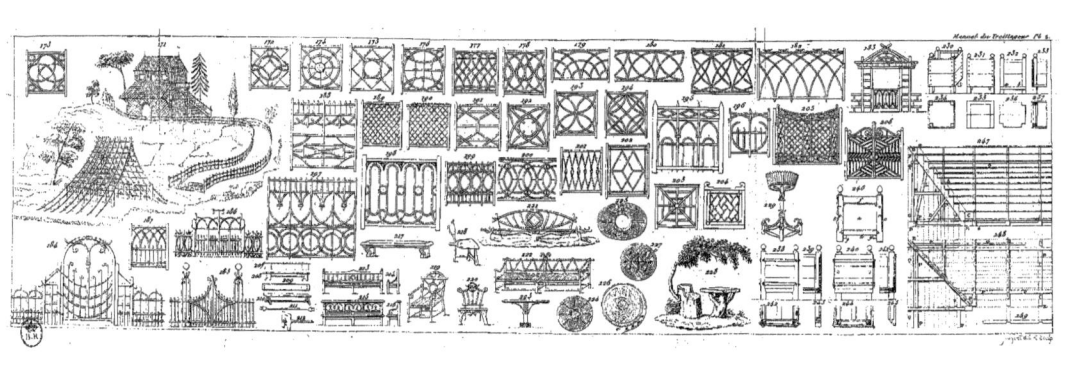

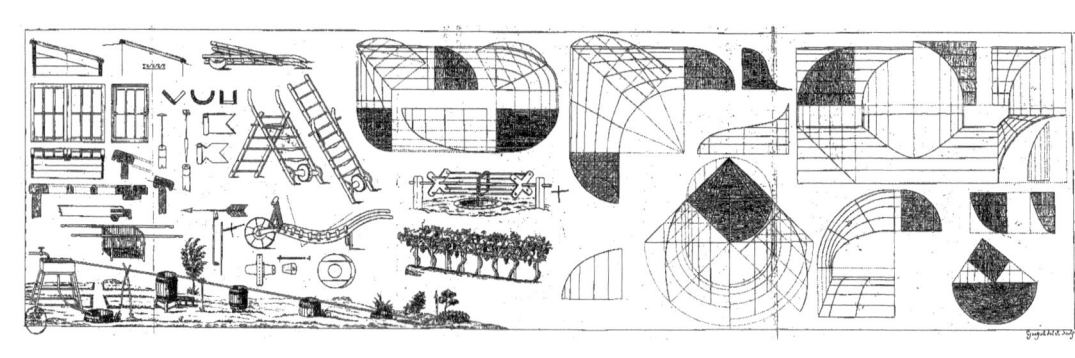

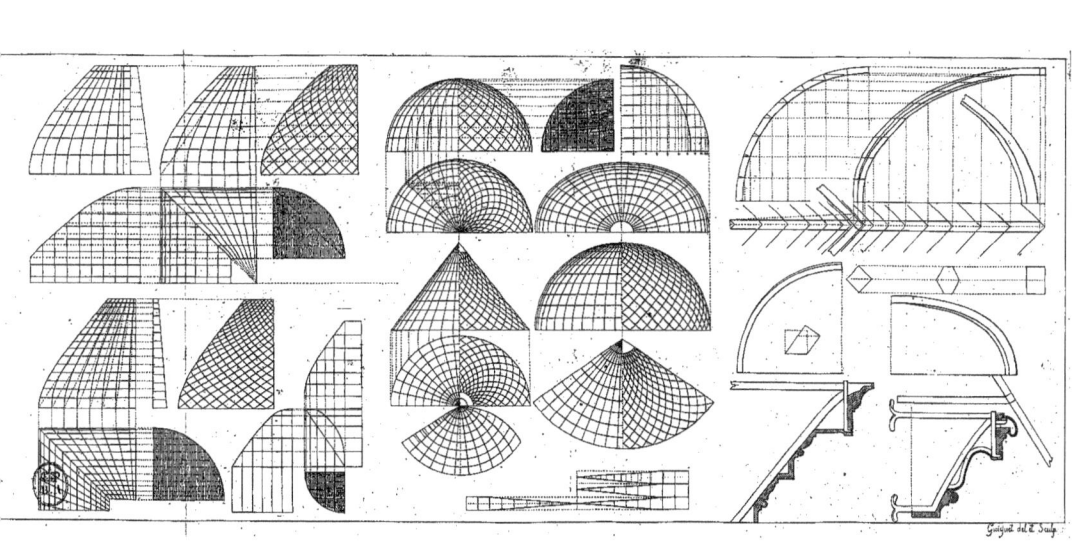

www.ingramcontent.com/pod-product-compliance
Lightning Source LLC
Chambersburg PA
CBHW071936160426
43198CB00011B/1429